ペリーの横浜上陸（明星大学図書館蔵，ウィリアム・ハイネ画，水彩）

長崎湾の図（伝川原慶賀筆）

日本歴史叢書 新装版

# ペリー来航

三谷 博［著］

日本歴史学会編集
吉川弘文館

# まえがき

一九世紀の半ば、アメリカの使節、マシュー・C・ペリーが浦賀を訪れた。それは日本の明治維新の出発点となっただけでなく、おりから進行し始めていた西洋主導のグローバル化を加速し、東アジア全域、さらに世界全体を変えてゆく節目となった。アメリカ政府は、このアメリカ艦隊に「世界の蒸気船航路を完結させる」(国務長官ダニエル・ウェブスター)という壮大な夢を託していた。しかし、直接の結果は僅かだった。国交も貿易も規定せず、アメリカ船に日本の港を二つ開くだけという限定的な成果をあげたに過ぎなかったのである。しかしながら、この外部からの小さな刺激は、二〇〇年以上にわたって自ら孤立と停滞に安んじてきた日本の政治体制を激変させ、その社会を絶えず変化・発展し続けるものに変え、一九世紀の末に至っては領土的な膨張性も生み出した。日本は朝鮮・中国・ロシアなどの近隣諸国と抗争して列島外に領土を拡げ、その結果として、地球上の国際関係全体を激変させることとなったのである。現在の世界秩序、とくに東アジアの秩序は、日本が一九世紀半ばに開始した変革運動の波及、その周辺地域に及ぼした支配とそのトラウマなしには考えられない。

本書は、日本近代の出発点となったペリー来航に焦点を置き、その前後の幕府の外交政策と知識人たちの外交論を概観する。明治維新の概説書はかつて、徳川幕府はアメリカ使節の来航に対して何ら用意ができておらず、ペリーの浦賀出現に周章狼狽し、天下に恥をさらしたと評価していた。幕末の尊王攘夷論者の見解を引き継ぎ、ペリー来航を日本の国威失墜、そして幕府の権力喪失という観点から見たためである。本書の読者はしかし、この解釈の前半が誤りだったことを知るだろう。幕府は一八世紀末から約六〇余年の間、仮に西洋との交際を余儀なくされたとき、どう対処すべきか、真剣に考えていた。ペリー来航時にはあり得べき複数の政策をすでに持っていたのである。

他方、二〇世紀の第4四半期から、日本の近世史学界は近世日本が東アジア諸国と結んでいた諸関係に注目し、その事実を無視させがちな「鎖国」という捉え方に疑問を呈してきた。しかしながら、本書の扱う時代は「鎖国」概念なしには理解できない。たった四隻の異国船到来がなぜ当時の人々に衝撃を与えたのか。さらに、なぜ二〇〇年以上も内乱を経験せず、世界史上稀な安定した統治を続けていた政治体制が崩壊する発端となったのか。それは、一九世紀前半の日本人が、近隣より西洋との関係に注意を注ぐようになり、その対策として意識的に「鎖国」を追求し始めていたという事実を抜きにしては説明できないのである。

幕末の政争は「開国」をすべきか否かをめぐって展開した。「鎖国」への閉じ籠もりを続けたいとの心情を基礎に、政策としては西洋に対し「攘夷」すべきか否かが争われた。こうした問題設定が行われた史的前提には、一八世紀末の政策転換がある。近世初頭の幕府は、同時代の中国・朝鮮と同じく、極めて制限的な対外政策をとっていた。ただし、その核にあったのは日本人の出入国禁止、列島への閉じ込めと外国人からの隔離とであって、外国側で渡来禁止されたのは、スペインとポルトガル、そして後者と姻戚関係を結んだイギリスだけであった。カンボジアなどその他の国々の船は一八世紀に至っても長崎に入港を許されて貿易を行い、国書をもたらした場合は徳川からの返書を得て帰途についたのである。これに対し、一八世紀末、老中松平定信は異国船一般の渡来を禁止した。かつ、それまで関係を維持してきた国（具体的には朝鮮・琉球・中国・オランダ）は、一般原則に対する例外として扱うように政策変更したのである。後継の幕閣はこれを踏襲した。北方でロシアとの衝突が発生したとき、その処理にあたって限定的な対露交易案も検討したが、紛争が無事解決されると、地球の裏側の国と戦争が発生するはずがないとして、定信の政策を継承することとしたのである。その結果、「鎖国」こそが日本の平和・安寧を維持する基盤であり、望ましい外交政策だという理解が国内に拡がっていった。ペリー到来時に日本人が経験した衝撃は、この政策変更なくしてはあり得ないことであった。近世初頭の禁制にはロシアは入っておらず、アメリカは存在すらしなかったのであるから、定信以前の原則に立てば、これらの国々と通交貿易しても構わなかったはずなのである。しかしながら、幕末の日本人はこのたかだか数十年前に導入された政策を家康以来のものと信じるようになっていた。そのため、この原則を維持できなかったことに大きな衝撃と屈辱を味わったのである。

本書は主に「開国」を政治争点化させた歴史的前提の形成、およびペリーの到来とその直後の外交交渉について記述する。ただし、そこには一九世紀日本の外交史に留まらない、普遍的な意味がある。筆者としては、これを人類史の中にしばしば登場する普遍的問題のケース・スタディとしても読んでいただきたい。それらはおよそ三つある。

第一は、〈予測された長期的危機〉への対応という問題である。ペリーの到来は不意打ちではなかった。政府と民間のいずれでも、日本人の一部は、その六〇年以上前から西洋の世界支配運動が日本に及ぶことを懸念していたのである。しかし、この予期された危機は厄介な性質を持っていた。西洋は軍事技術と貿易に卓越し、日本に交際を求めてくるはずだが、それがいつ起きるかは誰にも分からなかった。一九世紀の初頭、ロシアから二度使節が訪れ、その要求を断った結果、江戸時代で初めて外国との武力衝突が発生した。しかし、それは無事に解決し、再び鎖国の中での平和が訪れた。そのとき、幕府の役人は西洋人が地球の裏側から日本に侵攻することはあり得ぬと判断し、軍備の再建を不要とする一方、西洋船一般を日本の海岸から追い払うように命令した。それは実際の経験と熟慮にもとづく判断であった。一方、同じ時代には、西洋の世界制覇運動が日本に及ぶのは間近だと予想し、その対策として、西洋船と故意に紛争を引き起こし、それを利用して軍備の再建と国家の改革を起動しようとする主張も出現した。水戸に生まれた尊王攘夷論がそれである。これはイデオロギー的な臆断であった。しかしながら、一八三九年、隣国の大清にイギリスが大軍を送り、これを屈服させたとき、経験的な推測よりはイデオロギー的な臆断、極論が当たってしまったのである。

この歴史的経験は、人が自分の一生を超えるほどの長期的な危機について想像することが、いかに困難かを教える。深刻な危機がいつ訪れるかは分からない。そんな心配は「杞憂」かもしれない。来るとしても、自分の生涯には起きないかも知れない。予防には大規模な改革が必要だが、誰がそれを自覚し、費用と犠牲を負担しようとするだろうか。だとしたら、日々くよくよと心配して生きるのは意味がない。今を楽しく過ごす方が賢明ではないだろうか。このように、〈予測された長期的危機〉という状況は、人々の想像力を閉ざし、安逸なその日暮らしに誘いやすいのである。

これと似た問題は歴史の中に沢山見つかる。二〇一一年の東日本大震災は一〇〇〇年ないし五〇〇〇年に一回ほどしか起きない稀な強度の地震・津波だったが、小さな地震はより頻繁に起きる。もし東京の近くで発生すれば、その住民も世界経済も大きな打撃を受けるに違いない。人類全体の問題としては資源と環境の問題がある。石油などの化石燃料は埋蔵量に限界があり、その排出物は地球温暖化をもたらしつつある。その代替物のはずの原子力発電は放射性の廃棄物を生む。すでに二五万トンを超えているこの猛毒を保管できる場所は地球上のどこにあるのだろうか。このような長期問題が致命的となるのは二・三〇年後なのだろうか、それとも二、三〇〇〇年先なのだろうか。〈長期的危機〉の問題は日本の歴史研究では今まであまり取り上げられてこなかった。しかし、一九世紀前半の日本人の一部は、確かに〈長期的危機〉を予期し、真剣な議論を展開していた。これを研究すれば人類の未来のために幾分かヒントを提供できるかも知れない。

第二に、右のような経験は、人類史にしばしば生ずる〈袋小路への迷い込みと脱出〉という問題に属している。我々近代人は、変化は一方向に進むと考え、一九世紀の日本も「開国」に向かっていたと想像しがちだが、事実は逆で、徳川政権も知識人も、当時はむしろ世界への閉鎖性を強めることを支持していた。とくにペリー到来時の首相阿部正弘は、その直前の時期には鎖国維持のため異国船打払い令の復活を真剣に考えていた。しかし、彼はペリーを歓迎しはせぬものの、条約の締結は許容し、さらにその三年後には「交易互市の利益を以て富国強兵」に当てようと、政策を積極開国策へ一八〇度転換したのである。もしこの時、妥協を拒み、基本政策の転換に踏み切らなかったならば、日本はおそらく、隣国の中国や朝鮮と同様に、外国との抗争の長い年月を経験することになったであろう。一九世紀半ばの日本は、後世から見ると、無意識のうちに袋小路に迷い込み、間一髪の危機に直面したとき、辛うじてそこから脱出することに成功したように見える。破滅を回避する最後のチャンスを摑んだのである。

この〈袋小路への迷い込みと脱出〉という状況は、歴史を読む者にとってまことに興味深い問題である。例えば、一九三七年に始まった日中戦争では、日本政府はごく早期に講和と撤兵の必要に気づきながらこれに失敗し、中国全体に戦線を拡大した結果、収拾不能に陥った。中途で問題性に気づいたものの、この場合は脱出ができなかったのである。ことは日本に限らない。〈袋小路問題〉はアメリカのベトナム戦争やイラク戦争など、世界各地の歴史に見出すことができる。一九世紀半ばの日本は辛うじて成功した。幸いにその史料は豊富に遺っている。これを一九三〇年代の日本や世界の失敗例と比較するならば、人類史のなかの基本問題により深い洞察が得られるに違いない。

第三には、〈異言語間のコミュニケーション〉がもたらした困難という問題がある。グローバル化の進んだ現在、異言語話者の間のコミュニケーションは、簡単ではないとしても、深刻な問題を引き起こすことは少ない。しかし、一九世紀中葉、まさにそのグローバル化の発端を築くことになった日本人と米国人の「最初の接触」における通訳は、技術的にも心理的にも極めて困難なものだった。その結果、いわゆる日米和親条約には、アメリカ領事の駐在について二つの異なるヴァージョンができてしまった。英語版では両国の一方が望めば駐在できるとあったが、日本側が正文と見なした漢文和訳版では双方の同意が必要とあったのである。後者が正しいなら日本は領事の着任を拒むことができる。まだ「鎖国」に拘っていた日本側にとってこれはゆるがせにできないことであった。ペリーの後、ロシアやイギリスとの交渉でも、異言語間のコミュニケーションの困難は様々の歪みを生んだ。グローバルな人と情報の往来が日常的となった二一世紀には実感しにくいことであるが、過去を学ぶものとしては、特に注意深く研究する必要がある問題と思われる。

本書が描くのは一九世紀前半の日本の外交政策史であるが、そこから人類の普遍的問題を見いだし、今後の歴史研究の糸口としていただければ、幸いである。

二〇一四年九月

著　者

増刷にあたり、まえがきを書き変えた。初刷の後、いくつかの論考を著し、本書が様々の論点を内包していることに気づいたからである。それらを英語版と中国語版の序文に書き込んだので、それに合わせることにした。誤記・誤植や事実認識の誤りの若干も訂正し、参考文献に最近の重要著作を追加した。

# 凡例

一、引用史料の表記は、とくに断らない限り、現行の漢字と仮名とに書き改めた。

一、年月日の表記は、原則として、年については西暦と日本の陰暦を併用し、月日に関しては史料との照合を容易にするため日本の陰暦を優先した。年の境目では両者に食い違いがあるが、この点はその都度、誤解が生じないよう調整した。

一、本文中の（　）に典拠を示した。先行研究については原則として著者名のみを記し、同じ著者の中では刊行年に従って、1・2・3……と番号を付した。頻繁に使用する史料は次のように略記した。

| | |
|---|---|
| 『通航一覧』 | 通航 |
| 『通航一覧続輯』 | 続輯 |
| 『大日本維新史料』 | 維新史料 |
| 『大日本古文書　幕末外国関係文書』 | 外国 |
| 『水戸藩史料』 | 水戸 |
| ペリー『ペリー日本遠征日記』 | ペリー日記 |
| ウェルズ・ウィリアムズ『ペリー日本遠征随行記』 | 随行記 |
| ホークス『ペリー艦隊日本遠征記』 | 遠征記 |
| 川路聖謨『長崎日記・下田日記』 | 川路日記 |

一、巻末に、北方と江戸湾の地図を付した。活用されたい。なお、参考文献、地図、略年表、索引の作製について、小林紀子・坂田美奈子・塩出浩之・三牧聖子各氏の協力をえた。記して謝意を表する。

# 目　次

口　絵



挿　図

## 関係地図

# 第一　近世後期の対外政策

一九世紀の初め、日本ではその将来を暗示する二つの書が著された。ひとつは志筑忠雄《しづきただお》の『鎖《さ》国《こく》論《ろん》』（一八〇一年）、もうひとつは山村才助《さいすけ》の『訂正増訳　采覧異言《さいらんいげん》』（一八〇二年）である。前者は、一八世紀の初めに著されたE・ケンペル（Engelbert Kaempfer）の書を翻訳して、近世日本の対外関係に「鎖国」という名前を与えたもの、後者は新井白石《はくせき》の『采覧異言』を多数のオランダ書籍を用いて修正増補した世界地理書である。これらはいずれも、一八世紀の後半に発展した蘭学を基礎として、同じ時期に日本と接触を始めたロシアとの緊張を意識しながら著されたものであったが、それぞれ、「鎖国」の自覚的追求と海外情報の系統的収集という、一九世紀前半の日本のとった二つの志向を代表する著作となったのである。

ここで直ちに疑問が生ずるかもしれない。日本が「鎖国」を追求したのは近世の初めからではないのか。また、「鎖国」の追求と海外情報の積極的収集とは矛盾するのではないか。まず前者から考えてゆこう。

# 一　「幕末」型政策への転換

**近世前期の対外政策**　まず前者であるが、近世日本における対外関係の制限と国家権力による独占は、たしかに古今東西の歴史の中で最も厳しい部類に属するものであった。同時期に相似た政策をとっていた大明《だいみん》・大清《だいしん》（中華帝国はこう自称し、藩属国の朝鮮や琉球にもそう呼ばせて、世界の中心という自画像を保っていた）や朝鮮においては、規制はより緩く、自国民の外国との往復や外国人の来訪も見られた。例えば、大清の商人たちは長崎を頻繁に訪れたし、朝鮮の官吏は定期的に宗主国《そうしゅ》の大清に赴いた。大清にはキリスト教の宣教師が定住したし、中には朝鮮への潜入に成功するものもいた（姜在彦）。このようなことは近世の日本では考えられないことである。日本人の海外渡航の禁は公儀《こうぎ》の役人すら拘束していた。少なくとも一八世紀以降においては、その末期から一九世紀初頭にかけての北方探検を除いて、公儀の役人が国外へ赴いたことはない。また日本に来た外国人は、朝鮮人であろうと、中国人であろうと、西洋人であろうと、厳重な監視下に置かれ、宣教師の潜入もジョヴァンニ・B・シドッティのように不成功に終わった（新井白石『西洋紀聞《せいようきぶん》』）。

にもかかわらず、近世中期までの日本人には、制度としての「鎖国」の認識はなかった。朝鮮からは、豊臣秀吉の出兵によって悪化した関係を修復した結果、通信使が訪れるようになり、中国産生糸《きいと》や薬用人参の輸入も一八世紀前半までは盛んに行われていた。また、島津家の支配下に入った琉球《りゅうきゅう》王国も将軍や王家の代替わりごとに慶賀使《けいがし》や謝恩使《しゃおんし》を江戸に遣わし、島津家は琉球を介して中国との貿易を続けた。長崎には大清の商人も現れて住み着いた。西洋人でもオランダ商人は出島への居住を許されて、毎年江戸に参府した。これらの国々とは、互いに漂流民を送還する仕組みも作られた。近世の日本は、限られた国々を相手に、密接とはいえないながら、恒常的な通交関係を維持したのである（R・トビ、田代和生1、荒野泰典、藤田覚5）。

また、外国との関係の制限は、体系的な政策となっていたわけではなかった。日本人の海外渡航やキリシタンの来訪は禁止という原則が定められたが、外国船の来航は原則上は自由であった。来航が禁止されていたのは「キリシタン」国のスペインとポルトガル、そして後者と縁戚《えんせき》関係をもったイギリスであり、いずれも個別的に禁止対象に指定されたに過ぎなかったのである。このような禁令の構造のもとでは、禁制にない問題はその都度検討の俎上《そじょう》に乗せうる余地を残していた。それゆえ、安南《あんなん》や東埔寨（カンボジア）など東南アジアの国から交易船が訪れた時、徳川公儀はおおむねそれを許している。また、よく知られているように、田沼意次《おきつぐ》の執政下では一時蝦夷《えぞ》地でのロシアとの交易が検討された（大石慎三郎）。この試みは現状の変更すなわち「新儀」を忌む慣習のため中途で立ち消えとなったが、検討自体は決して不法なこととは考えられていなかったのである。

**近世後期の変化1　経済的自足性と海外関心の同時増大**　一八世紀には、日本の外国貿易は次第に縮小していった。輸入の対価として輸出された銀が欠乏し、その代わりとなった銅も産出に限界が生ずる一方、主な輸入品であった生糸が国産化されたためである。その結果、一七七五年（安永《あんえい》四）には額面で朝鮮貿易の主要部分をなしていた私貿易が停止された。一八世紀前半まで、徳川公儀は対馬《つしま》を介した朝鮮貿易を重視し、中国産の高級生糸や薬用人参を輸入するため品位の高い銀貨を特鋳したほどであったが、世紀の後半にはその必要を感じなくなった。一八世紀末の日本は、事実として、経済的に極めて自己充足性の高い社会となっていたのである。しかし、それは体系的な政策に基づいて生じた状態ではなかった。対外関係の制限が体系的な政策に変化して、意識的に追求されるようになったのは、後にみるように、松平定信《さだのぶ》という極めて個性的な政治家が政権を掌握し、さらにヨーロッパの大国ロシアが隣国化し、日本に交易を求めてきたことを契機としていたのである。

一方、一八世紀の後半には、蘭学の成立と発展に示されるように、海外、特に西洋への関心が高まった。経済面では自給自足化が進行したが、情報の面では逆に国外への関心が高まったのである。『解体新書』の翻訳・刊行（一七七四年）は蘭学の成立を象徴する事件として有名であるが、同時期にオランダの地理書をたよりにした世界地理の研究も進んだ。代表作としては、桂川甫周《かつらがわほしゅう》『新製地球万国全図』（一七八六年刊）、朽木昌綱《くつきまさつな》『泰西輿地図説《たいせいよちずせつ》』（一七八九年刊）などがある。この時代には、海外への好奇心の高まりを反映して、より通俗的な地理書も盛んにもてはやされ、司馬江漢《しばこうかん》『地球全図』、同『地球全図略説』（一七九二、三年刊）のようなオランダ起源の著作のほか、古い中国起源の著作、例えばマテオ・リッチの『坤輿《こんよ》万国全図』（一六〇二年）を元にした長久保赤水《ながくぼせきすい》『地球万国全図』（一七八五年刊）、また異国・異域の怪異・奇談を盛り込んだ『山海経《せんがいきょう》』などの書物がしきりに読まれた（鮎沢信太郎、大久保利謙『鎖国時代日本人の海外知識』ほか）。

このような流行は、一面で、もともと文化的な後進地であった江戸がこの時期に京・大坂の影響から自立し、軽さを売り物にした新奇な読物を次々に世に出すようになっていたことと無関係ではない。それを担っていたのは、平賀源内《ひらがげんない》や大田南畝《おおたなんぽ》といった人々を中心とする知識人のサークルと出版業者の結びつきであった。彼らは、田沼意次のゆるやかな施政の下で、好奇心を十分に発揮し、物産会の開催や狂歌《きょうか》・狂詩の創作、黄表紙《きびょうし》などの戯作《ぎさく》等を通じて、面白味を徹底的に追求した。異国趣味の書の刊行もその一環だったのである（今田洋三、芳賀徹）。

他方、一八世紀の後半には、ロシア人が蝦夷地に姿を現し始め、これに注目してアイヌやロシア人との交易、さらに北方への植民を主張する論者も現れた（秋月俊幸1～4、井野邊茂雄、大友喜作）。田沼意次に献上され、蝦夷地の金銀山を開発してロシアと交易すべしと述べた工藤球卿《きゅうけい》（平助）の『赤蝦夷風説考《あかえぞふうせつこう》』（一七八三年）、また西洋、特にイギリスの富強を理想化して、海外への航海通商と日本周辺の島々への植民、さらに樺太《からふと》への遷都《せんと》を主張した本多利明《としあき》の『西域物語』（一七九八年）などである。本多はさらに、人巧産物を輸出し、自然産物を輸入すれば、外国貿易は利益があると述べた（『経済放言』）。これは付加価値の有無と貿易の利益を結び付けた卓論であったが、公刊されなかったせいもあって、一般には流布《るふ》しなかった。知的な世界では、むしろ、新井白石の貿易不利益論、貿易は金銀などの財宝と引き換えに無用の贅沢品を買い込む行為であって国益に反するという論が常識となっていった。

他方、同時期には、対外的な軍備を主張する論策も著された。林子平《しへい》の『海国兵談《かいこくへいだん》』（一七九一年刊）

である。林は、この著書で、周囲を海に囲まれた日本では、海岸の防備が肝要であり、そのためには西洋式の大砲や艦船を採用する必要があると述べて、いわゆる海防論を創唱した。ただ、彼はこれを公刊したため軍書出版の禁に触れ、徳川公儀によって幽閉処分に付された。

以上のように、一八世紀の後半には、経済面での自己充足性の高まりと同時に、海外知識も熱心に追求された。冒頭に掲げた山村才助の『訂正増訳　采覧異言』はこのような努力の頂点をなすものだったのである。ただ、この書が完成し、徳川公儀に献上された頃には、情報収集は、好奇心のみでなく、国防上の目的意識を持って追求されるようにもなっていた。一九世紀には、一八世紀にいわば無意識のうちに進行した鎖国と海外情報の収集とが、自覚的に追求されるようになるのである。

## 近世後期の変化2　松平定信と鎖国・避戦・海防

田沼意次のもとで、蝦夷地におけるロシアとの交易が検討されたことは先に述べた。この動きを最終的に断ち切ったのは、松平定信の政権掌握であった。定信は、それのみならず、対外政策の構造的な明確化を追求した。彼は、日本の政治史の上では稀な、政策を重視し、長期的な観点からその立案に当たる政治家であって、伝統的な政策慣習、すなわち過去から引き継いだ禁制と慣行をすべて知的に再構成し、曖昧な部分を白日の下に引き出した。そのうちもっとも有名なのは、徳川の秩序の中に正しく禁裏《きんり》を位置づけようとして、京都御所が焼失した際にその修復に力を注ぐ反面、尊号一件に際しては、徳川の意向に逆らった公家を厳しく処分したことであろう（辻善之助、藤田覚3・4）。対外政策においても、この志向は貫かれ、以前の政治家にはみられない長期的な観点から、再構成を行っている。それは、ロシアの通商使節が現れる以前に始まっており、対外関係の縮小（鎖国）を主柱としながら、万一の事態に備えた国防の再建（海防）や対外紛争の抑制（避戦）にも配慮した体系的なものであった（松平定信『宇下人言《うげのひとごと》』。渋沢栄一）。

定信は、対外関係を、長崎における貿易、朝鮮通信使の応接、異国船取扱規定の新設の三点にわたって、整理縮小した。長崎の貿易については、一七九〇（寛政《かんせい》二）年、来航と交易を許可する船を、唐船については一二隻から一〇隻、オランダ船については二隻から一隻に減じ、さらにオランダ商館長がほぼ毎年一回行ってきた江戸への参府と将軍への拝礼を五年に一回に改めた。彼は、外国貿易に書籍と薬種の輸入以外の意味を認めず、この条件を中国やオランダ商人が認めない場合には、長崎への入船断絶までありうると覚悟して、その際の長崎町民の処遇法まで考えていた。彼の後任老中たちは、この政策を修正して、田沼が始めていた中国からの金銀の輸入を復活させたりしたが、長崎貿易が国内経済上の意味を減じ、長崎の町人をはじめとする貿易関係者の生計維持と海外情報の収集に役割を限定されるようになったことには変わりがなかった。

図1　松平定信自画像（鎮国守国神社蔵）

朝鮮通信使については、応接の地を江戸から対馬に改める方針を打ち出した。近世日本と朝鮮との国交は、外交上大君《たいくん》と称した徳川将軍と朝鮮国王が取り交わした国書の形式においては対等であったが、その内実においては、互いに他を見下し、しかもそれを共に容認することで成り立っている関係であった。例えば、朝鮮からの通信使は、初期に他の名目で来た使節を含めると、それまでに十一回にのぼっていたが、徳川公儀側はこれを将軍の代替りに対する表敬の使節、さらに「朝貢」の行為と見なす一方、朝鮮側は隣国の国情の「巡視」と位置づけていた。また、この関係は、対馬の宗《そう》家の媒介により成り立っていたが、朝鮮は毎年対馬が釜山《プサン》に送る使節を朝貢使と見なしていた。日本側は朝鮮国王の代替りに際して使節を送らなかったが、その反面では、通信使に対する日本側の答礼使は朝鮮国内の旅行は許されず、釜山までしか行けなかった（田代和生1〜3、三宅英利、李進熙）。このような関係にあっても、日本は生糸や薬用人参さらに中国情報の入手の必要、朝鮮は秀吉のごとき侵略の兆候を監視する安全保障上の必要があって、これを容認していたのである。

しかし、日本側では、一八世紀半ばに貿易の必要が乏しくなり、一七七五（安永四）年に宗家の生計を支えていた朝鮮との私貿易が断絶して、同家が徳川公儀の経済援助に大きく依存するようになると、すなわち日本の経済的自己充足性と対馬の日本への包摂度が高まると、朝鮮との関係における不平等の側面が問題視されるようになった。特に大坂の高名な儒者中井竹山《ちくざん》は定信の諮問に応じて献じた『草茅危言《そうぼうきげん》』でこの点を指摘し、朝鮮の通信使も日本の答礼使同様に国内旅行を禁じ、あわせて接待に必要な沿道の士庶の負担を除くべきであると主張した。定信はこれを受けて、まず朝鮮に家斉《いえなり》への将軍代替りを祝う使節の派遣を延期するよう申し込んだ上、一七九一年、通信使の応接地を対馬に変えようとする交渉を始めたのである。これは、彼の引退後に実現し、一八一一（文化八）年、対馬で実行された。以後も将軍の代替りごとに、徳川公儀は通信使の応接掛を任命したが、実行はなされなかった（田保橋潔1下・2）。一九世紀に入ってからは朝鮮の外交上の意味は乏しくなり、それに伴って、日本人の意識から朝鮮が脱落して行くのである。

定信は、さらに、一七九一年、全国に対して異国船の取扱い規定を布告した。異国船が漂着した場合は手当をして長崎に送るよう指示した上、その他の沿岸に現れた異国船については柔らかに召捕《めしとらえ》るよう努め、抵抗した場合は打ち砕くように命じたのである。このうち漂着船の扱いは従来の慣行を制度化したものであったが、その他の場合の規定は従来の慣行に反する極めて厳重なものであった。従来の禁令は、「南蛮船《なんばんせん》」すなわちカトリック国の船を対象にその来航を禁ずるものであり、その他の「異国船」については規定がなく、慣行としては、漂着船同様に薪水《しんすい》食糧を給与して立ち去らせていた。例えば、一七六七（明和四）年、シベリアでの抑留を脱出した「ほらふき男爵」ベニョフスキーは、阿波で薪水食糧を与えられたと記している（田保橋潔1。『ベニョフスキー航海記』）。定信はこのような慣行を否定し、南蛮船のみならず異国船一般を日本の海岸から遠ざける方針を新たに禁令として布告したのである。これは、翌年に根室《ねむろ》を訪れたロシアの通商使節ラクスマン（Adam Laksman）に対しても宣言された。一七九三年、定信はラクスマンへの「諭書」で、「兼《かね》て通信なき異国の船、日本の地に来る時は或は召捕《めしとらえ》、又は海上にて打ち払うこと、いにしへより国法にして、今も其掟《おきて》にたがふことなし」と述べたのである。ここでは、彼自身が新たに定めたことを古い伝統のように言いなし、さらに過去における「通信」関係の有無を基準に「異国」を峻別《しゅんべつ》して、「通信」経験のない国の徹底的排除を宣言している。明らかな「新儀」を伝統の名で正当化する、それは古きものの権威が高まり、「復古」が強い正統性を持ち始めた一八世紀末という時代の特徴をよく表現する、もう一つの「伝統の創造」であった。

日本人の海外渡航は近世初期に禁じられていたが、この時に至って、外国人の渡来も著しく制限されるようになった。朝鮮との外交関係も縮小し、長崎での貿易も経済的意味を減じた。しばらく後に志筑忠雄が用いた言葉を使えば、「鎖国」政策の自覚的な追求が始まったといってよいであろう。また、幕末から振り返ると、ここで、対外政策の焦点が、日本人の出入国禁止から、外国船の来航に転換したことが注目に値する。幕末に政治問題化したのは外国人の入国であった。たかが六〇年ほど前に決められたことが、神聖な「祖法」と信じられて、激しい政争を引き起こしたのに対し、日本人の出入国はほとんど論争されなかったのである。

定信の対外政策は、対外関係の縮小だけでなく、国防の再建―特に海岸防備の新設―および対外紛争の防止にも配慮したものであった。一七九一年、彼は「海辺御備御用掛《おそなえごようがかり》」となり、翌年には他の老中から蝦夷地御用も譲り受けて、大名に対する海防の準備の指示、蝦夷地の防備、江戸近海の防備の三点にわたって、海防の計画を立案した。大名への海防指令は、海岸を持つ大名を対象に、守備に当たる船、人数、大砲の有無、一体の方針、隣領との申し合わせなどの報告書を提出させて、彼らの海防への注意を喚起したものであった。

蝦夷地の防備計画は、初めは田沼期の開発計画を否定して、千島《ちしま》からの南下が予想されるロシアとの緩衝地帯と位置づけて松前家への委任を続け、防備の第一線は本土の最北端において、北国郡代を新設して南部や津軽などを指揮させようとするものであったが、後には将来における開発は不可避と考えるようになっていた（菊池勇夫1・2）。他方、江戸近海の海防については、西は伊豆半島から東は九十九里浜《くじゅうくりはま》に至る広範囲を考え、一七九三年には自身で伊豆下田《しもだ》から三浦半島までを踏査した。これらの案はラクスマンの到来の直前に幕閣の評議に付され、渡来の知らせの後、一旦決定されたが、定信が伊豆・相模の検分から帰任した後に解任されたため、後任老中の手で棚上げされた後、中止された。

この海防計画は、オランダからの技術導入による洋式軍艦の建造を含む大規模な再軍備計画であった。定信は、西洋の世界支配の趨勢《すうせい》を察知し、これが将来の日本にとって脅威となると信じていた。そのため、長期的かつ軍事的な観点から体制の再強化を構想し、当面必要となった海防から手を付けようとしたのである。しかし、当時の海防は無に等しく、もしラクスマンが江戸への回航を望んだならば、それを阻止するすべは無かった。そこで彼は、ラクスマンへの「諭書」の冒頭で強い排除の態度を宣言したにもかかわらず、その末尾では、長崎に来れば貿易交渉に応ずる余地があると示唆し、長崎入港の信牌《しんぱい》を与えた。ロシアとの紛争抑制にも配慮したのである。

## 二　一九世紀初頭の対露緊張

**鎖国政策の追求**　一七九三（寛政五）年、松平定信は老中を解任され、江戸城中の席を溜間詰《たまりのまづめ》に進められた。解任は、表向きは、彼が将軍の家斉に信任を問う意味でしばしば提出していた辞表が受理されたに過ぎないが、実際には、幼君家斉の補佐を共同で当たるように命じられていた家斉の実父の一橋治済《ひとつばしはるさだ》や尾張《おわり》の徳川宗睦《むねちか》、水戸の徳川治保《はるもり》らとの協議を怠り、独断専決の振舞が多くなったためという。あるいは、先にみた江戸湾防備計画が、他の閣老の眼からみて不必要に大規模であったことも一因となったのかも知れない。ともかく、その退任後の対外政策は、後任の勝手掛《かってがかり》老中戸田氏教《うじのり》や若年寄《どしより》堀田正敦《まさあつ》の手に移った。彼らのもとで対外事務にあたった人々は、定信のごとき体制再建という長期目標より中期的な合理性を指針として政策をたてた。彼らは、ロシアの接近についても「もとよりヲロシア国は攻戦を好まず」（羽太正養《はぶとまさやす》『休明光記《きゅうめいこうき》』）とみた。ロシアは確かに領土の拡大に努めているが、戦争を賭することはないと考え、その判断に基づいて避戦や海防の施策を低水準に止めつつ、もっぱら蝦夷地の領土化や鎖国政策の励行を追求したのである。

彼らはまず、定信解任後の一七九四年、一旦決定していた江戸近海防備案を再検討に付すこととし、その翌年廃案とした（通航第八。内藤隼人正《はやとのかみ》ほか『御備場集議』）。蝦夷地については日本領として確保する方針に転換し、松前家が現地住民のアイヌとの間に紛争を起こすと、これを好機として蝦夷地を徳川公儀が直接支配することとして、まず一七九九年、臨時の措置として東蝦夷地を収公した（一八〇二年恒久化）。ウルップ島とエトロフ島の間を国境とし、後者に徳川公儀の守備隊をおいて、蝦夷本島内にはそれにいたる道路を開き、緊急時の防備は南部《なんぶ》・津軽《つがる》両家を動員することにしたのである（浅倉有子）。これは田沼期から引き継いだ蝦夷地開発論を農業植民から領土確保に目的を変えて実現したもので、ロシアの領土拡張方法を各現地住民の懐柔によると観察し、それと同じ方法をアイヌその他の住民に先手を打って施そうという趣旨であった（鶴田啓）。この政策は、松前より有利な交易条件を提供するものであったため、現地民に歓迎され、徳川公儀の財政上も黒字となった。そこで、徳川公儀は一八〇七（文化四）年、西蝦夷地も直轄地とし、松前家は本土内に移した。

**対露緊張の発生**　一方、戸田らは、定信の打ち出した鎖国政策、この場合は新規渡来国との通交の一般的拒否を、額面通り励行しようと図った。この姿勢がもっとも明瞭に表現されたのはロシアの使節が再来したときである。一八〇四（文化元）年、ロシアの皇帝特使レザーノフ（Nikolai Petrovich Rezanov）が地球の裏側からの航海の末、先にラクスマンに与えた信牌を携えて長崎に現れた。彼は江戸参府と国書の将軍への捧呈《ほうてい》および通商開始の希望を伝えたが、徳川公儀は翌年、要求のすべてを拒んで立ち去らせた。この時の教諭書では、ラクスマンに表明した原則をより具体化して、「通信商」の国を「唐山《もろこし》・朝鮮・琉球・紅毛《こうもう》」の四ヵ国と特定し、「互市《ごし》」を「海外無価の物を得て我が国有用の貨を失」い、風俗を乱すものとして否定し、「互市」ぬきの「通信」国の増加も国禁《こっきん》として拒絶している。近世初期においては来航禁止国が特定されていたのであるが、ここでは逆に来航許容国が列

図2　レザーノフ肖像

挙されたのである。

レザーノフへの諭書の交付に先立ち、徳川公儀は紛争の発生を予防するため、国内に対してロシア船については穏和に取り扱うように布達《ふたつ》した。しかしこの回答は明らかに定信がラクスマンに示した態度と表裏するものであったから、長い航海の後に長崎での長期滞留を強いられたロシア側に強い不満を生んだ。レザーノフは長崎からカムチャツカに赴いた後、日本に通商を強要する手段として、蝦夷地にある日本人の植民地の破壊と日本の沿岸航路の攪乱《かくらん》を計画した。彼は命により帰府の途に上り、中途で病死したが、その部下フヴォストフやダヴィドフはこれを実行した。一八〇六〜七年、樺太のクシュンコタンやエトロフ島にあった日本の番所や会所《かいしょ》、さらにリシリ島沖の日本船などを襲い、焼き討ちしたり、人を捕えた上、翌年までに通商に応ずるか否か答えるように要求したのである（田保橋潔1。『日本滞在日記』、『クルウゼンシュテルン日本紀行』、『千島誌』）。

この時、病死した戸田の跡を襲って勝手掛となり、対外事務を担当していたのは牧野忠精《ただきよ》であった。徳川公儀は当初、静観の構えをとったが、エトロフ守備隊の敗退を知り、またロシア船の放免した日本人から外寇《がいこう》が皇帝の命によるとの証言をうると、方針を変えた。一八〇七年末、蝦夷地の防備を固め、ロシア船を対象とする打払令を公布したのである。この時、防備を担ったのは南部・津軽両家および新たに動員された仙台・会津の両家であり、これを松前奉行が指揮する体制をとった。また、一八一〇年には江戸湾口に防備を初めて設け、相模側の警備を会津（松平容衆《かたひろ》）、房総側を白河（松平定信）に命じた。この決定には、ロシアだけでなく、イギリスの動きも影響していたのではないかと思われる。すなわち、一八〇八年、長崎にイギリス艦フェイトンが現れ、オランダ商館員を捕らえたり、薪水食糧の供給を強いた上で立ち去った。これは、ナポレオン戦争の余波が北東アジアまで及んだ事件であったが、蝦夷地に続き、正式の対外窓口と指定していた直轄地で国法を蹂躙《じゅうりん》された徳川公儀としては、将軍のお膝元で同様の事態が起きることは何としても避けねばならない立場にあった。

一方、このような海防の措置と同時に避戦対策もまた検討された。松前奉行は幕閣に対し、ロシア側の謝罪を条件として限定的な通商を始めることを提案したのである（文化《ぶんか》五年二月河尻春之・荒尾成章《しげあきら》上申）。こうして、二つの外からの刺激をきっかけに、先に定信が提示した海防と避戦の政策が、若干の修正の上で実行に移されたのである。

ところで、北辺の外寇をきっかけに始まったロシアに対する臨戦体制は、予告された使節が現れないため、一八〇八年の末には解除された。しかし、ロシアへの警戒は解かれず、打払令も出されたままであった。このため、一八一一年、ロシアの測量船の艦長ゴロヴニーンがクナシリ島で日本の守備隊に逮捕されるという事件が発生した。徳川公儀はゴロヴニーンがフヴォストフらと関係があると疑い、彼を抑留した上、ロシア船はたとえ漂流してきた場合でも打ち払えと布達した。これに対し、彼の副長リコルドはゴロヴニーンの釈放を求め、接触を拒否されると、徳川公儀のエトロフ御用商人高《たか》田屋嘉兵衛《だやかへえ》を捕え、これによって、彼我の緊張はその極に達した。しかし、逮捕した両人を通じて、双方は互いの事情を知り、いずれも紛争の拡大や戦争を望んでいないことを悟った。そこで徳川公儀は、嘉兵衛の釈放とともに、ロシア政府から先の外寇はフヴォストフらの個人的海賊行為であるとの釈明書を差出させ、これと引き換えにゴロヴニーンを解放する方針に転換し、一八一三年に至って双方は捕虜を交換して紛争を落着させたのである（『日本幽囚記』）。

この時、ロシア側は今後日本の沿岸に船を近づけぬと誓約する一方、国境の画定のため明年使節を送ると約して去ったが、両国の代表は翌年、努力のかいもなく千島での接触に失敗した。徳川公儀はその結果、一八一四年末、蝦夷地の防備体制を完全に平時の体制に戻し、函館や松前に南部・津軽の兵若干を置くに留めることにした。

以上のように、レザーノフの要求拒絶をきっかけに高まった日露関係の緊張は、約一〇年の後に劇的に緩和された。それは、その後の閣老の交代と相まって、再び海防や避戦対策への関心を薄め、鎖国一点張りの政策が前面に押し出される背景となった。

**緊張緩和と異国船打払令**　一八一八（文政元）年、水野忠成《ただあきら》が勝手掛の老中となった。彼は家斉の側近の出身で、奥向きの仕事を通じて頭角を現した人であった（『公徳弁』。大口勇次郎2・3）。彼の主たる問題は、家斉の成人しただけで二十数人に上った子女を大名に縁づけることにあり、それを円滑にするため、一八世紀半ば以来停止されていた貨幣の悪鋳を再開し、断続的にこれを続けて出目の獲得に努めた。対外政策も内政に従属させ、対外緊張の緩和を利用して、大名の負担を軽減することに主眼をおいた。一八二一年、蝦夷地を松前家に還付して再び漁業やアイヌとの交易の利益を獲得できるように計らい、江戸近海の警備も徳川公儀直轄に改めて会津・白河両家の負担を除いた（各一八二〇、一八二三年）のである。その際には、主な海岸の幕領に対する周辺大名の支援体制を整備したが、全体として警備体制の主眼を制度の長期的な維持におき、事後の検閲を怠ったため、時とともに海防水準は低下した。

他方、この頃には、主にイギリスの捕鯨船が江戸近海に頻々と姿を現すようになった。そこで、彼は一八二五年、水戸藩領と薩摩《さつま》の宝島《たからじま》で発生した異国船員の上陸事件をきっかけに、異国船打払令を全国に公布し、ロシア船に限らず、すべての異国船を打ち払い、日本の海岸に近づけぬこととした。この異国船排除の措置は、オランダ船でも長崎以外の場所へ現れた場合は対象とされたように、徹底的なもので、定信以来の鎖国政策はここに最も極端な形をとることとなった。しかし、これを徳川公儀が頑なな排外主義に支配されて好戦的となったと理解するならば、それは誤りである。海防を緩めた後にこの政策を打ち出したことは、異国船を手荒に扱っても決して国家間の戦争に発展することはないと徳川公儀が確信していたことを示唆している。当時、水野に対外政策の再検討を命じられていた遠山景晋《かげみち》の著とされる一書は、次のように述べている。

近来夷狄《いてき》の屢《しばしば》日本に来舶するは、交戦、争闘のことをなし、併呑《へいどん》の志あるなどと云《いう》ことにては、更になきこと也。蛮夷なりと雖、豈《あに》数万里の波瀾《はらん》を歴《へ》て戦闘するの理《ことわり》あらんや。人々夷船の来たるを恐怖する者は、畢竟《ひつきよう》蛮学盛に行はれ、彼が虚言の噂を聞き、畏《おそれ》おじてのこと也。林子平など論ずるに足らざれども、毒を流すことは最大なる者と云うべし。今来たれる者は全く海賊にて、万里を遍歴して辺海を侵掠《しんりゃく》し、有合ふ物を奪い取るまでにて、恐るるに足らずと云べし（『籌海因循録《ちゅうかいいんじゅんろく》』）

すなわち、西洋の国家が万里の波濤《はとう》を冒して日本に侵攻してくることはなく、不法行為を働いた異国船はみな海賊にすぎないというのである。ロシアとの紛争が無事解決して、その後約束通りロシア船が姿を現さなくなると、このような見解が支配的となり、その結果、異国船打ち払いといった手荒な政策の登場が可能となったのである。

しかし、緊張緩和によって海防や避戦政策への関心が乏しくなるのはわかるが、それが鎖国政策の強化を導いたのは自明ではない。田沼期に戻って通商を拡大する方向に転換しても良かったはずだからである。特に水野が財政収入の増加に腐心していたことを考えると、田沼期に始まった海産物の輸出による金銀輸入をはじめとして、通商の拡大が企図されても不思議ではなかった。それが逆になったのは、ロシアとの緊張の時代に鎖国孤立こそ最も望ましい対外関係のあり方であるという考えが定着したためではないかと思われる。

# 第二　知識人の対外認識

政府における対外政策の転換の背後では、知識人の世界像も変化していた。一方では、「鎖国《さこく》」「孤立」を肯定的に評価し、政府同様に意識的に追求しようという考えが広まったが、他方では、その自ら封鎖した世界の外に対する関心が高まり、正確な知識を蓄積する運動も生じた。この一見矛盾するかにみえる知的運動の併存は、近隣の朝鮮や大清《だいしん》と異なる、一九世紀前半の日本の大きな特徴であった（井野邊茂雄2）。

## 一　「鎖国」意識の定着と攘夷論

**志筑忠雄『鎖国論』**　「鎖国」という言葉の初見は、冒頭に取り上げたE・ケンペル著、志筑忠雄《しづきただお》訳の『鎖国論』であるといわれる（『文明源流叢書』第三。板沢武雄。小堀桂一郎）。志筑忠雄またの名を中野柳圃《りゅうほ》は、一時オランダ通詞《つうじ》を勤めたことのある長崎の蘭学者であり、西洋の天文学書を編訳してケプラーやニュートンの天文学説を紹介した『歴象新書《れきしょうしんしょ》』の著述で有名である。一八〇一（享和《きょうわ》元）年、一七世紀の末に出島の商館に来たドイツ人旅行家ケンペル（Engelbert Kaempfer。ボダルト＝ベイリー）

の著した『日本誌』の付章を翻訳して「鎖国論」と名づけた。原題は、「日本帝国において本国人には海外渡航が、外国人には入国が禁ぜられ、且つこの国と海彼の世界との交流はすべて禁ぜられているのが、極めて妥当なる根拠に出でたるものなることの論証」という長いものであった。ケンペルは一七世紀の末にすでに日本が極めて排外的な対外政策を採っていると観察し、しかもそれを肯定的に評価していたのである。志筑忠雄はこれに跋《ばつ》を付し、翻訳の動機を記したが、それはおよそ次のようであった。地球上の諸国は宇宙における星々のごときものであり、必ずしも万国が皆互いに往来せねばならぬという理由はない。通交しないからといって天の道に背くというのはおかしい。無数の島からなる日本はそれ自体一小地球であって、人の目を楽しませるに足る多様性と経済的な自己充足性を備えている。近世初頭に日本が行った鎖国は、「異国人の為に風俗を残《そこな》はれ、財貨を偸《ぬす》まる」という事態への合理的な対応であった、云々。

志筑がこの論文を訳したのは、日本人の「国恩」意識すなわち国家への帰属意識を高めるためであった。彼は、アレクサンダー大王の遠征を引きながら、地球上の良い土地は常に諸大国の争奪の対象となってきたと指摘し、良土でその圏外に立ち、外国の奴隷になった経験のないのは日本ばかりだと断定する。この主張の裏にあったのはロシアの領土拡張の動きへの警戒である。ただ、彼は、ロシアがはるばる日本まで遠征軍を起こすことは難しいとみていた。日本への進出の基地であるカムチャツカは本国から二〇〇〇里を隔て、日本との間にも海と蝦夷地《えぞち》があり、しかも本国はトルコやドイツなどの強国との角逐《かくちく》や国内諸地域の変乱への対処に忙しいからである。しかし、ロシアの北辺への接近はやはり見過ごしにはできない。そこで、国境の蝦夷や樺太《からふと》がよく治まり、「通商出入」がみだりにならないという条件を付しながら、彼はこれを国家を健全に維持するための適度の刺激と位置づける。孟子の「敵国外患なければ国、恒に亡《ほろ》ぶ」という古言を引き、対外緊張を「外を禦《ふせ》ぎ内を親しむの、最切用《せつよう》なる心を固くする」手段、すなわち日本への帰属意識、ナショナリズムを高める機会として意味づけたのである。ケンペルの著述は、読者に「斯《かか》る得がたき国に生まれ、かゝる有難《ありがた》き御代《みよ》にあひて、太平の草木と共に、また上もなき雨露の恵みを蒙《こうむ》る」という国恩を知らせ、また「異国異風の恐るべく、邪説（キリシタン）暴行の悪《にく》むべ」きことを証言し、全世界を捜しても日本固有のもの以外に仰ぐべき人も教えもないということを悟らせるため、訳されたのであった。

この『鎖国論』は、ペリー来航の直前まで公刊されなかった。しかし、写本の形ではかなり流布したようである。例えば、大田南畝《おおたなんぼ》はレザーノフ来航の際にたまたま長崎に在任し、写本に接して序文を書いている（板沢武雄・五五八頁）。「国鎖《と》ざすべきか、則ち用を通じ、物を易《か》ふべからざるなり。国鎖ざすべからざるか、則ち物を閉ざして彊《さかい》を守るべからざるなり。一啓一閉は治国の要なり」。彼は、「古は遣唐の使、留学《るがく》の生、礼楽文物もって吾国を革《あら》たむ」と述べる一方、「室町《むろまち》・安土《あづち》、不学無識、或は僧をもって使いと為して明《みん》国の臣と称し、或は蛮夷をもって教えと為してまさに国風を変へんとし」たと非難し、キリシタンの追放後は、「国ますます治まり、民異物を貴んで用物を賤《いや》しまざる」（書経）ようになったという。鎖国を不変の制と見ず、為政者の判断をその上位に置きながらも、徳川による鎖国の措置を肯定したのである。ただし、彼は鎖国への安住は否定する。ケンペルが明人や韓人と同じく「異域の人にしてよく吾国の事情に通ぜるを嘆」じ、志筑の訳業を称えて、「後の君子」に『鎖国論』を読んで「憂国」の志を継ぐよう呼びかけたのである。

志筑が国恩意識を涵養《かんよう》しようとして著した『鎖国論』を南畝は統治身分への警醒《けいせい》の書と読んだ。いずれもキリシタンの先例を念頭に、国内への外国勢力の侵入を防ぐという観点から鎖国を捉えていたのであるが、その後、実際にロシアとの紛争が起きると、鎖国は国際体系の中でとりうる政策の一つという観点からも論じられるようになった。日本を西洋から意識的に隔離することは日本と世界の平和を維持する上で好ましい選択であるという考え、すなわち「鎖国による平和」論が登場したのである。これは松前に虜囚《りよしゆう》中のゴロヴニーンが日本の役人と交わした討論に現れる（『日本幽囚記』）。ゴロヴニーンは、西洋諸国は互いの交易と発明によって豊かになったと説明し、日本も交際に加わるように勧めた。これに対し、日本人はこう反論したという。なるほどそうかも知れない。しかし、西洋では大規模な戦争が絶えないと聞く。これは国家間の関係があまりにも密接なためではなかろうか。もし、日本と大清が西洋と国交を開き、さらにその制度を採用するなら、戦争はもっと大規模で悲惨なものとなるに違いない。豊かさを犠牲にしても、孤立を守って平和を維持する方が日本にとっても世界各国にとっても賢明である。ゴロヴニーンは、これを聞き、また日本滞在中に目撃した日本人の勤勉さや模倣好きを考え併せて、日本人が自分自身を閉じ込めたままにしておく方がロシアの極東やアメリカ支配にとって好都合だと結論している。ともかく、日本人は、ロシアとの紛争の中で、「孤立による平和」あるいは「平和のための鎖国」の道を選択したのである。平和の維持、あるいは紛争の回避にはさまざまの方法があるが、当時の日本人は、そのもっとも素朴な方法を、すなわち距離を取り、関係を薄めるという方法を、過去からの積み重ねで生じた現況と国際環境の可能性を考慮した上で、選んだといえよう。

**会沢正志斎『新論』**　一方、異国船打払令《うちはらいれい》の公布の直後には、逆に、故意に戦争を起こして衰弱した体制の再建を図ろうという考え、すなわち「攘夷《じょうい》による体制再建」論も登場した。水戸徳川斉昭《なりあき》の侍読《じとう》会沢安《あいざわやすし》（正志斎《せいしさい》）の『新論』がそれである。尊王《そんのう》攘夷論の原典として幕末を風靡《ふうび》したこの書は、日本の「国体」は神代から一度も絶えたことのない、世界に比類のない王統を持つものであると述べ、キリスト教のみならず仏教もこの神聖な国家への忠誠心を弱める邪説として排斥に努めた。そして、公儀の打払令を攘夷戦争令と読み替え、国民を「必死の地」に置いて「夷狄《いてき》」への敵愾心《てきがいしん》を燃え立たせようとの術策を提案したのである。尊王と攘夷とあいまって「民志を一」にし、海防のための国内改革に邁進《まいしん》させようというのが狙いであった（尾藤正英、三谷博3）。会沢は、徳川公儀《こうぎ》の当局者と異なって、ロシアとの緊張緩和を一時のものと見、西洋諸国による長期的な世界制覇の動きに強い危機感を抱いていた。かの国々は互いに戦争を繰り返しながら、過去数百年、一貫して海外の版図《はんと》の獲得に努めてきた。すでに南海の島々や海東の地（アメリカやカムチャツカなどを指す）は、その支配下に入って、ロシアを先頭に日本に迫る勢いとなっている。しかも、かつて日本を外敵から守ってきた海は、航海術の発達の結果、逆に「賊衝《ぞくしょう》」となってしまったという。このような危機感は、晩年の松平定信《さだのぶ》や知識人の一部にも共有されていた。しかし、徳川公儀の内外を問わず、多くの人々は、文化期の騒動を一時の悪夢とみなし、太平を心ゆくまで享受しようとしていた。会沢の議論は緊張緩和の流れにあえて異を唱えるだけでなく、処方箋《しょほうせん》においても極めて激烈なものであったから、さしあたっては水戸以外にはほとんど流布しなかった。同じく鎖国を肯定していたとはいえ、「攘夷による体制再建」論は「鎖国による平和」論と、その精神において対極的な位置を占め、泰平の世に合わなかったのである。これが注目を浴びるのは、アヘン戦争後、海防が喫緊《きっきん》の問題となったときであった。

## 二　海外情報の収集—オランダ情報・漂流民・北方調査—

**オランダ情報の不完全**　ロシアとの関係の発生、とくに松平定信退任後の蝦夷地領土化と鎖国励行の動き、さらに北辺と長崎での外寇は、海外情報、特にロシアと接する北辺に関する情報収集を緊要な課題とした。先にみたように、一八世紀後半のオランダ書による世界地理研究は山村才助《さいすけ》によって集大成され、その著『訂正増訳　采覧異言《さいらんいげん》』は、徳川公儀に献上されただけでなく、写本によって民間にも伝えられて、海外知識の普及に貢献した。しかし、外交には新鮮な情報が不可欠である。この点、当時の情報環境は決して好ましいものでなかった。ヨーロッパ関係の唯一の情報源とされてきたオランダ風説書《ふうせつがき》が、アメリカの独立革命に始まるヨーロッパの大乱のために、きわめて不十分なものとなったためである。このため、徳川公儀はその政策展開にあたって、直接的な情報収集に依存せざるをえなかった。海外に漂流して帰国した日本人や捕虜にした外国人から詳細に事情を聴取し、蝦夷地とその先にも繰り返し調査隊を派遣したのである。

オランダがヨーロッパで唯一の通交国となって以来、その定期船が年々提出する風説書は、ヨーロッパや東西インド（キリスト教徒以外が居住する地、東はおもにアジア、西はアメリカ）に関するほとんど唯一の情報源となった（『和蘭《オランダ》風説書集成』上・下）。日本の西洋や東南アジアとの関係が希薄となるに伴って内容は乏しくなり、形式化したが、ロシアが隣国となって北辺に接近を始めると、その本国の状況を知る手段として風説書の重要性は高まった。しかし、ちょうどその時、その内容は信頼性に乏しくなったのである。オランダは、一七八〇年以後アメリカの独立革命に伴う英・仏の戦争に巻き込まれ、イギリスによって東インドの根拠地ジャカルタへの海路を遮断されるとともに、東インドでも各地の商館を襲われた。長崎へ運ぶべき商品や情報、さらに船の調達に苦しむようになったのである。この状況は、フランス革命によってさらに悪化した。一七九四年には本国がフランスに占領されてバタヴィア共和国となる一方、海外植民地は大半をイギリスに奪われた。ジャカルタの東インド総督はフランス側につき、イギリスと戦争したが、ナポレオン戦争の末期、一八一一年から一八一六年にかけてはジャカルタはイギリスに占領された（『長崎オランダ商館日記』。永積昭）。

このような状況で、ジャカルタの政庁は日本との貿易の維持に腐心した。しかし、中立国の船を雇うという変則的な処置を織り混ぜながらも（一七九七・九八年アメリカ船、一八〇六年アメリカ・ブレーメン船、一八〇七年アメリカ・デンマーク船、一八一三年ベンガル船）、しばしば欠航を余儀なくされたのである（一七八二年、一七九六年、一八〇八年、一八一〇―一二年、一八一五―一六年）。このため、日本は、蝦夷地の領土化やレザーノフの応接、さらにフヴォストフらの北辺襲撃やゴロヴニーンの捕囚といった重要な事件の相次いだ時期に、オランダから十分な情報を得られなかった。のみならず、オランダ側は、貿易の停止と独占の破綻《はたん》を恐れて、故意に海外の状況を秘匿《ひとく》したり、虚偽の情報を伝えた。例えば、フランス革命の勃発を伝えたのは五年も後のことであり、フランス占領下のバタヴィア共和国は国王に養子をとったことにし、ジャカルタのフランス、次いでイギリスによる占領は隠し通した。特に、このような状況下にあって一八〇三（享和三）年から一八一七（文化一四）年まで足かけ一五年の長きにわたり出島の商館長に在任したドゥフ（Hendrik Doeff）は、フランスとの同盟を前提に、貿易の維持・拡大に全力を注ぎ、またアメリカ・ロシア・イギリスなどがヨーロッパの国際関係の激動を利用して日本との貿易に参入することを極力妨害しようとした（彼の秘密日記『長崎オランダ商館日記』四・五、斎藤阿具）。一八〇九年、徳川公儀の世界情勢の尋問に対し、ヨーロッパに平和が訪れれば、ロシアとイギリスは同盟して日本に押し寄せるだろうと答えたり、一八一三年、先の商館長ワルデナールがジャワを占領したイギリスの代表となり、商館長の交代要員を連れて訪れたときには、渡来船が英国船とわかれば日本はフェイトン号事件への復讐のため彼らを生かして帰さず、オランダ貿易も断絶するだろうと脅して、ワルデナールに断念を余儀なくさせ、また長崎通詞らにもイギリスによるジャワ占領の事実の秘匿を強制した。しかし、徳川公儀の鎖国政策は、決してドゥフの政略に乗せられて形成されたものではなかった。彼の秘匿工作にもかかわらず、公儀は蝦夷地での経験をもとに海外情勢を的確に分析していた。実は、長崎の来航船やオランダ領東インドの実情についても通詞から情報を得ていたのであるが、禁制違犯の発覚を回避するため、ごく少数の関係者だけの秘密として隠蔽《いんぺい》していたのである（『長崎オランダ商館日記』四、二四六頁以下）。

一八世紀末から一九世紀初頭にかけては、ロシアとの緊張の発生という重要問題が生じたにもかかわらず、オランダからの情報に全面的に依存することはできなかった。そこで、日本独自の情報活動、すなわち帰国した日本人や日本にきたロシア人への尋問、そして北方への探索者の役割が重要となった。以下では、この側面を見てゆこう。

**漂流民からの聞取りと蝦夷地調査**　一七九二（寛政《かんせい》四）年、根室《ねむろ》を訪れたロシア使節ラクスマンは、太平洋岸で難破・漂流した伊勢《いせ》白子《しろこ》の船頭大黒屋《だいこくや》幸太夫《こうだゆう》と水夫磯吉を送還した。幸太夫は知性と表現力に恵まれ、ロシアでも厚遇されて豊富な知識を持っていた。海外に吹き流された漁民や船員が帰国すると、政府は詳しい事情聴取を行うのを習いとしていたが、ロシアとの交渉の発生によって正確かつ具体的な情報を渇望していた徳川公儀は、蘭方の官医桂川甫周《かつらがわほしゅう》に命じて徹底的な訊問を行わせ、その結果を書物にまとめさせた。『北槎聞略《ほくさぶんりやく》』（一七九四年上呈）がそれである。その内容は、漂流の始末のみならず、シベリアやロシアの社会と民俗を詳しく記したものであった（亀井高孝）。漂流民からの聞き書きの編纂は、レザーノフが連れ帰った仙台の漂流民津太夫らについても行われた。大槻玄沢《おおつきげんたく》・志村弘強の『環海異聞《かんかいいぶん》』（一八〇七年）である。津太夫らの証言は十分なものとはいえなかったが、幸太夫の体験がロシアに限られていたのに対し、こちらは大西洋・マゼラン海峡・ハワイ経由で地球を一周して帰国したという点に価値があった。

他方、この時期には、蝦夷地の領土化の必要から、北方への調査がしきりに行われた。徳川公儀の役人による蝦夷地の調査は、田沼意次《おきつぐ》の執政下の一七八五（天明五）年に始まった。蝦夷地における抜け荷の実態、ロシア人の動向、蝦夷地の開拓の可能性などを探るのが目的であった。東蝦夷地については、雇として加わった本多利明《としあき》の門下最上徳内《もがみとくない》がクナシリ、エトロフを経てウルップ島まで行き、そこに住んでいたロシア人に面会した。しかし、西蝦夷地に向かった一行は、樺太の南部を探検した後、一部が宗谷《そうや》で越冬を試みて、多くが病死するという憂き目をみた（大友喜作、島谷良吉）。松平定信への政権交代に伴ってこの動きは中絶したが、一七八九年、クナシリで松前家の場所請負商人の不正に対してアイヌが反乱を起こすと、再び普請役《ふしんやく》による調査が始まった。そして、定信の退任後、戸田氏教《うじのり》の下で蝦夷地の開拓と領土化、そのための徳川公儀直轄の方針が打ち出されると、一七九八年とその翌年、それまでと異なって、目付《めつけ》や書院番頭《しょいんばんがしら》といった上級の役人の統率する大規模な調査団が送られた。支配勘定《かんじょう》近藤重蔵《じゅうぞう》がエトロフ島に「大日本恵登呂府《えとろふ》」の標注を建て、高田屋嘉兵衛《たかだやかへえ》が東蝦夷地担当の御用商人となったのはこの時である（羽《は》太正養《ぶとまさやす》『休明光記』）。その後、蝦夷地の内国化に伴って多くの調査が繰り返されたが、近藤は自らの調査結果を漂流民からの聞き取りや中国・オランダの書籍と照合し、一八〇四年、『東西辺要分界図考』を著して献上した。レザーノフの長崎滞留中である。彼はその後、一八〇八年、北辺の外寇後に書物奉行に遷《うつ》されたが、その立場を生かして江戸城の紅葉山《もみじやま》文庫に保管されていた幕初以来の外交文書を国別にまとめ、『外蕃通書《がいばんつうしょ》』を編纂している（『近藤正斎全集』第一。森潤三郎）。これらは、その後、徳川公儀の政策決定に重要な参考資料を提供したものと思われる。

蝦夷地の領土化は北辺の実測を促し、それはさらに日本全国の海岸の測量へと展開した。これに緒を付けたのは、天文方《てんもんかた》高橋至時《よしとき》の門人伊能忠敬《いのうただたか》であった。彼は至時について暦学や天文学を学ぶうち、学問上の関心から緯度一度の地表距離の測定を望むようになった。ちょうどその頃徳川公儀は蝦夷地の実測を望んでいた。これを知った至時は、蝦夷地への陸路往復を利用して、忠敬の希望を実現しようと考え、一八〇〇年、徳川公儀の許可を取り付けたのである。忠敬の私費で始められたこの事業は、その後、本州東部の太平洋岸、次いで日本海岸に拡大された。そして、一八〇四年には天文方所管の公儀事業に格上げされ、忠敬も直参《じきさん》に取り立てられた。これが、一八二一（文政四）年、『大日本沿海輿地《よち》全図』として完成したのは周知の通りである（大谷亮吉、伊能忠敬研究会）。国内支配のための国絵図が完備しているにもかかわらず、徳川公儀があえてこの大事業を行ったのは、忠敬の仕事が質の高い、精密なものだったためばかりではないであろう。海岸の形状の把握を主としていることから分かるように、海防の必要も理由の一つだったのではないかと思われる。

一方、この事業の蝦夷地の部分は、間宮林蔵《まみやりんぞう》によって実行された。徳川公儀の雇であった彼は蝦夷地で忠敬と出会い、測量の法を教わって、絵図の作成と道路の開通に当たったのである。一八〇七年、エトロフ在勤中にフヴォストフらに襲われたが、翌年、幕命によって北蝦夷すなわち樺太の調査に派遣されることとなった。樺太が大陸と独立した島であることを確認し、さらに対岸の山丹《さんたん》にわたって大清の出張仮府デレンまで赴き、この地方の統治と交易の実態を視察したのである。彼の探索結果は、松前奉行の命により村上貞助によってまとめられ、一八一一年、林蔵作製の「北蝦夷島地図」とともに『北夷分界余話』『東韃《とうだつ》地方紀行』と題して、献上された（洞富雄2）。

以上のように、ロシアとの交渉が発生した後の日本では、外交に関する情報活動が活発となった。オランダや中国から輸入した書籍を調べるだけでなく、帰国した漂流民や捕まえたゴロヴニーンらの外国人からも直にロシアその他の海外事情を聴取し、北辺については繰り返し調査を重ねた上、日本の外交史と地理についても信頼するに足る参考書を編んだのである。

## 三　天文方と学問所

**高橋景保の地理研究と世界分析**　ところで、右にみた日本の情報活動は、主に官民の蘭学者や北方に派遣された下級ないし雇いの官吏により担われたが、レザーノフが訪れた文化年間以降には、天文方がその集約点となるに至った。高橋景保《かげやす》が特にこの問題に関心を持ち、精力的な活動を展開したからである（『天文方代々記』。大谷亮吉・上原久）。彼は父至時の世代と異なって、若年からオランダ語を学んでいたが、一八〇四（文化元）年、父の死去により家業を嗣ぐと、間重富《はざましげとみ》の助けを得てラランデ(La Lande)の暦書の翻訳を続ける一方、伊能忠敬による日本の測量事業の監督も引き継いだ。早くから世界地理の研究に心を傾けていたため、フヴォストフらの来寇後、徳川公儀から万国地図の改訂を命じられ、一八〇九年には林大学頭《だいがくのかみ》の地誌御用のうち異国関係分について共同で担当するよう命じられた。この年には銅版の世界小図『新鐫総界全図《しんせんそうかいぜんず》』と『日本辺界略図』を刊行したが、翌年には有名な『新訂万国全図』を一応完成して献上した。のちにこれを公刊した時には、間宮林蔵の探検結果を取り入れ、樺太を一つの島と推測して描き入れている（洞富雄1）。

景保の情報収集の努力は地図の作製に留まらなかった。彼はレザーノフが携行してきた国書の満州語版を下賜され、満漢辞書を頼りに満州語の研究を始めた。辞書を作りながら国書を翻訳し、上覧に呈している。また、一八一一年には、幕閣に上申して天文方に蛮書和解御用《ばんしょわげごよう》の局を設け、ショメール（Noel Chomel　フランス人）の著した家庭百科事典の蘭訳版を、『厚生新編』の名の下に編訳する事業を始めた（板沢武雄、石山洋）。翻訳には、世界図作成のため招いていた長崎通詞の馬場佐十郎のほか、大槻玄沢など医学系の蘭学者も出役《しゅつやく》させた。ゴロヴニーンが抑留されると、馬場を松前に派遣してロシア語を習得させたが、自身も満州語の研究や西洋の日本関係書の翻訳に努めている。一八二一（文政四）年には、ほかならぬゴロヴニーンの幽囚記《ゆうしゅうき》の蘭訳版をオランダ商館長から入手し、訳官に『遭厄日本紀事』という題で翻訳させ、校訂を加えた上、一八二五年に上呈した。さらに、レザーノフを乗せてきたロシア艦の艦長クルーゼンシュテルンの航海記もシーボルト（Philipp Franz von Siebold）から手に入れ、やはり翻訳局に招いていた青地盈《あおちえい》（林宗《りんそう》）に訳させた。『奉使日本紀行』がそれである。この間、一八一四年に景保は、書物奉行にあげられて天文方の筆頭となっている。近藤重蔵と同じく、徳川公儀所蔵の外交文書や地理書などに接しやすい立場となったことは、彼の海外情報収集活動に大きな便宜を与えたものと思われる。

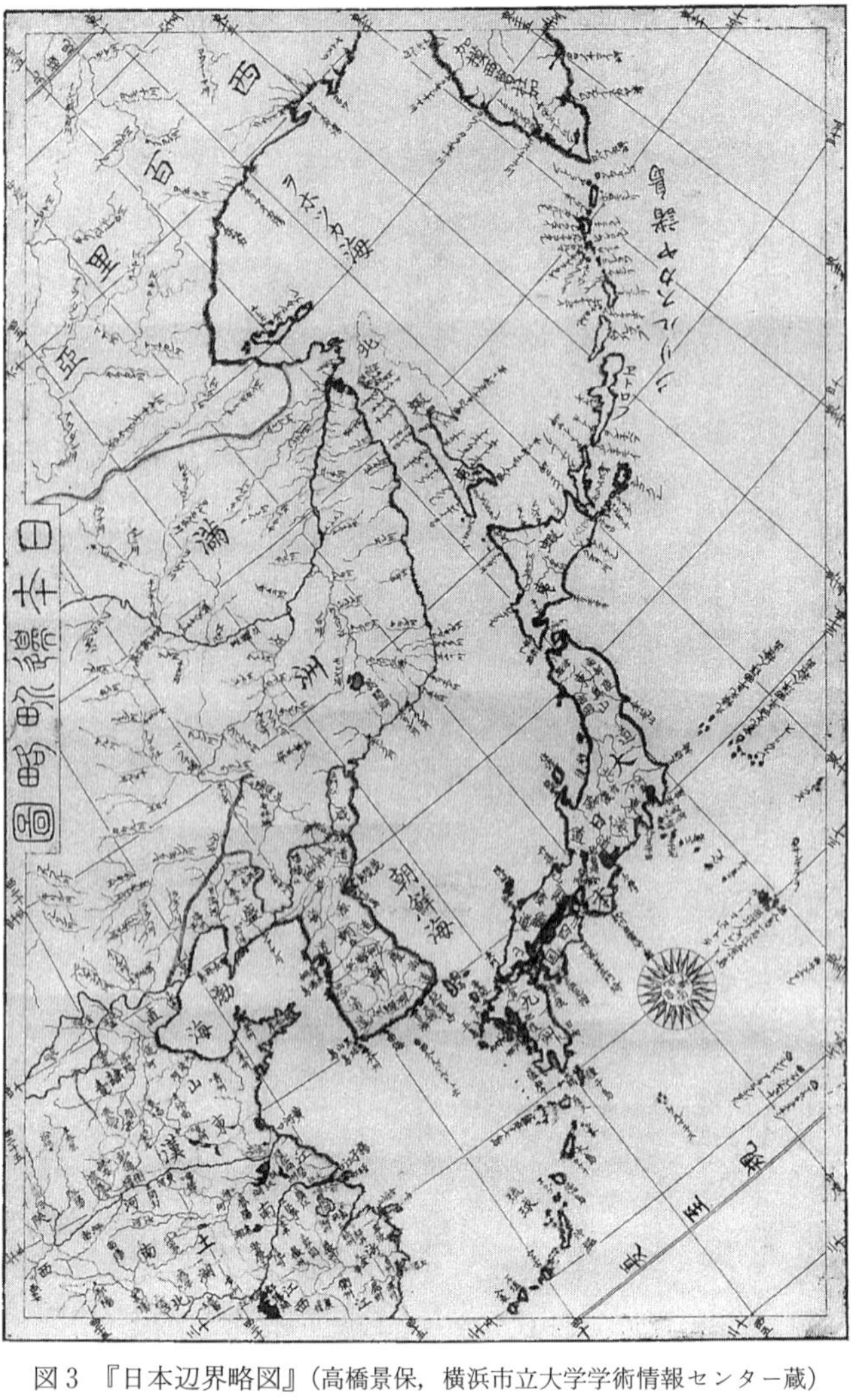


図３ 『日本辺界略図』(高橋景保，横浜市立大学学術情報センター蔵)

このように、景保は文化年間以降は徳川公儀の海外情報収集の中心にあり、当時有数の海外通であった。ところが、今日の我々には意外なことであるが、彼は異国船打払令の公布を最初に提案した人物でもあった。一八二四年七月に上申した建議で彼は次のように述べている。東日本の太平洋岸に主にイギリスの捕鯨船が頻々と現れ始めたが、日本の漁民と物々交換をしたり、キリスト教の聖書を与えた例もあり、捨て置けない。異人と庶民が親しくなるのを予防する必要がある。かつ異国船の監視のため大名が人数を出す必要が多くなり、大名の困窮や百姓の負担増も懸念される。これを防ぐには、船の近づきやすい海岸に台場をもうけ、唐・蘭以外の異船は見かけ次第空砲を打って追い払うのがよい、と。彼は、一九世紀初頭の徳川公儀の選んだ鎖国政策を支持し、これを前提として打ち払いを提唱したのである（井野邊茂雄2）。

ただ、この提言は、空砲の使用に明らかなように、戦争を求めるものではなく、また海外の状況を無視した盲目的なものでもなかった。彼の立場は、当時の基本政策を守るため、その西洋知識を十分に活用しようというものであった。打ち払いの根拠は西洋の国際法に求められる。

凡《すべ》て欧羅巴《ヨーロッパ》之法にては（中略）通信不仕《つかまつらざる》国之船、地方《じかた》近く相見え候得ば、其最寄《もより》之台場《だいば》より玉込無之《これなき》空筒を放し候。来船之者是を見候て、船を寄間敷処《よせまじきところ》なるを知り候て、其処を去り候事通例に御座候由。

また、彼は打ち払いの方針をオランダを通じてイギリス船の根拠地カルカッタに通報せよと提言したが、その案文では海岸から一〇里以内に入った場合と限定している。西洋の領海概念を利用しているのである。この国際法理解が正確か否かは留保せねばならないが、西洋諸国とのコミュニケーションを重視し、その理解と遵守が可能な形で策を施そうとした点には、注意すべきであろう。

打ち払い提案の背後にあった景保の国際環境の認識は、近年上陸する異国人は「卑賤《ひせん》之漁人共に候得ば当国へ対し禍心《かしん》を含候儀は決して有之間敷奉存候」と述べるように、徳川公儀当局者の認識とさほど異なるものでなかった。しかし、打払令の布達《ふたつ》の翌年、参府した出島商館長ステュレル（J. W. de Sturler）と対談すると、彼の状況認識は一変した。彼はナポレオンの興亡について聴取し、『丙戌異聞《へいじゅついぶん》』を著したが、その付録で次のように述べている（『日本海防史料叢書』三）。ナポレオンの没落によりヨーロッパ諸国の大乱は治まったが、「西洋諸国治平一致して無事閑暇《かんか》なるは余国の憂」である。イギリスとロシアは同胞の国で、互いに役人を交換しているが、彼らと敵対していたオランダも今は和親して、ヨーロッパには「合従《がっしょう》」の勢いができている。近年イギリスの捕鯨船が多く現れるようになったのは、「彼国兵乱治まりて無事を得、且《かつ》東海の舟路既に熟」したためである。「彼等一万里の波濤《とう》を経て我東海に来たること、隣浦に往きて漁するが如し。終《つい》に何等の黠計《かっけい》をか企てん。亦悪《にく》むべく懼《おそ》るべき事ならずや」。以前とは捕鯨船の評価は正反対となったのである。しかし、彼が恐れたのは、イギリスよりロシアであった。ロシア船はゴロヴニーンの帰国後、確かに姿を現さなくなったが、カムチャツカとオホーツクを拠点にアメリカとの交易を企てている以上、食糧を求めて日本に接近を図らざるを得ないとみたからである。特に、彼がこの時シーボルトから手にいれたクルーゼンシュテルンの航海記に日本と蝦夷地の沿岸の測量結果が詳しく記されていたのは大きな衝撃であったらしい。

そこで、彼は、蝦夷地を再び徳川公儀の直轄に戻して守備を固めることを主張し、次のようなステュレルの言を引いて海防の緊要なことを示唆《しさ》する。

鎖国の意は固《まこと》に感服する所あれども、海国にして艦軍《ふないくさ》に習はず、好《よし》みを隣国に結ばざれば、外患を禦《ふせ》ぐに利あらじ。然るをまして治平久しく武備漸《ようや》く衰へなんに、もし外寇《がいこう》の難あらば亦危からずや。

しかしながら、景保の海外情報の収集事業は、思わぬ頓座《とんざ》を迎えた。ほかならぬ『奉使日本紀行』を入手する際、対価としてシーボルトに伊能忠敬の日本実測図などを与え、それが発覚した結果、一八二八年に逮捕されて、獄中で死亡したのである。世に言うシーボルト事件である（呉秀三、上原久）。正確な沿海図の流出が国防上の機密漏洩《ろうえい》とされたのであるが、景保が「存命に候はば死罪」という厳罰を受け、日本側の連累者《れんるいしゃ》が遠島《えんとう》を含めて四十余名にも達したのに対し、シーボルトは「国禁《こっきん》」を宣言され、日本渡来を禁じられただけであった。かつて松平定信はラクスマンに対し、たとえ従来より通信ある国の者でも「我国法に妨げあるは猶とどめてかへさず」と宣言していた。それを考えると、この処置は極めて緩いものといわねばならない。異国船打払令を出したばかりの徳川公儀は、国内に対して外国への情報漏洩を厳禁しようとする一方、海外情報の入手経路を維持するため、オランダとの関係悪化は極力避けようと努めていたようにみえる。

この事件は景保の周辺には強い影響を与えた。例えば、その甥で天文方の優れた蘭学者であった渋川六蔵は、後にみるように極度に排外的な態度をとるようになり、地誌御用の責任者である大学頭林述斎《じゅっさい》も海外情報の扱いについて慎重な態度をとるようになった。また、海外情報の収集への関心は、異国船打払令が所期の効果を現わして異船の接近が減り、外国からの抗議もないことが分かると、徳川公儀の内外を問わず、衰えていった。しかしながら、知識人の世界ではその後も海外への関心は根強く続いている。天文方では天保年間までラランデの暦学書や『厚生新編』の翻訳事業が続けられ、別に青地林宗は、以前より世界地理の良書と仰がれて繰り返し部分訳されていたヒューブネル（Joan Hubner）父子の著書を『輿地誌』として全訳した。天文方の訳書は徳川公儀に留められて多くは一般に流布しなかったが、それに携わった蘭学者たちはこの事業を通じて技量を磨き、その西洋知識を確実に増やして、周囲に拡めたのである。高橋事件の約一〇年後には有名な蛮社《ばんしゃ》の獄《ごく》が発生し、再び蘭学者が処罰されたが、その関係者の一人の小関三英《こせきさんえい》は天文方の訳官であった。この事実は、海外研究の根強い伏流の存在と天文方の役割を裏から物語るものといえよう。

**儒官古賀侗庵の積極的開国論**　打払体制の下で海外の形勢を憂慮していたのは、蘭学の専門家ばかりではなかった。尊王攘夷論を体系化した水戸の会沢正志斎や藤田東湖《とうこ》らは、西洋の動向への注視を続けていた。また、大学頭の支配する徳川公儀の学問所では、儒官の古賀侗庵《こがとうあん》が、蘭学者たちと親しく交友しながら海外情報の収集を続け、密かに積極的開国論を練り上げていた。アヘン戦争の直前、まだ東アジアの国際環境の変化が一般に感知されない時期に著わされた『海防臆測』（一八三八・九年）がそれである。侗庵は言う。「まさに寛永《かんえい》前の旧制に復し、遠く天竺《てんじく》・暹羅《しゃむ》・安南《あんなん》等の地に赴き、互市《ごし》すべし」。海軍を創設して実地に訓練し、あわせて貿易の利益を「富国の資」にあてるためである。

海軍の重要性は当時海防論者の共通認識となっていたが、彼はこれを大胆にも海外への進出に結び付けたのである。侗庵はまた、打払令が西洋に侵略の口実を与えることを恐れてその撤廃を説き、さらにオランダの情報を補正するため長崎貿易に西洋主要国を追加することも提唱した。しかし、こうして開国すると、不可避的にキリスト教との接触が始まるのではなかろうか。が、彼によると、それはもはや問題でない。徳川の統治下で日本の士庶には「忠君報国」の意識が定着し、宗教を基盤とした権力への離反は起きえなくなったし、西洋諸国の側も、近年は「呑併」のために「妖教」を使うことを止め、専ら兵力に頼るようになったと見るからである。古賀の所論は、この十三年前に著された『新論』と、西洋の「呑併」への危機意識と海防強化論では一致していたが、具体的な対外策、およびイデオロギーへの態度では、対極的な位置に立っていたのである。

海外進出論は侗庵の独創ではない。海外渡航の禁に抵触するため、公には発言できず、今日残されている論策も少ないが、本多利明や佐藤信淵《のぶひろ》など、先行者がいないわけではない。ただ、彼の海外進出論は、本多や佐藤のようなユートピア的な願望ではなく、極めて実際的な政策として考えられた点に特色があった。本多が『西域物語』（一七九八年）で述べた進出論は、日本を「東洋に大日本島、西洋にエゲレス島」と並称されるような「大富国・大剛国」とするため、北方に領土を広め、カムチャツカへ遷都《せんと》して、周辺の地域と航海通商を盛んに行おうというものであった。また、佐藤の所論はしばしば変化したが、『混同秘策』（一八二三年）では、「皇大御国は大地の最初になれる国にして世界万国の根本」ゆえ「全世界悉《ことごと》く郡県と為すべく、万国の君長皆臣僕と為すべし」という世界支配の展望を立て、「支那国の満州」に始まる中国征服計画とその前提たる日本の政体の国家社会主義的再編について記述している。その雄大かつ微に入り細に入った計画は日本人には珍しい構想力を示すものであって、はるか後、一九三〇年代にしきりにもてはやされることになった。無論、一九世紀の前半では実行不可能な立論である。

これに対し、侗庵の著書は願望的思考を極力排除し、西洋の世界「呑併」の状況を冷静に見据えた上で、合理的な対策を立つべしと説いたものであった。彼は、大清を反面教師の位置にすえて、客観的認識の重要性を訴えている。その中華意識が西洋の危険性の認識と対抗への準備を妨げていると見、日本人がそれに習わぬよう警告したのである。彼は、「大清」を「支那」あるいは「西土」と呼び、日本についても、一貫して序列意識を伴わない「本邦」という呼称を用いた。水戸学者が日本を「中華」の位置に据えたのとは正反対である。また、彼は、海外を侵伐する力があって、はじめて西洋による侵略を免れ得ると述べたが、日本の力の弱さを正視するゆえに、領土経略の面ではかなり抑制的であった。秀吉の朝鮮侵略を批判し、領土を拡張するとしても、その対象を「海南諸島」のうち「泰《たい》西《せい》不争之地」のみに限定すべしと主張したのである。

『海防臆測』の大部分は、かかる観点から西洋の世界「呑併」の状況を活写し、「在上者」に海外情勢の直視を呼びかけることに充てられている。その描く世界像は従来の外交的枠組とはかなり異なるものであった。徳川公儀がレザーノフへの「諭書」で述べた「通信商」の国、「唐山《もろこし》・朝鮮・琉球・紅毛《こうもう》」は、中国を除き、ほとんど言及されない。琉球はまったく登場せず、唯一通信関係のあった朝鮮は「小夷のみ」と片づけられ、オランダについても二百年余の「入貢」継続を特別な「忠赤《ちゅうせき》」と見る見解は退けられている。すなわち、従来想定されていた外交秩序―華夷観など―はもはや外交の基礎とはみなされず、直接に関係のなかった国も含めて、全世界の国際関係が軍事力と利害の観点から一律に見直されているのである。ここでは意識の世界から朝鮮が脱落し、その一方で西洋諸国の侵略に直面した国々の運命に関心が集中される。曰く、近世初頭に西洋の支配を免れたアジアの大国も、近年は内部の退廃と武備の怠慢によって、西洋の前に「削弱」されつつある。トルコはロシアに圧迫され続け、インドは、イギリスによりベンガルを取られた上、約三分の一を支配されるに至った。世界六大州のうち、すでに五大州は西洋の支配下にあり、アジアでも、依然「樹立」するのは、「支那」と「本邦」だけになってしまった。その「支那」も外見はともかく、内実ははなはだ危うい。それゆえ、日本は単独で西洋に対抗する覚悟をせねばならず、それには航海進出という対外政策の大転換が不可欠だと主張するのである。侗庵は、後に公刊した文章で「隣交」の必要にも言及するが、主眼はあくまでも日本自体の国防再建に置いていた。近世の東アジア世界の中で元々孤立的な位置を占めていた日本は、一九世紀の前半においてさらに孤立性を増し、それによって逆説的に「西洋国際体系」に参入する心理的基盤を育んでいたのである。

# 第三　天保改革・アヘン戦争・情報収集

アヘン戦争（一八三九—四二）は東北アジアの国際環境を根本的に変化させた。東アジアの歴史が始まって以来、文字どおりその中心として君臨してきた中国が、はるか西方の国イギリスとアヘン輸入の禁圧をきっかけに小紛争を起こし、次いで大規模な報復戦争を仕掛けられて、敗北したのである。この時、アメリカや北アフリカ・南アジア・東南アジアと異なって、それまでヨーロッパ列強による征服を免れていた太平洋・東北アジア地域は、その対象圏内に入った。

イギリスは、インドで編成した兵四〇〇〇を艦船二〇隻に乗せて中国に送り、優越する火力にものを言わせて中国沿海の港市さらに長江と大運河の交点鎮江を抑えて南京《ナンキン》に迫った。その結果、大清《だいしん》は、イギリスに香港《ホンコン》を割譲《かつじょう》し、賠償金を払うほか、西洋の主要国と開港地の増加、外交官への対等な処遇、そして領事裁判権・関税・最恵国《さいけいこく》待遇などに関する不平等条項を含む諸条約を結ばざるをえなくなったのである（坂野正高）。

アヘン戦争と大清敗北の情報は、長崎に入港した中国船やオランダ船を通じて直ちに伝えられた。日本の知識人には、一九世紀初期には大清の軍事的弱体化を察知して、日本が同じ道をたどらぬように警告する者があったが、それでも大清の敗北は、歴史始まって以来、文明の範として仰ぎ、強国として重んじてきた隣国のことであるだけに、大きな衝撃を与えた。以後、日本人は、西洋の通商要求の背後に軍事的強制と侵攻の可能性のあることを、真剣に考慮せざるをえなくなったのである。

しかし、このような対外緊張の発生は、直ちに開国論の登場を促したわけではない。かつての対露危機の時と同様に、海防と避戦への注意を高める一方、直接的な対外策としては、むしろ鎖国の強化が続けて選択されたのである。

## 一　江戸近海の防備調査

徳川公儀《こうぎ》の対外政策は、しかし、アヘン戦争の勃発後になって修正されたわけではない。それを促したのは内政上の変化、すなわち徳川公儀の世代交代であった。寛政《かんせい》の時と同じく、国内で改革が検討されているその最中に、外からの刺激が加わることになったのである。一八三七（天保《てんぽう》八）年、徳川家慶《いえよし》は家斉《いえなり》から将軍職を譲られ、老中水野忠邦《ただくに》を勝手掛《かってがかり》に挙げて、父の初政や吉宗にならった大規模な政治改革を計画し始めた。ちょうどその年、江戸湾口でいわゆるモリソン号事件が発生し、これをきっかけに、日本人漂流民の扱いと江戸湾口の防備体制について再検討を始めたのである。鎖国・避戦・海防の三次元のうち、海防の側面がまず問題とされたのである（以下、三谷博2）。

**モリソン号事件**　一八三七（天保八）年六月、一隻の正体不明の異国船が江戸湾口に現れて打ち払われた。翌年のオランダ風説書《ふうせつがき》によると、これはイギリス船（実はアメリカ船）モリソン号で、日本人の漂流民七名をつれており、その送還を機として通商を企てたものであったという。徳川公儀はその知らせを受けて、漂流民の扱いとモリソン号再渡の対策について評議を始めた。公儀には、評定所《ひょうじょうしょ》一座のように、打ち払いの励行を主として漂民受け取りへの配慮を無用とするものがある一方、林大《だい》学頭述斎《がくのかみじゅつさい》のように、漂民送還に限って打ち払いに例外を設け、長崎への回航を指示すべしとの柔軟な意見もあったが、忠邦は長崎奉行の伺い通り、オランダ船に限って受け取る旨、オランダを通じて海外へ通告することを決定した。

**鳥居忠耀・江川英龍・勘定方**　この評議は打払令の是非に及ぶものでなく、それを前提としながら運用の如何を問題としたものであった。しかし、その過程では、対外政策の他の面、すなわち海防政策について変化が生じている。水野は、浦賀奉行の上申を受けて江戸近海の海防問題を取り上げ、同年末、目付《めつけ》鳥居忠耀《ただてる》と代官江川英龍《ひでたつ》に巡見調査を命令したのである。江戸近海の防備は、異国船打払令の公布の前に大名の担当から徳川公儀の直轄に移され、海賊の乱暴に備えてそれなりの体制が整えられていたのであるが、対露緊張が薄れ、湾口を訪れる異国船も稀となったため、次第に有名無実のものとなり、モリソン号の渡来の際には、十分な対応ができなかったのであった。

鳥居と江川は、相模《さがみ》・安房《あわ》・上総《かずさ》・伊豆の四ヵ国を巡見した後、鳥居は一八三九（天保一〇）年三月、江川は同四月にそれぞれ報告書を提出した（『御備場集義』二、『江川坦庵《たんあん》全集』下）。そのうち、鳥居はまず「蛮国之人情」を考察し、「惣而《すべて》窮理を専らに仕《つかまつり》候より何事も寛長之所置にて、一旦存立候事、其身生涯に相果し候儀は無之《これなし》」ととらえて、当時のイギリス船の挙動を「何様《いかよう》之深慮有之《これあり》候哉も難計《はかりがたし》」とみ、「江戸之海門」に「厳重御備被立置《おそなえたておかれ》候方と奉存候」と主張する。彼が理想と考えた対策は、「城付十万石程之大名両人も被差置《さしおかれ》、長崎・松前御固《おかため》之御振合に相成候」ことであったが、「甚以《もって》不容易」と考え、より簡易な策を忠邦の要求通り三等に分けて示している。そのうち、「十分之《じゅうぶんの》見込《みこみ》」は、浦賀に加えて走水《はしりみず》と富津《ふっつ》にも奉行を置き、五〇〇〇石以上の大身の旗本に土着を命じて、その支援に当たる大名には付近に三ないし一万石の領地を分与すること、「中分《ちゅうぶん》之見込」は、富津奉行のみ新設して浦賀とともに土着させること、「手軽《てがる》之見込」としては、文化《ぶんか》度の姿に復古して、一〇万石以上の大名二家に三万石ずつ代知を与えて海門を守らせ、旗本は江戸の警衛に当てることであった。

一方、江川は、「十分之見込」としては、一〇万石以上の譜代《ふだい》大名を相模側に一家、房総側に二家ほど移封すること、「中分之見込」としては、鳥居の「手軽之見込」と同様の案、「手軽之見込」としては、観音崎台場《かんのんざきだいば》の移転と旗山《はたやま》台場の新設のみに止めることを提案している。

この両者の案は、海口の警備の主体として旗本と大名のいずれに依存するかという点に相違があり、危機意識の点でも江川の方が切迫感を持っていて、鳥居と異なって大艦建造にも言及している。しかし、全体的には、両者には共通点の方が多い。西洋の世界制覇が長期的構えに基づいているとの認識、海防の眼目を異国船の江戸内海への進入阻止と湾口の封鎖による回船路の遮断防止とに置く点、当時の防備をまったく無効と判断して、要地への砲台の移転や増設、腐朽《ふきゅう》した大砲などの修復・補充、要員の補充と訓練、通信網の整備、兵粮の備蓄などを提唱することなど、基本的には同じであった。

しかし、この鳥居・江川の上申に対し、勘定方《かんじょうかた》は否定的な態度をとった。忠邦は両人の報告書を浦賀奉行の建議とともに勘定奉行・勘定吟味《ぎんみ》役に下げて評議させたが、彼らは、翌一八四〇年四月の答申で、江戸湾口は、「蝦夷地《えぞち》之如く異国との御国境相接候場所とも違ひ、渡来いたし候異国船も纔《わずか》に一、二艘づつ之儀に付、さして御懸念有之《ごけねんこれあり》候筋とも不相聞《あいきこえず》」と判断し、最小限の措置、すなわち江川の「手軽之見込」程度の施設で十分と主張したのである（『御備場集義』二）。

**海防案の決定と砲術奨励**　水野忠邦は勘定方の答申に満足せず、鳥居の申請を受けて八月に再評議を命じた。この年七月にアヘン戦争勃発の第一報が長崎に到来したが、この情報が彼の耳に入っていたのかも知れない。暮れになると、唐船によって大清の不利が伝えられた。これを知った忠邦は、翌一八四一年正月、先に海防担当の勘定吟味役を勤めていた川路聖謨《かわじとしあきら》に対し、次のように書いている。

清国阿片《アヘン》通商厳禁の不取計《ふとりはからい》よりイギリス人抱不平《ふへいをいだき》、軍艦四拾艘計《ばかり》寧波《ニンポー》府に仕寄《しよせ》戦争、寧波県一部被奪取《うばいとられ》候由、此度来船人より申出候。違国之儀に候得共、即自国之戒に可相成《あいなるべき》事と存候。浦賀防御之建議未定、不束《ふつつか》之事どもに候。（川路寛堂・六〇頁）

勘定方はこの直後の閏正月に再答申し、それによって、江戸近海の海防は、先の勘定方案すなわち江川の「手軽之見込」程度で一応決着した模様である。しかし、水野はこれに決して満足しなかった。彼と家慶は、この一八四一年閏正月、大御所《おおごしょ》家斉の死去を機に、かねて準備中の改革を本格的に始動したが、あらゆる改革に消極的な勘定方の更迭に手を着ける一方、海防についても砲術振興という搦《から》め手《て》から取り掛かったのである。

図4　徳丸が原操練
（『高島秋帆鉄砲調練絵巻』，横浜市歴史博物館蔵）

この点で有名なのが、江戸郊外で行われた高島秋帆《しゅうはん》によるオランダ式砲術演習の見分である（有馬成甫）。これは、長崎奉行田口喜行《よしゆき》の建議による。長崎の町年寄《まちどしより》秋帆は、親交を結んでいた出島の商館長からかねて洋式の砲術を学び、私財を投じて武器を購入し、門人をとって操練を行っていたが、アヘン戦争の勃発を知って田口に洋式砲術の採用を上申したのである。五月に秋帆が武蔵《むさし》国徳丸《とくまる》が原《はら》で門人とともに行った演習は成功を収めた。見分に当たった徳川公儀の鉄砲方《てっぽうかた》井上左太夫《さだゆう》（和式砲術家）はその画期性と有効性を否定したが、徳川公儀は秋帆の持参した大砲を買い上げ、西洋の軍事技術の調査を続けるよう命じた上、その砲術を御《お》小性《こしょう》組下曽根《しもそね》金三郎《きんざぶろう》と代官江川英龍に皆《かい》伝《でん》させた。他方、忠邦は、八月に江戸城の吹上苑《ふきあげ》で直参《じきさん》の和流砲術の上覧を行った。これは秋帆の演習よりはるかに栄誉ある催しであって、水野らが和式砲術の顔を立てながら、和洋の方式を問わず、砲術全体の振興を図ろうとしたことが分かる（『陸軍歴史』上）。

**蕃社の獄と高島秋帆の逮捕**　ところで、以上の海防政策の展開の過程では、蛮社《ばんしゃ》の獄《ごく》と高島秋帆の逮捕と、二つの蘭学者に関わる事件が発生した。前者は、徳川公儀の外交方針を批判した『夢物語』の執筆関係者と無人島（小笠原島）への渡航を計画した人々が、一八三九（天保一〇）年に逮捕・処罰された事件である。『夢物語』はモリソン号に関する評定所の強硬論を徳川公儀の方針と解してその危険性を批判したものであるが、それを手に入れた忠邦はこれを「異国を称美し、わが国をそしりし書物」として憤り、目付の鳥居に命じて著者を探索し、渡辺崋山《かざん》や高野長英《ちょうえい》を逮捕させた（「小笠原貢蔵の手控」）。無人島関係者はその捜査過程で捕まったものである。調べの結果、著者と判明した長英は永牢《えいろう》、崋山は『夢物語』に無関係ながら自宅から押収された文章に幕政批判の文言があったため蟄居《ちっきょ》、海外渡航の禁にふれた無人島関係者は押込《おしこめ》などの刑に処せられた。また、彼らの研究仲間で、天文方の訳官でもあった小関三英《こせきさんえい》は、たまたまキリスト教関係書を所持していたため、逮捕を恐れて自殺した。

この事件については、鳥居忠耀の陰謀という解釈が流布している。高野長英は鳥居が大学頭林述斎の次男であった事実から漢学勢力が蘭学の興隆を妬んで権力に訴えたと推測し、佐藤昌介は鳥居が江川の海防建議の妨害を図り、江川を援助した崋山を陥れたと解釈している（『蕃社遭厄小記』。佐藤昌介1）。しかし、述斎は決して蘭学に敵対的でなく、高橋景保《かげやす》の事件の後でも配下の儒者古賀侗庵《こがとうあん》の蘭学者との交遊を容認していた。また、海防調査との関連も根拠はない。事件の経緯はこれが鳥居一人の陰謀でなく、徳川公儀首脳が一致して幕政批判や国法侵犯を問題視したことを示している。当時は、対外政策の見直しが進行中であっただけに、公儀は民間で論議が行われ、世論が政策を拘束するのを好まなかったのであろう。ちょうど、松平定信《さだのぶ》の林子平《しへい》に対する関係と同様である（井野邊茂雄1、三谷博2）。

ただし、この事件以後、鳥居個人は蘭学者に対して強い疑いの目を向けるようになった。彼は、高橋景保の甥で、西洋に警戒的となっていた蘭学者渋川六蔵を、昌平校《しょうへいこう》の学友という縁を利用して党与に引き込み、長崎についても、長崎奉行となった親族伊沢政義《まさよし》と提携して、「蘭気」の一掃を図った（佐藤昌介2）。一八四二年一〇月、洋式砲術の伝習を終えて長崎に帰っていた高島秋帆が逮捕され、その後ペリー来航まで一一年間も幽閉される羽目に陥ったが、その一因はここにあった。ただし、高島の逮捕には天保改革における綱紀粛正の嵐が波及した面もあった。彼を公儀に推薦した元奉行田口喜行は秋帆の江戸滞在中にすでに処罰されていた。秋帆が頭取《とうどり》を勤めていた長崎会所《かいしょ》は、外国貿易を一手に引き受けていた関係でよく潤い、したがって腐敗の嫌疑をかけられやすかった。長崎で綱紀粛正が始まったとき、彼は最初に狙われる立場にあったのである。

## 二　異国船打払令の撤廃から開国勧告の拒絶へ

**アヘン戦争下の政策修正**　ところで、一八四二（天保一三）年になると、徳川公儀は対外政策に大きな修正を施した。海防については、この年四月、前年に発令した江戸近海防備計画を中止し、あらためて鳥居の「手軽之見込」案、すなわち文化年間の前例にならって大名二家を江戸湾口の両側に配置する案に格上げし、相模へ川越、房総へ忍《おし》の動員を決めてその領地割りにかかった。次いで、六月にオランダ船から大清の敗北が決定的となったという風説書を得ると、翌月、海防掛《かいぼうがかり》を置いて老中土井利位《としつら》・真田幸貫《ゆきつら》以下を任命した上、異国船打払令を撤廃して一八〇六（文化三）年の薪水《しんすい》給与令に戻し、さらに江戸のみならず全国の海岸についても防備の準備を始めた（続輯第五）。打払令の撤廃は、表向きは仁政を外国の漂流民にも施すためと説明されたが、実際はイギリス船が訪れたときに自動的に紛争が発生し、それがアヘン戦争のごとき報復戦争に発展するのを回避するためであったことは疑いない。

他方、海防については、八月に江戸近海への川越・忍両藩の動員を正式に発令し、さらに全国の海岸領主（万石以上以下、また寺社）に対して、防備の努力、および警衛人数や火器の現況報告・異船接近記録・海岸絵図の提出を命じた。九月には応援体制も定め、大名は参勤《さんきん》時に江戸を守るため「蕃夷之国戦闘之仕組」を考えた上で大砲等を用意しておくよう命じ、山国の大名には隣領の応援の準備を指令した。さらに、一二月には江戸湾外の下田に奉行を再置し、湾内の羽田にも奉行を新設して江戸近海の防備を固める一方、翌一八四三年六月には「北海」すなわち日本海の交通拠点たる新潟にも奉行を置いた。

この海防体制の強化に際しては、徳川公儀はかねて振興中の砲術の重要性を特に強調し、洋式軍事技術の採用・普及も試みた。一八四二年九月、江川英龍に対して高島流砲術の諸家伝習《しょけでんしゅう》を許し、一〇月には鋳砲も許可して、後に下曾根金三郎にも同様の処置をとった。次いで翌年四月には、大筒組《おおづつぐみ》を新設し、翌月、在来の鉄砲方井上左太夫・田附主計《たつけかずえ》に加えて江川にも兼帯を命じた上、八月には先手《さきて》に定員を定めて、その余剰人員を大筒組に転属することにした（藤田覚2）。徳川公儀は、こうして、近世初頭以来久しぶりに新世代の西洋技術をその組織内に体化したのである。一方、海軍の建設についても検討がなされた。一八四三年九月、水野は水戸の徳川斉昭《なりあき》が建議した大艦建造解禁を退けたが、同じ月、オランダ商館長に対して、一五〇フィート大の蒸気船の購入と船員の雇用について見積を依頼している。大大名の幕政介入を拒む一方、徳川公儀自身のイニシャティヴにより、アヘン戦争で活躍が伝えられた蒸気船について、試験的導入を考えたのである。ただ、この計画は、その直後の政変のせいか、ペリー来航以前においてはオランダから軍艦の模型を取り寄せるのみで終わった。

**財政改革と海防の挫折**　ところで、海防にはかなりの経費がかかる。この時徳川公儀の実行した規模ではさほどでないが、計画をすべて実行・拡張し、長期的に維持するには相当の財源が必要である。財政再建は天保改革の主題の一つであったが、それは海防の資金捻出にも不可欠であった。当初は支出抑制策が主であったが、一八四三（天保一四）年春には、本格的な増収政策が発令された。その内容は、（一）直轄領からの年貢増徴、（二）上知令《あげち》による薄免《はくめん》の直轄領と高免《こうめん》の私領との交換、（三）大坂での御用金一一〇万両の調達、（四）印旛沼《いんば》から江戸内海への堀割《ほりわり》開削と新田開発などであり、このうち、印旛沼の堀割は、利根川下流から江戸に水運路を設定することが主目的であったから、江戸湾口を異国船に封鎖されるという非常時には、北国から江戸への緊急輸送路としても役立つはずであった。

しかし、この積極主義的な財政再建策は、同年閏九月の政変によって放棄され、それに伴って海防も大部分が中止された。有司の中に支出抑制一点張りの消極主義的再建論が登場し、これが上知に対する大名・旗本の強い不満と結合した結果、水野忠邦と勘定方の首脳、さらに君側で彼らを支援していた新見正路《しんみまさみち》らは一斉に罷免《ひめん》され、土井利位をかついだ鳥居忠耀らにより大幅な支出削減と貨幣の良鋳による縮小均衡をめざす財政再建策が決定されたのである。その結果、徳川公儀の海防や洋式砲術への関心は減退した。政変の直後には大筒組に先手の冗員《じょういん》を移す計画が中止され、一〇月には井上・田附両組が増員前の規模に戻される一方、江川組はその半分に減員され、翌一八四四（天保一五〈弘化元〉）年一一月に至っては廃止された。また、下田と羽田の奉行は、ともに一旦は任命されたものの、一八四四年五月に江戸城の本丸が焼失してその再建が焦眉の課題となると、直ちに廃止された。水野の執政下に試みられた海防措置は、財政問題に端を発する政変によって、徳川公儀の事業は、未着手分は勿論、既成のものも廃棄され、かろうじて大名持ちの部分が維持されるに過ぎなくなったのである。

**開国勧告と琉球問題**　一八四四（弘化元）年七月、オランダ国王ウィレム二世（Willem II）の特使コープス（H. H. F. Coops）が長崎を訪れた。彼が携行した日本国王あての国書は、まずアヘン戦争の結果とその原因を述べて日本に大清の轍《てつ》を踏まぬよう注意を喚起し、その観点から一八四二年の異国船打払令の撤廃と漂流船への薪水給与の再開を賞賛した上、日本がさらに一歩を進めてオランダ以外の西洋諸国とも通商を始めるよう忠告した。そして、蒸気船に象徴される交通機関の飛躍的発展により世界が一体化しつつあると述べて、日本のみが孤立を続けるのは不可能であると指摘したのである（三谷博3）。

しかし、徳川公儀は、この忠告を謝絶した。オランダの求めた将軍親筆の返書を避け、翌一八四五二年八月、答礼の品とともに、オランダ政府高官あての老中通告書を商館長に交付したのである。その内容は、日本は「祖法」として「通信」の国を朝鮮と琉球、「通商」の国を貴国と「支那」に限ってきた、ゆえに貴国と「通信」するのは「祖法」に反する、したがって今回正式の返事はしないし、貴国も今後はかかる国書を寄越さぬように、というものであった。この文面には、オランダ勧告の内容には何らの言及がなく、ただ日本側の「祖法」との適合性のみが問題とされている。しかし、この「祖法」は、この時初めて創出されたものであった。四〇年前、ロシアの使節レザーノフに与えた回答では、徳川公儀は「通信」と「通商」の国の区別をせず、右の四国を一括して「通信商」の国と認定していた。また、オランダ国書を翻訳した書物奉行渋川六蔵は、その中に近世初期に家康とオランダ国王の間に「通信」の事実があったことを注記していた（続輯第二）。おそらくは紅葉山《もみじやま》文庫所蔵の近藤守重《もりしげ》の『外蕃通書《がいばんつうしょ》』、あるいはさらに遡って、金地院崇伝《こんちいんすうでん》の『異国日記』に依ったのであろう。徳川公儀は、これらの前例を知りながら、オランダの国書にいままで「通信」がなかったと記されているのをとらえて「祖法」をこしらえ、開国勧告を門前払いしたのである。

では、徳川公儀はなぜオランダに冷たい態度をとったのだろうか。それは、鎖国堅持の意志を西洋に周知させるためだったと思われる。徳川公儀は、避戦のために打払令を撤廃した後も、鎖国政策を緩める考えは持たなかった。例えば、天保一四年八月には、日本人漂流民の受け取りを唐船ないしオランダ船のみに限る旨をオランダに通告し、西洋諸国への伝達を依頼している。とすれば、西洋諸国が、オランダ国王のように、打払令撤廃を開国の兆候と誤解し、開国の働きかけを始めるのは、何としてでも予防せねばならない。特に、オランダの勧告とほぼ同時に、琉球では、フランス船が開国（通信・通商・布教）を要求する事件が発生していた。もしオランダに曖昧な返事をしたなら、これを伝え聞いたフランスは琉球の開国の可能性が高いと判断したに違いない。琉球は、表向き外国扱いしていても、島津家の支配下にあり、一応は徳川公儀の統治権の範囲であったから、徳川公儀はこれを看過できず、対外的に鎖国堅持の意志を明確に表明する必要に迫られていたのである。

**政策転換の困難**　後世からみて、この時のオランダ勧告は妥当で誠実なものだったように思われる。また、後のペリーの軍事的威圧による強制的開国は、国内に強い屈辱感を生み、徳川公儀の権力喪失の基底要因となった。それゆえ、徳川公儀がこの友邦の忠告を無視し、名誉ある開国の機会を自ら葬るとともに、鎖国政策へのコミットメントを深める道を選択したことは、しばしば非難されてきた。

しかし、我々は、次の点も考慮せねばならないであろう。当時の内政状況は、基本政策の変更を検討するにはあまりにも厳しいものであった。一八四三年閏九月の水野忠邦解任以来、徳川公儀は激烈な権力抗争に巻き込まれ、たった一年半の間に、老中首座が水野から土井利位、土井から再び水野、さらに水野からわずか二六歳の阿部正弘《まさひろ》へと、三度も交代していた。これは、天保改革下に進行した徳川有司間の抗争が、上知令と江戸城本丸の再建と、二度にわたって生じた大名の反抗と複合して発生したものである。このように異常な状況にあっては、開国という国制の根幹に関わる問題を提議することは、政治的な自殺となる。政権を断念しない限り、誰も行い得なかったに違いない。

天保改革の挫折は、以後の徳川公儀の手を縛ることとなった。徳川公儀は、いざとなれば、貨幣の悪鋳を財源とすることができた。それは、ペリー来航後の対応や通商開始後の行動に示されるとおりであって、純財政的にいえば、同時期に財政改革に成功した西南雄藩と能力において劣っていたわけではない。しかし、失敗の政治的後遺症はきわめて深かった。勝手掛勘定奉行松平近直《ちかなお》に代表される勘定方は、収支の均衡と国内向けの威信誇示を最優先とする財政方針をとり、新規事業を極力抑制した。そして、この政争の収拾を通じて権力を掌握した阿部は、改革の引き起こした家来の抗争に懲りた家慶の付託に応えて「人和」の回復・維持を最優先課題とし、前二政権の政策にも批判的な態度をとった。個人の専断による急進的な改革を否定して、関係者への根回しを重視する一方、対外政策については、開国を論外とし、水野と逆に鎖国政策を避戦政策の上位に置く一方、土井が廃止した海防についても再び注目し始めたのである。一八四五年夏に開国勧告の謝絶を決定し、七月に海防掛を再置したのは、その第一歩であった。

## 三　海外情報の収集と流布

**別段風説書の開始**　さて、眼を政治からその情報環境に転じよう。アヘン戦争について、日本人は強い関心を寄せた。その主たる情報源は、やはり長崎にオランダ船や唐船がもたらす風説書であった（『和蘭風説書集成』下）。オランダは一八三四（天保五）年のニーマン着任とともに風説書に多くの情報を盛り込むようになっていたが、戦争の勃発前、一八三九年（天保一〇）には、早くも大清によるアヘンの没収や吸飲禁令の公布を伝え、その翌年には、イギリスが報復戦争のために本国・アフリカ・インドで動員をかけた事実を報じた上、別にこの問題の経緯に関する詳報を提出した。以後、風説書の本文は簡略となり、別に海外の状況を詳述した別段《べつだん》風説書を添えて提出するのが慣例となった。なお、徳川公儀はこの時、翻訳に正確を期すために、風説書の原文を江戸に取り寄せ、天文方に翻訳させて長崎訳と対照することとした。徳川公儀はオランダの協力を得て海外情報の収集・処理の制度を強化したのである。ところが、その翌一八四一年には定期船が中途で難破し、長崎には到着しなかった。徳川公儀は肝心の戦況情報を唐船のみに依存せざるをえなかったのである。唐船は、当事者の常として自国の苦戦を隠蔽しがちであったが、それでもその情報は先の水野忠邦の書簡に見たとおり、貴重な役割をはたした。一八四二年には、待望のオランダ船が入り、二年度分の詳報を提出して、大清の不利をくわしく伝えた。一八四五（弘化二）年以降には、南京《ナンキン》条約その他の諸条約の全文を招来している（片桐一男）。徳川公儀はこれらを機密扱いとしたが、通詞《つうじ》その他のルートを通じて、次第に大名や知識人に流出していった。残存する写本の多さがそれを示している。徳川公儀の外にもアヘン戦争に強い関心を寄せる人が少なくなかったのである（岩下哲典、宮地正人）。

## 『坤輿図識』と『海国図志』

ところで、アヘン戦争による東アジアの国際環境の変化は、風説書のもたらす断片的な情報だけでなく、アヘン戦争の経緯や世界全体の現況への関心を、日本の知識人の中に呼び覚ました。この需要に応えて著された代表的な著作が、斎藤竹堂《ちくどう》『鴉片《アヘン》始末』や箕作省吾《みつくりしょうご》『坤輿《こんよ》図《ず》識《しき》』（一八四五年）である。斎藤（一八一五―五二）は仙台領出身の儒学者で、当時昌平校で書生寮の舎長を勤めていた人である。『鴉片始末』はアヘン戦争の経過を主に唐船が招来した情報を総合して記した書であり、公刊はされなかったが、写本として広範囲に流布した。箕作省吾（一八二一―四六）は開国の前後に活躍した津山藩の蘭方医箕作阮甫《げんぽ》の養子であった。『坤輿図識』はオランダ最新刊の地理書七種を情報源にした世界地誌である。前年に公刊した『新製輿地全図』（一八四四年）と対《つい》になる書であるが、著者の死後、翌々年には補巻が追加された。本編では国ごとに国情を記し、補巻では自然地理的な記述、人物略伝（アレクサンダー、アリストテレス、ペートル大帝、ナポレオン）、さらに欧米の陸海軍の統計や異国船の識別に必要な旗譜《きふ》も追加している。従来の地理書は、山村才助《さいすけ》の著書や青地《あおち》林宗《りんそう》のゼオガラヒー全訳のように、前世紀後半のオランダ地理書を基礎としたもので、時代遅れであり、公刊もされていなかった。『坤輿図識』は官許を得て公刊されたから、国内に海外の最新情報を伝えるため少なからぬ貢献をしたものと思われる。

この外、嘉永年間に入ると、大清の魏源《ぎげん》が著した『海国図志』も輸入されて、読まれるようになった（源了圓）。これは、アヘン戦争の敗北に刺激されて編まれた書で、初め一八四四年に五〇巻本が刊行され、三年後には六〇巻の増補版、一八五二（嘉永五）年にはアメリカ人ブリッヂマン（F. C. Brid-geman）の著書等により増補した一〇〇巻本が刊行された。『海国図志』は新旧雑多の知識を集成した書で、蘭学系の地理書に比べると同時代性に乏しかったが、六〇巻本以降の増補版にはアメリカ合衆国に関する記述が含まれていた。その部分は、ペリーの来航後、徳川公儀その他の手により公刊されている。アメリカは『坤輿図識』にも記されていたがその量はわずかであった。幕末の日本人は、蘭学系の書物によって世界情勢の概要を知り、漢籍によってその欠を補ったのである。

ペリー渡来の直前には、有志の知識人が対外問題への関心から国内遊歴に出かけるようになった。例えば、吉田松陰は、一八五〇年、家学の山鹿《やまが》流軍学の宗家を訪ねて平戸へ行き、そこで、『鴉片始末』や『丙戌異聞《へいじゅついぶん》』『慎機論《しんきろん》』などを収めた叢書『近時海国必読書』や『新論』などに接している。その途中では長崎のオランダ商館を見たり、熊本の宮部鼎蔵《ていぞう》をはじめ、各地で有志者を訪ねて意見を交わした。翌年、江戸に赴き、さらに宮部らと東北巡遊に出奔《しゅっぽん》した（『吉田松陰全集』）。熊本の横井小《しょう》楠《なん》も一八五一年、名古屋の本家および招聘《しょうへい》の話のあった越前を訪ねることを名目に、西日本の巡遊に出かけた。彼は各地の盛衰の実況と有志の有無とを調べ、未見本を持つ人と書籍交換の約束もしている（山崎正董）。ペリー渡来の直前には、対外危機の切迫の意識に促されて、有志の知識人のネットワークが急速に生成し始めていた。徳川公儀は、一八五〇年の海防調査に先立って、政府の外部で外交を論ずることを禁じ、蛮社の獄のごとき政府批判の発生を抑えようとしたが、有志の知識人たちは、行く先々で、同志の人を探したり、先人の対外論を求め、互いの啓発と情報の入手経路の構築に当たりつつあったのである。

# 第四　袋小路へ―「鎖国」巻込み・国内協調・対外論―

オランダ国王の開国勧告の拒絶は、徳川公儀《こうぎ》が三たび「鎖国《さこく》」政策を選択したことを意味した。当時の幕閣を主宰した阿部正弘《まさひろ》は、それに止まらず、さらに「鎖国」政策へのコミットメントを深めようとし、「鎖国」を確保するために海防の強化も計画した。しかし、勘定方《かんじょうかた》をはじめとする海防掛《かいぼうがかり》は、これをアヘン戦争後の国際環境下では無効かつ危険と判断し、むしろ避戦政策の徹底を主張して、阿部の打払《うちはらい》令復活と海防強化の提議に抵抗した。徳川公儀は、「鎖国」徹底のための「海防」論と、「避戦」優先絶対論とに分裂し、いずれの政策も明確に打ち出せない状況で、アメリカ使節の渡来を迎えることになったのである。その一方、阿部正弘は、危機の到来に備えて、国内の協調体制を創り出す必要を認識し、江戸湾口の警備を付託した大名だけでなく、鹿児島の島津斉彬《なりあきら》や水戸の徳川斉昭《なりあき》との提携を模索した。それは、短期的には大名との政策協調を可能にしたが、中・長期的には、親藩《しんぱん》・外様《とざま》を問わず、大大名の中にあった政権参加への願望に火をつけ、政治体制自体の激変を準備することとなった。他方、アヘン戦争後、日本の知識人は西洋との関係に強い危機感を抱き、他郷を遊歴し、各地の知識人と情報交換を始めたが、その包懐する対外論には、攘夷《じょうい》論、消極型の開国論や積極型の開国論など、多様な類型があった。

## 一　異国船打払令復古の提案

**琉球と浦賀の開国要求**　開国勧告謝絶の翌一八四六（弘化《こうか》三）年、徳川公儀は文化《ぶんか》の外寇以後、ペリー来航以前における最大の外交危機に直面した。琉球《りゅうきゅう》にかねて予告のあったフランス・インドシナ艦隊司令官セシル（Jean Baptiste Thomas Medee Cecille）が現れ、通信・通商を要求しているとの報告を島津家から受け、その対策を評議している最中の閏五月に、今度は江戸の喉元の浦賀にアメリカ東インド艦隊司令官ビドゥル（James Biddle）の率いる巨艦二隻の訪問を受けたのである（以下、三谷博3、第三章）。徳川公儀は、琉球については鎖国維持に最大限の努力を払いつつ、最悪の場合には限定的な通商を始めても良いという方針を立て、その範囲で島津家に処置を一任する処置をとった。このとき、阿部の指示で藩主斉興《なりおき》に代わって世子《せいし》斉彬が国元へ下って指揮をとったが、セシルは琉球官吏の根強い抵抗にあって、先に置いていた宣教師の交代要員を上陸させたのみで立ち去った。

他方、ビドゥルは、大清《だいしん》で修好通商条約の批准書《ひじゅんしょ》交換を終えて帰国する途中、政府の命令に基づいて日本との条約交渉を試みたのであった。このとき日本側は彼が出帆を急いでいることに気づき、拒絶の回答をしたところ、ビドゥルは直ちに退去した。意外にも危機は一瞬のうちに解決したが、その間には警備中の川越藩士が二艦の間を移動しようとしたビドゥルを突き倒すという事件が発生している。ビドゥルが対日通商に関心を持っていなかったため事は大事に至らなかったが、公儀当局者は、

図5　江戸湾を去るビドゥル艦隊
（横須賀市自然・人文博物館蔵）

日本側の防備が極端に劣り、浦賀奉行の判断では湾口に配備している砲門総数が二艦の「九分の一」しかないという事実に照らして、肝を冷やしたのであった（維新史料一―二、五二四頁。原剛・一一頁）。

**打払令復古の提案**　この両事件は、海防の不備を白日の下にさらし、同時に、徳川公儀が鎖国の意志表明を繰り返したにもかかわらず、西洋諸国が開国を求め続ける可能性も示した。そこで、阿部は、ビドゥル退去の後、三奉行・海防掛および筒井政憲《まさのり》、さらに湾口警備の川越・忍《おし》両藩に対し、海防の強化と異国船打払令の再公布について、諮《し》問《もん》を行った。七月八日付の書簡で徳川斉昭に説明したところでは、西洋諸国は交易による漸進的浸透か戦争の挑発か、いずれにせよ日本の侵略を狙っていると推察し、これを防ぐため打払令を復活して接近の意志を断ちたいと述べている。ただし、現状では海防が不十分ゆえ即時の再公布は危険であると考え、少なくとも江戸近海の防備を整えた後に実行したいとし、琉球防備のためにも大艦建造の解禁が不可欠と主張している。阿部は、当面は避戦政策を表に立て、海防の強化後は鎖国政策を前面に押し出そうと考えたのである（『新伊勢物語』五八〜六〇頁）。

この阿部の提案に対し、海防掛の有司は避戦を最優先とする反対意見を答申した。アヘン戦争に言及しつつ、現在の国際環境は打払令の公布された文政《ぶんせい》年間とは異なるから、西洋の侵攻を挑発する行為は極力避けねばならぬと主張したのである。この意見は海防への消極性から生じた。海防掛の主力であった勘定方は、先にみたように健全財政主義を固守しており、新規事業を極度に警戒していた。天保改革の増収政策を否定しつつ登場した彼らは、国家の前途に現状維持か「衰弊」の二途しか見なかった。その観点からすると、海防政策は効果の疑わしいものでありながら、大名・旗本への課役増加や庶民への増税によって士庶の困窮、したがって内政の混乱を招くのが確実だったのである。

このような反対論に直面しながら、阿部は粘り強く持論を推進した。打払令再公布は後回しとし、その前提たる江戸近海の海防強化に取り掛かったのである。その結果、翌一八四七年春、避戦対策の徹底と引き換えに若干の海防強化が決定した。江戸海口の警備大名が増員されて、川越・忍の二家に加えて彦根（相模《さがみ》側、浦賀より西を担当）・会津（房総側、富津《ふっつ》・竹が岡などを担当）の二家が動員され、台場《だいば》の修築・増強や陣屋の新設も行われたのである。阿部は、この時、洋式軍艦の建造も考えたが、大艦二隻を小艦一〇隻まで譲歩したにもかかわらず、有司によって否決されている。そして、逆に、彼らの避戦徹底論をいれて、来航した異国船の応接法を改めた。多数の番船で包囲していたのを少数の監視船を出すだけに改め、さらに異国船が江戸内海に進入した場合、従来は理由の如何を問わず焼き沈めるとしていたが、あくまで説得によって湾外に引き戻す方針に改めたのである。打払令撤廃後も残されていた戦争発生の芽をつぶし、大名の負担増を抑えるための処置であった。

翌一八四八（嘉永《かえい》元）年五月、阿部は打払令の早期復活と大名への海防令公布について海防掛に諮問した。これを機に徳川公儀内外で阿部の排斥運動が発生したが、海防掛はその鎮静を待って、徹底的な反対論を上申している。打払令の危険性と無効性を前回より率直に指摘し、阿部が海防を長期的に維持するために必要と考えて提案した武士の土着や農兵の取立も、有害無益として退けたのである。このため、阿部は、今回も打ち払いの復活を見送らざるをえなくなった。

一八四九（嘉永二）年閏四月、イギリス艦マリナーが江戸近海を訪れ、上陸・測量などの不法行為を犯して立ち去った。阿部は、これを好機に三度目の打ち払い提案を行った。まず筒井政憲をはじめ、学問所の関係者に対外策の上書を求めた上、五月には徳川公儀中枢の三奉行・大小目付《めつけ》・海防掛のほか、長崎・浦賀両奉行、さらに江戸湾口警備の四大名にも打ち払いと海防について諮問したのである。この諮問の枠は学問所を除いては一八四七年の場合と同じであったが、このたびは役職別でなく、個人別の答申が特に求められた。多数意見のありかを探りながら、他方では勘定奉行松平近直ら有力者の影響を最小限に抑えて自説の支持者を見いだし、さらに多様な意見を入手して選択可能な政策の範囲と問題点を徹底的に検討しておくのが目的だったのではないかと思われる。

今回の打ち払い提案は、その危険な面を明示し、実施時期を海防再強化の後とする点で前回より柔軟なものであったが、答申の多くはやはり反対か消極的なものだったようである。江戸湾口の警備担当者を例にとると、川越と会津は海防に熱心ではあったが打ち払いには消極的で、徳川公儀に海防のための資金援助を要請した。当初から海防に消極的だった彦根の場合は、負担軽減のため相模から江戸近傍への配置替えを工作している。また浦賀奉行浅野長祥《ながよし》は、通商を国益ありとして肯定し、阿部の鎖国優先・海防強化策と海防掛の避戦優先・海防消極策に代わる、避戦優先・海防強化策という第三の選択肢を提出した。オランダのみが情報源では危険ゆえ、国禁にないイギリスやロシアと限定的な通商を開き、それを海防強化に利用してはどうかという提案である（藤田覚1）。さらに、この時、かつて阿部に打払令再公布を勧めた筒井政憲は、その主張を現状の維持と海防の強化とに改めていた。

**御国恩海防令**　このような状況を見て、阿部は、一八四六（弘化三）年の時と同様に、まず海防の再強化に取り組むこととした。一二月、大名・旗本に対し、打払令の再公布に備えた海防強化令を布《ふ》達《たっ》したのである。その際、大名に与えた「口達之覚」は、防備の強化に際しては「家家之疲弊」を防ぎ、「永久之備」を建てるよう特に注意し、隣領の相互援助体制の整備や武士土着・農兵取立などの工夫を要請している。そして、末段では、対外危機の存在を強調し、「西洋諸国」を「日本闔国《こうこく》之力を以相拒」むため、武家のみならず、百姓・町人までその身分に応じた仕方で協力するよう求めた。被統治身分にまで、国家存亡の危機と国政への協力要請を訴えるのは極めて異例のことである。徳川公儀はその理由として、「弐百年来昇平之沢ニ浴し候御国恩」を強調したため、この海防令は今日、御国恩海防令と呼ばれることがある（続輯第五、四九頁）。

徳川公儀は、その後、諸大名に大砲鋳造や調練を勧め、それに様々な便宜を与える一方、自らも江戸湾口の防備再強化を図った。一八五〇（嘉永三）年五月、海防に関する言論の取締を令して蛮社《ばんしゃ》の獄《ごく》の再現を予防した上、湾口に大規模な調査団を派遣して、徹底的な検討を加えたのである。この時、阿部や浦賀奉行は、海軍の創設を含む大幅な海防強化を期待した。しかし、調査団は、綿密な見分の末、海軍創設を退け、陸上の防備も湾口について若干強化するのみで十分との報告書を提出した。当時、海防の議論においては、異国船来航の規模を「数十艘」「数艘」「一、二艘」などと想定していたが、調査団は防備の目標を経験上最も大規模であったビドゥル艦隊の「一、二艘」に設定し、それ以上の場合は前もって情報が入るゆえ、臨時の動員により対応が可能であるとの判断を示したのである（『陸軍歴史』上、四二八〜四四八頁）。この調査団には、海防掛や鉄砲方のみならず筒井も加わっていたため、阿部もこの結論を受け入れざるをえなかった。その結果、ペリー渡来前の江戸近海防備は、

図6　旗山台場の試射
（『近海見分図』，神奈川県立歴史博物館蔵）

川越藩受け持ちの観音崎《かんのんざき》台場の移築・補強のほか、大森に船打ち稽古のための町打場《ちょううちば》を設ける程度で終わった。そして、阿部は、もはや打払令の復活を提案することはなかった。一八五〇年九月、オランダ商館長に、鎖国政策に変更はなく、薪水《しんすい》給与は漂流船に限る旨、あらためて確認し、通告するに留まったのである。

## 二　公儀—大名協調の模索

**大名動員と国政参加**　ビドゥルの来航後、対外関係の緊迫は徳川公儀と大名の間に協調への努力を生み、それを通じて政治体制の転換の芽を育んだ。近世の国家は、徳川将軍家を盟主とし禁裏《きんり》を統合の象徴として戴《いただ》く、大名の連合国家であった。その成立過程を見ても分かるように、徳川の全国支配は、大名の多数派連合を自己の周りに作り上げ、軍役や普請役《ふしんやく》に動員することによって成り立っていた。初期三代の間に他大名に対する卓越性は際だつものとなったが、しかし、その後二〇〇年近くの平和はそれを無化していった。徳川と諸大名の軍事力は等しく絶対水準を低下させ、若干の軍備追加によって格差が克服できる可能性が生まれたのである。また、徳川家一族の内部結合も弱まり、徳川家門にしても、譜代《ふだい》大名にしても、将軍家から見て無条件に信頼できる存在ではなくなった。阿部政権の成立経緯に見られるように、大名への強制は効き目が乏しくなり、提携政策が重要になったのである。

その一方、大名の側では、対外問題の発生とともに、日本国家の運命を積極的に担いたいという願望を持つものが生まれた。いわゆる有志大名である（井上勲、吉田昌彦）。しかし、徳川公儀の制度はその多くを政策決定から排除していた。幕閣は小大名のみで構成され、大大名は、井伊家など特定の譜代大名が大老《たいろう》になる場合を除いて、決して選任されなかった。天保改革当時の真田幸貫《ゆきつら》のように、外様大名でも小大名であれば入閣しえたが、大大名（ほぼ官位で四品、石高で一〇余万石以上）は、国持《くにもち》は無論、徳川の家門も排除されていたのである。この時代、有志大名は、海防を自力で行えるだけの規模を持った大大名に多かったから、その国政参加の意欲と権力配分の制度との不整合は重要な問題となった。彼らは、発言力を拡大するため、個別に徳川公儀との関係の緊密化を図る一方、家門・国持双方を含む横断的結合も結び始めたのである（三谷博2）。

**海防担当大名の優遇**　浦賀・長崎・辺境　通商使節の渡来が予想されるようになった時、徳川公儀がまず重視した大名は特別な海防の役を課していた大名であった。特に、江戸湾の防備を託した彦根（譜代、溜間《たまりのま》）・川越（家門、大広間《おおひろま》）・会津（家門、溜間）・忍（譜代、溜格）の四藩に対しては、先にみたように、一八四六（弘化三）年と一八四九（嘉永二）年の対外策の評議に当たって、公式にその意見を諮問している。これは、他の大名に対しては絶えてないことであった。勿論、海防に必要な財政援助や栄典の授与なども行っている。一八五一年には、従来から湾口防備を担っていた川越と忍に対してそれまでの拝借金《はいしやくきん》各一万五〇〇〇両を返済免除にし、新規任命の彦根と会津には各一万両を与えたが、その後も拝借金の延納、知行《ちぎよう》の割替え、天領の預地《あずけち》化などを行っている。また、一八四九年末には、忍の殿中の席を溜詰《たまりづめ》格から溜詰に昇進させ、川越についてもその江戸参勤の際の上使の格を引き上げるなど、栄典上の優遇策もとった。この四家は、系譜上、譜代（彦根・忍）や家門（会津・川越）に属し、殿中の席は大広間の川越以外は溜間に伺候《しこう》する家柄であった。蝦夷地《えぞち》や長崎の防備は国持大名を主力としたが、江戸の防備は、この時期までは伝統的に徳川家の内輪に属すると観念された大名を振り当て、彼らには海防上の意志表明も公式に求めたのである。しかし、彼らの中には、川越や会津のように海防に熱心なものもあったが、彦根や忍のように消極的な家もあった。彦根は京都警衛の先格を理由に湾口警衛に不満を唱えていたが、一八五一年の諮問の際には湾口は国持に任せて自らや会津は内海警衛に転ずるよう運動する一方、翌年末の直弼《なおすけ》の襲封《しゅうほう》にあたっては一五万両の大金を家中に分配している（吉田常吉・一二四頁）。いかに海防に消極的であったか、窺えるといえよう。

一方、徳川公儀は、公式の対外的な窓口としてきた長崎については、防備強化のイニシャティヴを取らなかった。江戸湾口で手一杯だったためであろう。ここでイニシャティヴを取ったのは、隔年でその警備の主役を担当していた佐賀と福岡の二家、特に佐賀の鍋島斉正《なりまさ》であった。かつてフェイトン号事件の際に不手際をおかし、恥辱を被った同家は、斉正の襲封後も、高島流砲術の導入など海防に注意を怠らず、当時は江川英龍《ひでたつ》の援助を得て鉄製砲の鋳造に取り組んでいるところであった。斉正は一八四六年、長崎港の入り口の防備を強化するよう徳川公儀に進言したが、公儀は容易にこれを容れなかった。しかし、一八五〇年には鍋島家が自力で台場の築造に着手することを認め、翌年一二月には五万両を貸与した。当時としては巨額である。ただし、その名目はあくまでも風水害の救恤《きゅうじゅつ》とされた（『鍋島直正公伝』三編、四七章）。他大名から海防資金の援助要求が出ては困るからであろう。海防は徳川公儀から役を課された場合でも自弁が原則であったわけで、浦賀の四大名への海防援助はかなりの優遇措置だったことが分かる。

徳川公儀は辺境の防備にも注意した。一八四九年七月、蝦夷松前と五島福江に築城を命じている。他大名に海防の重要性を示し、奨励するためであろう。両藩が漁業を通じて裕福だった事実を見越してか、資金援助は行わず、城主への家格昇進という栄典授与で済ませた。対馬に関しては目だった動きがない。宗家の財政は万年赤字の状態で、常に徳川公儀に家計援助を求めており、海防強化の命令は格好の口実となる恐れがあったためであろうか。辺境の中では、かつては対露関係上、蝦夷地が特に重視されたが、この時期にはその形跡に乏しい。東北大名の動員体制が対露危機の経験によって一応できており、この時期にはロシアからの遣使の情報がなかったためと思われる。逆に、琉球とそれを支配する薩摩《さつま》島津家については、格段の配慮がなされた。フランスやイギリスの宣教師が上陸していたためである。

**琉球と島津斉彬**　一八四六（弘化三）年に琉球を訪れたセシルは、琉球の役人の抵抗にあって通信通商を断念して立ち去ったが、その際に二名の宣教師を残置した。彼らは一八四八（嘉永元）年に病死や帰帆により居なくなった。しかし、ほぼ同じ頃に到来したイギリス人はなお残っていた。鎖国の可及的維持を図ろうとする阿部正弘としては無視しえぬところである。彼は、セシル来航事件を通じ、島津家世子の斉彬が当主斉興より徳川公儀の意向に忠実で海防にも熱心なことを知り、この父子の家督をめぐる対立を斉彬に有利な形で解決するよう援助した。斉興に宣教師問題の処理に過誤があったとして圧力を加え、一八五一年正月、斉彬に家督を譲らせたのである。斉彬は、家督継承後、早速琉球へ「異国御条書」の改訂版を下し、「事を破」らぬよう注意しながら、異国人との関係を局限するよう命じたが、その際には特に公儀の定めに沿うことを強調している（『島津斉彬文書』）。

阿部は斉彬との提携関係をさらに深めようとした。先代将軍家斉《いえなり》の夫人が島津家の出であった先例を基礎として、将軍の世子家祥《いえよし》（のち家定《いえさだ》）の夫人を島津家から迎える縁談を始めたのである。この企ては、ペリー来航後の一八五六（安政《あんせい》三）年末、実現し、日本の南端と琉球を支配する島津家は再び将軍家最近親の姻族となった。斉彬はこうして琉球問題と縁戚関係を通じて徳川の秩序の核心に組み込まれたのである。しかし、彼はそれに満足しなかった。阿部は応対の際に対外問題に関してはかなりの機密も漏らすようになったが、斉彬の側ではそれに厭きたらず、究極的には幕政への直接的・制度的参加を望むようになるのである。

**徳川斉昭との提携**　ところで、この危機の時代に阿部は水戸の徳川斉昭との提携に特に腐心した（『新伊勢物語』）。海防役を課していないのにそうしたのは、勿論、徳川三家の中に支持者を獲得するためである。徳川斉昭は、かつて水戸家の内紛のため一八四四（弘化元）年に将軍への不敬を理由に強制隠居させられた人であったが、阿部と文通を始めてその無実を訴え、その忠誠心の証として異国船打払令の復活や海防の強化も主張した。将軍家慶《いえよし》や阿部はそれが持論と一致することに着目したものと思われる。ただ、斉昭は気力旺盛の反面、執拗《しつよう》で人の好悪が激しく、彼の復権は水戸で彼自身を一方の当事者とする党争を再燃させる恐れがあった。そこで、阿部は徐々に事を進めた。一八四七年にその愛子七郎麿（のち慶喜《よしのぶ》）を一橋《ひとつばし》家の養嗣子とし、一八四九（嘉永二）年に斉昭の家政関与を解禁、一八五〇年には五郎麿（のち慶徳《よしのり》）を鳥取池田家にいれ、一八五一年には斉昭の悲願であった水戸当局者の黜陟《ちゅっちょく》を許し、一八五二年に至っては当主慶篤《よしあつ》と将軍の養女を結婚させ、それに先だって斉昭自身を九年ぶりに登城させて、将軍自らもてなすという具合である。その間、一八四八年には、老中青山忠良《ただなが》と水戸家当局者、および溜詰大名の一部が連合して阿部の排斥を企てるという事件が起き、水戸内部の分裂・動揺も少なくなかった。そのリスクを押して斉昭を政界に復帰させたのは、徳川一門の内部に対外政策上の強力な支持者を必要としていたためと思われる。

図7　徳川斉昭肖像
（(財)水府明徳会　彰考館徳川博物館蔵）

当時、尾張《おわり》・紀伊両家はいずれもごく短期間に当主が二度亡くなる不運に見舞われ、水戸の当主慶篤も若年で政治経験に乏しかった。三卿のうち清水家は当主がなく、一橋家は当主が幼少で死亡したばかり、田安慶頼《よしより》も若年であった。尾張の徳川慶勝《よしかつ》は一八四九年の襲封時、二六歳であったが、政治的実績を持つのは斉昭しかいなかったのである。阿部はペリー来航後、斉昭が提出した意見書『海防愚存』に「みおやのみたま」（家康の神霊）と名づけた。「貴くしたしきやんごとなききはに、かゝる忠誠仁智の人おはしまして、かく正論讜議《とうぎ》をたてまつらせ給ふもかしこしや。東照《あずまてら》しますすみおやのみたまさきはえて、わが神日本の国を守り玉ふならずや」というのが、その理由であった（『阿部正弘事蹟』二、七〇一頁）。当時は、ペリー渡来直後に将軍家慶が死亡し、後継者たるべき家定には肉体的・精神的弱点があるという内憂外患の最たるときであった。徳川の家宰たる阿部は、当時、具体的な政策では斉昭と意見を異にしたが、なお彼の精神的支援を必要としていたのである。

ところで、以上のような対外問題をめぐる徳川公儀と大名の協力は、徳川国家の制度的枠組それ自体を内部から喰い破って行く芽を育くんだ。阿部は、海防の施行に当たり、役を課した大名と個別の打ち合わせや協議を繰り返し、彼らを含む大大名と徳川家との縁結びも熱心に行った。しかし、アヘン戦争後、日本の運命に深い関心を持つようになった有志大名、特に大大名の中の彼らは、それに厭きたらなかった。その実力と意欲に見合うだけの政治的発言権を求め始めたのである。徳川公儀から十分な情報を得ること、政策の施行段階でなく、決定の段階から協議に預かること、進んでは幕政に直接参与すること。井伊家のような譜代の大大名は溜間で相談を受けたり、大老になることができたから、その必要はなかった。しかし、尾張の慶勝、越前の松平慶永《よしなが》ら、徳川の家門は存亡の危機の時代に将軍家から依頼されないことに苛立っていた。徳川斉昭は殊遇を受けたが、それはかえって政治的野心を増長させた。海防役を課された国持大名も同様である。琉球の島津にせよ、長崎の鍋島や黒田にせよ、重い任務に比べて発言権のないこと、浦賀の四大名と差別されていることを不満とした。そして、阿部の懐柔政策はかえって彼らの参政意欲を昂進《こうしん》させたのである。

このような状況において、徳川斉昭は大大名の有志結合の核となった。彼は、家門・譜代の大大名を意識的に組織しようとした。一八四六年には、大大名や幕閣に広い人脈を持っていた宇和島の伊達宗城《むねなり》（仙台の分家、大広間）に対し、主に大廊下《おおろうか》と大広間の大名二三名の名を示して「有志の人」を物色している（水戸別記下・五九五〜五九七頁、『伊達宗城・徳川斉昭往復書翰集』）。伊達のみならず、島津斉彬、松平慶永らと頻繁に書簡を交わし、オランダ書籍などを貸与しあっていたことは、それぞれの書簡集に見えるとおりである。大大名の中には、勿論、鍋島斉正のように、彼と反りの合わないものもあり、対外意見を異にするものもあった。しかし、大大名たちの多くは、政治的発言権の拡大に彼を利用しようとした。彼は、寛政の改革の先例を考えても、危機の時代に将軍家の補佐に当たる当然の身分を有しており、現実に阿部正弘もその政界復帰を図っていた。大大名たちが彼を徳川公儀の中枢に送り込み、それを通じて発言の地歩を得ようと、交際を密にしたのは無理もない。ペリー渡来の直前にそれがどのような動きとなったか、それは第六章に述べる。

## 三　対外論の三類型

**藤田東湖『常陸帯』**　ペリー到来直前における国内の政治状況は以上の通りであるが、当時の知識人はどのように国際関係を把握していたのだろうか。水戸の藤田東湖《とうこ》が一八四四（弘化元）年に著した『常陸帯《ひたちおび》』（『新定東湖全集』）を手掛りに観察してみよう。彼は、言うまでもなく、会沢正志斎《あいざわせいしさい》と並

図８　藤田東湖肖像（茨城県立歴史館蔵）

ぶ水戸学の論客であり、「尊王《そんのう》攘夷」という語を創始し、ペリー来航の前後には、主君徳川斉昭の側近にあって一世の注目を浴びた政治家であった。この著述は、同年、斉昭が徳川公儀の方針に違背したとして隠居・謹慎処分に付された直後、同様の処罰を受けた東湖が、斉昭の雪《せつ》冤《えん》を願って、その襲封以来の事績と政見を記録し、それを通じて自らの思想を語った書である。その末尾で彼は対外問題を取り上げ、「夷狄《いてき》を防ぐべき術」を攘夷論、消極的開国論、積極的開国論の三種に分け、斉昭の後二者に対する批判を記している。

攘夷論とは彼らの持論であって、「天主教の言、誠に悪《にく》むべきことなれば、東照《とうしょう》・大猷《だいゆう》（家康・家光）二公の旧典を守りて、ゆめゆめきたなき夷狄を近づくべからず。若し近づきたらんには無二無三に打砕きて憂き目を見せ、皇国の武勇を海外に輝かすべし。……其防ぐべき術はいか計りにも厚く心を用ひ、銃砲船艦の備へ抔《など》ゆるがせにすべからず。兎《と》に角《かく》に万人心を一つにし、力を合わせて神国を守るべし」というものである。ここでは、とくに尊王に結び付けて論じられていないが、先にみた会沢の

『新論』や東湖自身の『弘道館記《こうどうかんき》述義』にみられるように、尊王と攘夷はともに国防のため人心一致をはかる手段という役割を期待されていた。

次に、ここで消極的開国論と名づけて紹介する対外策は、夷狄は「交易だに許しなば、まの当り寇をなす事有るべからず、……先《まず》交易を許し、彼が心を慰め、其間に我国の武備を整へ、彼寄せ来たりぬるとも恐るゝに足らざる時に至て、交易を停止ぬるは安き事なるべし」というものである。避戦のための限定的通商論は松平定信《さだのぶ》以来、徳川公儀内外でしばしば検討されたものであるが、ここでは鎖国への復帰を前提した時間稼ぎ論とされている。東湖によると、斉昭はこれを「我一代に事なき様にと願う心より出た」「臆病者の口実」と決めつけ、「夷狄を近づけ、交易を許さんには人の心弥々《いよいよ》弛《ゆる》み、いつとて武備の整ふ時や有るべき」と批判し、その期間にむしろ夷人が「是彼《これかれ》と術を尽くし、邪教をもて人を懐《なつ》けんこと鏡に懸けたるが如し」と断じたという。ペリー来航後、徳川公儀は、通商・通信は拒んだものの、避戦のために開港を余儀なくされたが、このような観点からの批判は当時、かなりの説得力を持ち、徳川公儀の権威失墜を招来することとなった（藤田雄二）。

第三の対外策は、「祖宗《そそう》の制度を改め、交易てふ事を許し、我国にてもいと大なる船を造り、大銃《おおづつ》抔《など》備て外国に打渡り、交易をなし、諸々の国を懐《なつ》けまつろはせ、神国に属する国数多《あまた》ならんには、神国の威霊いよいよ広まりぬべし」という積極的開国論である。海外進出論は、かつて本多利明《としあき》が『西域物語』で述べ、佐藤信淵《のぶひろ》も繰り返し記述した政策であり、近くはアヘン戦争勃発の直前、徳川公儀の学問所の儒者、古賀侗庵《こがとうあん》によっても主張されていた。東湖がどの論策を目にしていたかは明らかでないが、彼はこの立場からの鎖国批判を二点記している。すなわち、世界を自由に横行する夷狄を座して待つのは「籠城《ろうじょう》」に等しい愚行であること、およびモリソン号のごとく日本人漂流民を送還してきた船を打ち払うのは仁に悖《もと》る業《わざ》であるということである。後者はともかく、前者は攘夷論者にもこたえたと思われるが、東湖は大船を建造し、米穀輸送をかねて航海の練習をして、異船追い打ちに充てればよいという形で逃げ、逆に海外渡航に伴う弊害を強調して、海外進出論を退けている。まず、貿易は無用の贅沢品を買い込むことであって、自足の国日本には不必要であると述べるが、特に強調するのは、交易は「軽燥」で「思慮浅」い日本人を「夷狄の風俗」に移らせるゆえ、「害のみあって利なかるべし」ということであった。夷狄の風俗への同化は日本人の愛国心を失わせ、西洋による侵略の道を開く、それを防ぐには西洋との関係を一切遮断するのが良いというのである。したがって、海外への進出と支配は原理面では否定されない。「神国の人、貴きも卑しきも大和魂満ち渡りて、天照大御神《てらすおおみかみ》の恩賚《おんらい》を一筋に仰ぎ奉り、彼《かの》古語に云へる遠き国は八十綱《やそつな》かけて引き寄する事の斯く《ごと》なりたらんには、海外の国々打従んもさる事」なのである。彼らは、「鵜のまねする烏」のごとく、「なまじひに遠大なる略を施しなば、近き禍のみ引出すべし」と、当面の海外進出を退ける。しかし、その強烈なナショナリズムは、かつての「鎖国による平和」論は勿論、単純な攘夷論とも異質なものであって、一足飛びに海外経略論に転化する可能性を秘めていたのである。

『常陸帯』は、幕末の日本を風靡《ふうび》した尊王攘夷論の代表的論者が、ペリー来航の少なくとも九年前に、消極的開国論や積極的開国論の是非得失を冷静に吟味していたことを示している。攘夷論者には、勿論、盲目的な排外主義者が多数を占めたが、その言論上のリーダーは、様々な選択を考慮した上で、戦略的な観点から攘夷論を鼓吹《こすい》していたのである。

**国内改革論との結合**　ペリー来航直前のこの時代、水戸を主な源流とする攘夷論は、次第に知識人の世界で注目を集めるようになった。『新論』が一八四八（嘉永元）年に著者以外の人物によって公刊され、一八五〇年には仮名書き本が『雄飛論』と題して刊行された事実が、それを裏書きする。志筑《しづき》忠雄《ただお》訳の『鎖国論』の出版が「異人恐怖伝」の名で試みられ、結局絶版させられたのも、一八五〇年のことであった。しかし、他のタイプの対外論も当時知られなかったわけではない。古賀侗庵は、箕《み》作省吾《つくりしょうご》の『坤輿図識《こんよずしき》』に寄せた序で、世界の国を、鎖国して「確然として自ら守る者」と、貿易を務め「遠略をこれ事とする者」に二分した上、「今より降るときは、隣交を締ばず、辺防を修めず、而して確然と自ら守る、断じて為すべからざる者あり」と前者の不可能を述べ、「必ず外夷を電征する之勢ひ有りて、然る後に退きて一国を保つべし。敵人を威懾《いしょう》する之略有りて、然る後、申《かさ》ねて盟約を固むべし」と、海外への進出を示唆している。また、長州藩士で、後に同藩尊攘派のリーダーの一人となった山田亦介《またすけ》は、一八五一年、古賀の『海防臆測』を印刷して知友に配っている（『吉田松陰全集』五―二九・五一・九六号）。にもかかわらず、なぜ、攘夷論が次第に支持を集めるようになったのであろうか。

一つは、アヘン戦争がかつての対露緊張の時代を上回る危機意識を呼び起こし、対外論の眼目が、開鎖の論よりも、海防の再建と国内体制の改革に置かれるようになったことである。そこでは、攘夷論者と積極的開国論者が改革をめざして消極的開国論者と対抗するという構図が生まれた。消極的開国論は、斉昭が批判するように、できるだけ現状を維持したいという保守的な心性から出たものである。「鎖国による平和」を理想とし、それを変形した考えであり、徳川公儀の勘定方に典型的なように、国内改革も避けたいというのが本音であった。これに対し、水戸系の攘夷論は、攘夷のもたらす緊張を通じて国防体制の再建を図ろうとするものであり、航海の危難を犯して海軍を創ろうとする積極的開国論と、正反対の手段を主張しながら、最終目標は共有していた。後に積極的開国論の代表的存在となった横井小楠《しょうなん》や橋本左内《さない》が、ペリー来航の前後に藤田東湖や会沢正志斎と親交を結んだ事実も、この観点から理解できよう（横井「夷虜応接大意」）。攘夷論は日本国家の再興をめざす改革論として、注目を集めたのである。

では、同じ改革思想でありながら、なぜ、積極的開国論でなく、攘夷論が共感を集めたのだろうか。攘夷論は致命的な弱点を単純な鎖国論と共有していた。すなわち外部の同盟・救援者のいない条件下での「籠城」という、武士にはすぐ分かる弱みがあった。にもかかわらず、なぜ支持者が増えたのだろうか。一つは、政府が一八世紀末以来鎖国を対外政策の原則に高め、かつ対外論の公議を抑圧してきたことである。積極的開国論の場合、『海防臆測』を海賊出版した山田亦介は、翌一八五二年、毛利家から隠居・減知・蟄居《ちっきょ》という重い処分を受けた。著者侗庵自身が『坤輿図識』に寄せた序は検閲を通ることができたが、直接・明確に開国を主張しなかったためお目こぼしに預ったのであろうか。これに対し、攘夷論も戦争という不穏な主張を含んでいた。しかし、武家の職掌にかない、当面は鎖国維持の主張でもあったから、開国論よりは発言しやすかったのではないかと思われる。また、阿部正弘の徳川公儀はペリー渡来の直前の時期に繰り返し打払令の復活を試み、かつ攘夷論の主唱者であった徳川斉昭と提携した。この選択が、攘夷に最も正統な政策という地位を与え、他の政策を不名誉な選択と評価する場を用意したのは確かであろう。

このような政策評価の枠組みができつつあったときに、ペリーは軍事的威圧を加えたのであった。この組み合わせは、国内の対外意見を、「和・戦」すなわち「平和か、戦争か」という軸に沿って、分極化させた。長期的にみた「開国か、鎖国か」という軸より、攻撃性の高い相手に今どう対処するかという短期的な観点が優先される状況が生じたのである。西洋の侵略に対処しうる態勢を築くため故意に戦争を引き起こそうという攘夷論者の戦略は、ここにお誂《あつら》えの局面を迎えた。国威を守るために戦うか、戦争を回避するために譲歩するかという二者択一が議論の枠となったのである。そして、徳川公儀が鎖国政策を貫きえなかったことは、周知のように、国内に深い屈辱感を与え、報復への願望を生み出した。攘夷論は、この心理的需要に最も適合的なものであり、言論の規制が徳川公儀の対外策諮問をきっかけに弛む中で、支持者を増していった。ペリー来航後かなり経った一八五七（安政四）年に『新論』が著者自身の手で公刊され、世に広く迎えられたのは、このためではないかと思われる。

# 第五　西洋諸国のアジア・太平洋政策

日本が西洋諸国の開国要求を想定し、鎖国の維持に腐心していた頃、当の西洋諸国は日本に対してどのような態度をとっていたのだろうか。この章では、ペリーによる強制的開国をもたらした西洋側の事情を観察したい。なお、筆者の史料研究は西洋まで及んでいないので、ここでは、先学の成果に全面的に依存する。主に参照したのは、イギリスについてW・G・ビーズリ（W. G. Beasley）の『大英帝国と日本の開国』、アメリカについてピーター・B・ワイリイ（Peter B. Wiley）の『黒船が見た幕末日本』、ロシアについて和田春樹の『開国―日露国境交渉』などである。

## 一　ロシア・米仏・イギリス

**南京条約の波紋**　アヘン戦争の際、徳川公儀《こうぎ》は異国船打払令《うちはらいれい》を撤廃し、漂流船に対して薪水《しんすい》・食糧を供給することにした。これは、オランダから、イギリスが対清戦争の勝利の余勢をかって、日本にも使節を派遣する計画を持っているという情報が到来したためと言われる。しかしながら、ビーズリによると、当時のイギリス側にはそのような計画を立てた形跡がない。南京《ナンキン》条約（一八四二年）の締結は中国への関心を高めたが、日本への関心は依然微々たるものに留まっていたのである。しかし、アヘン戦争は、イギリス艦隊を中国に導き、イギリスの利権を守るためにその艦隊を常駐させる結果となった。それは、日本をはじめとする周辺諸国の軍事環境を変えただけでなく、通商使節の派遣も容易にした。通商に拒否的な諸国に対し、開国の強要を可能にする条件ができたのである。

それだけではない。南京条約は、他の西洋諸国の中国とその周辺に対する関心をかき立て、新たな関係を開こうとする競争を生み出した。アメリカとフランスが、その翌々年に南京条約に準拠して、それぞれ望厦条約、黄埔条約を結んだのは周知の通りである。ゴロヴニーン事件以来、極東への関心を失っていたロシアも、これを機に中国・日本への通商使節派遣を計画した。一八四三（天保《てんぽう》一四）年、後に日本に来ることになる海軍少将プチャーチン（Evfimi Vasilievich Putyatin）は、その計画を上申し、一旦は皇帝ニコライ一世の裁可をえた。これは、外務省や大蔵省の反対で結局延期とされたが、皇帝は日本皇帝あての親書に署名するところまで踏み込んでいたのである。もしこれが実現していたならば、ロシアは、アヘン戦争後、最初に日本に通商要求をした国となったかも知れず、その場合、過去の経緯から言って、日本政府の対応は単純ではありえなかったのではなかろうか。

ロシアの計画中止によって、フランスとアメリカが開国働きかけの一番乗りとなった。先にみたように、一八四六（弘化《こうか》三）年、フランスのセシルは琉球《りゅうきゅう》で、アメリカのビドゥルは浦賀で、通商を求めた。いずれも、大清《だいしん》との条約の批准書《ひじゅんしょ》交換のため中国に派遣され、そのかたわら訪れたのである。フランスは二年前に瀬踏みした上での訪問、アメリカの場合は、政府からの訓令に基づいた正式な申込であった。ただし、アメリカの場合、本来の使節が病気で倒れ、その任務を引き継いだビドゥルは日本開国に関心がなかったので、日本の拒否にあうと直ちに退去したのである。セシルも要求を無理押ししなかったが、琉球に宣教師を残置して後年に備えた。

**イギリスの遣使計画とその中止**　このようなフランスとアメリカの動きの中で、それまで中国市場の確保に関心を注いでいたイギリスも、日本の開国を計画し始めた。一八四五（弘化二）年五月、大清駐在の全権・貿易監督官デイヴィス（John F. Davis）は、ピール内閣の外相アバディーン（George H. Aberdeen）に密信を送り、次の提案をした。来年、大清の賠償支払が終わり、担保として占領していた舟山《しゅうざん》列島から撤退するはずだが、その際、集結した艦隊を転用して、江戸に通商使節を送りたい。日本政府は、オランダの通報もあって、アヘン戦争の結果およびイギリスの力と信義をよく知っているはずだから、リスクは少ない、と。貿易の拡大を外交の主軸とし、砲艦外交に否定的な立場をとっていたアバディーンは、日本との不要な衝突を避けるため、あらかじめイギリスの平和的意図を日本に告げるという条件の下に、デイヴィスの提案を承認した。その訓令は、日本への要求について、南京条約を基礎に利権の拡張に務め、主要港湾全部の開放やイギリス人の信教の自由・対等の国交・密輸への無答責などの条件を確保するよう命ずる一方、時期と方法についてはデイヴィスに全権をゆだねていた。

デイヴィスは、この訓令を受け、駐清艦隊司令官と協議して一八四六年四月以降に出発する合意を取付け、本隊の一週間前に蒸気船一艘を派遣してイギリスの平和的かつ友好的な意図を伝える計画を立てた。しかし、この計画はついに実現しなかった。一つは、彼が考えた規模の艦隊が編成できなかったためである。この年の暮れ、駐清艦隊の一部がボルネオに派遣され、海賊を討伐することになった。これは予定より時間がかかり、その後、他の艦船も去ったため、中国水域にはフリゲイト一隻とブリグ三隻が残るに過ぎなくなった。舟山列島からの撤退自体もようやく六月になって実施された。彼は、一旦は少数の船だけで出発しようと考えたが、舟山列島でセシルとビドゥルが日本に五隻の合同艦隊を組んで向かうという情報に接し、これを断念した。イギリスの艦隊が他国よりみすぼらしく見えたり、使命を失敗して中国での威信を落としてはならないと考えたのである。彼は、仏・米の試みの結果を見た上で、翌一八四七年春に十分な艦隊を持って日本を訪問することにした。しかし、この計画はまたも立ち消えとなった。一一月、目的地をコーチ・シナに変えたからである。彼はビドゥルの失敗を知って、成功の見込みがより高そうな別の国を選んだ。この政策転換は、アバディーンの後任の外相パーマストン（Henry J. T. Palmerston）によっても承認された。

この計画変更の後、イギリスの日本開国計画は復活しなかった。駐清艦隊はヨーロッパ情勢の険悪化も手伝って小規模に留められ、その一方で中国で紛争が続発したため、デイヴィスも艦隊もそれにかかりきりとなったためである。さらに、一八四八（嘉永《かえい》元）年の初め、監督官はボナム（Samuel G. Bonham）に代わった。引退まぎわの彼は、コーチ・シナや日本と交渉する全権を与えられたにもかかわらず、実行の意欲を持たなかった。それまでの計画はデイヴィス個人の情熱とイニシャティヴによって推進されたものであったから、彼の離任は計画にとって致命的な結果をもたらしたのである。

また、本国で勢力のあった商工業者は、中国はともかく、日本への興味はほとんど示さなかった。そのため、イギリスの対日関係は、琉球に降り立った宣教師ベッテルハイム（Bernard Jean Bettelheim）の苦情を処理し、江戸近海に測量船マリナーを派遣する程度に留まったのである。

これに対し、アメリカの日本への関心は、その国自体の大変動と結びついて沸き起こったものであった。太平洋岸への領土拡張がそれである。

## 二　アメリカの太平洋横断航路計画

**「明白な神意」と蒸気郵船**　アメリカの日本開国の動機については、これまで様々な解釈が行われてきた。中国市場を目当てとした太平洋横断航路のため寄港地を確保することとか、日本沿岸で難破した捕鯨船員の扱いを改善するためとか、日本自体との通商とかである。最後の解釈はアメリカ大統領の国書が要求の第一番目に通商を掲げたためと思われるが、今までの研究はすべてこれを主目的とする見解を退けてきた。そして、例えば、石井孝は太平洋横断航路、加藤祐三は難破船員の外交的保護を、これに代わる主目的と解したのである。しかし、いずれもアメリカ内部の政策決定過程を検討したものでなく、推測の域を出るものではない。これに対し、ピーター・ワイリイは、アメリカ政府・議会そして実業界の動向を詳しく検討した。それによると、計画の主目的は太平洋航路の開設だったようであるが、それは決して他の目的の存在を排除するものではない。以下では、彼の所論の要旨を紹介する。

さて、アメリカの日本開国計画は、中国の開港地の増加と太平洋岸の領土化を背景とした熱狂的な膨張主義の雰囲気の中で生まれた。アメリカの中国貿易は、イギリスと同様に、もとカントン（現地名は広州）一港で行われ、主に茶を購入していたが、アヘン戦争後、一八四四（弘化元）年に望厦条約が結ばれると、開港地が上海など五港に広がり、急速な拡大が期待されるようになった。他方、一八四六年、アメリカは太平洋岸と密接な関わりを持つようになった。オレゴンに関するイギリスとの紛争に結着がつく一方、テキサスの併合問題をめぐってメキシコとの戦争が発生し、その勝利の結果、一八四八（嘉永元）年に至ってカリフォルニアを領土に編入し、アメリカは太平洋に長大な海岸を持つ国家となったのである。

この急速な領土の拡大は、膨張は「明白な神意」(Manifest Destiny) であるとする信念に支えられ、カリブ海、南米、そして太平洋岸での商業活動への期待を高め、活発にした。メキシコ戦争の最中、一八四七年、議会は政府の補助によって三つの郵船路を開設し、そのために蒸気船を四隻建造することを決定した。その郵船路は、ニューヨークから大西洋をリヴァプールへ行くもの、ニューヨークからカリブ海をニューオーリンズ・ハヴァナ・チャグレスそしてパナマに行くもの、そしてパナマから太平洋をサンフランシスコを経てオレゴンに行くものであった。カリブ海と太平洋の連絡には、パナマのほか、ニカラグアとメキシコのテワンテペク地峡《ちきょう》で、運河を開削したり、鉄道を敷設《ふせつ》することが計画されていた。

この政府補助金による蒸気郵船路の開設は、もと、大西洋航路におけるイギリスとの対抗関係の中で計画されたものであった。快速の蒸気船によって大西洋の郵船路に優位を占め、戦時にはこれを軍艦に転用しようという趣旨である。が、この計画は西部・太平洋岸への領土拡大と重なり、新領土を統合する手段ともなった。一八四八年九月、カリフォルニアで金鉱が発見されたというニュースが東部に到着した。たまたまその翌月、この計画により建造された太平洋蒸気郵船会社のカリフォルニア号が就航したが、同船には史上有名なゴールドラッシュの先駆けをねらう人々が殺到した。当初、採算の危ぶまれたこの航路はドル箱路線に転化したのである。

　蒸気郵船補助を推進したのは、議会の海軍関係者およびその背後にあったニューヨークの有力実業家たちであった。その中心にいたのは、

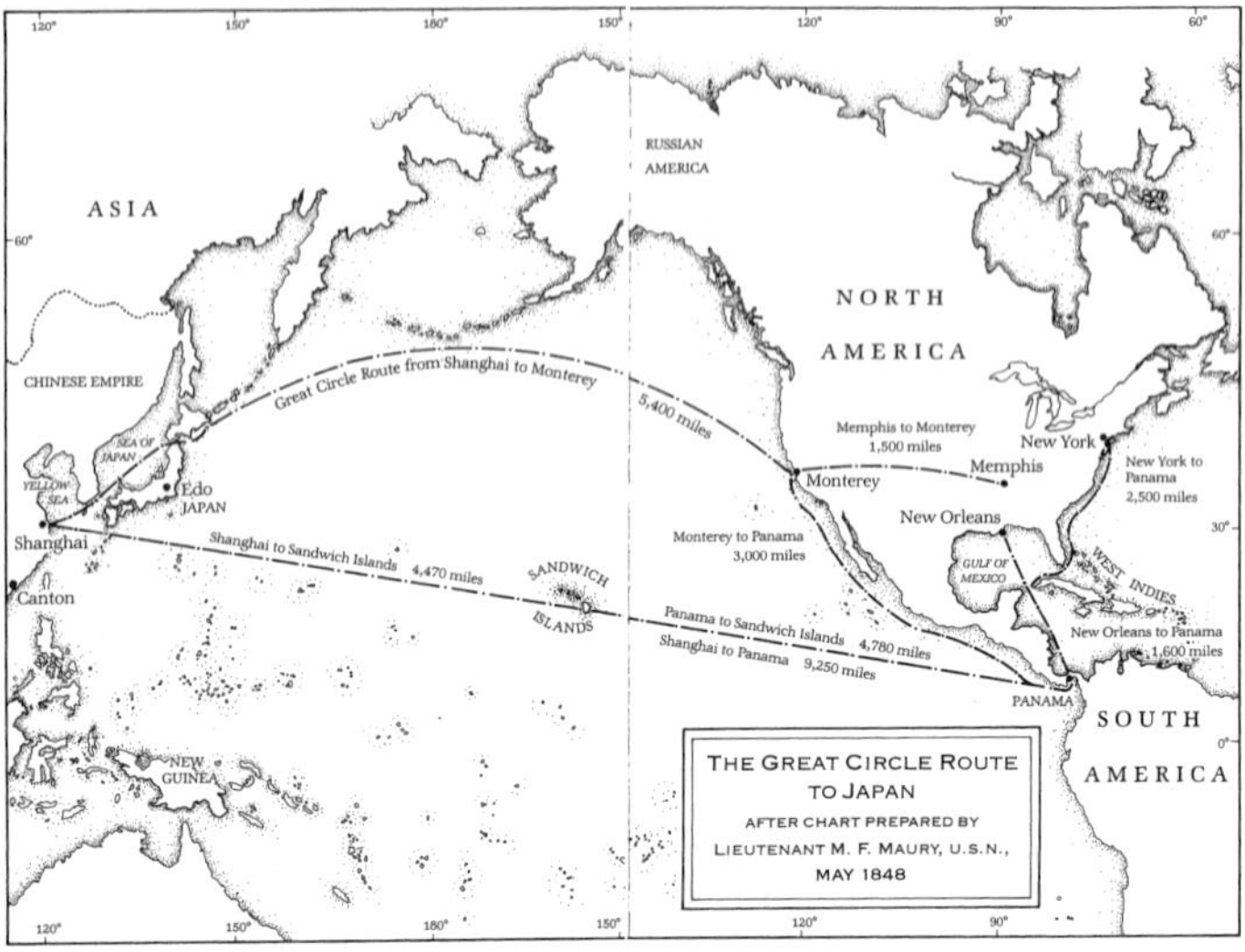


図9　大圏航路（Wiley）

議会海軍委員会の委員長キング（Thomas B. King）である。彼は、この年、さらに、カリフォルニアと上海を結ぶ北太平洋横断航路を開くことを提唱した。キングは、その際、海軍の海洋専門家のアイデアを採用して、北太平洋の大圏航路、すなわちパナマからサンフランシスコを経てアリューシャン列島・千島《ちしま》・日本列島の沖を通って上海に至る最短距離をとることを提案した。それはニューヨークから一万九五〇マイルで約四五日を要し、喜望峰《きぼうほう》・インド洋経由の一万八〇〇〇―二万マイル・八〇日より大幅な短縮になるだけでなく、イギリスのロンドン―カントン航路の所用日数六五日より短いため、中国でのイギリスとの競争にも有利な条件を提供すると期待された。この提案は、ニューヨークの実業界、例えば、ニューヨーク有数の商会で南米や中国との貿易で重きをなし、太平洋蒸気郵船の主たる出資者であったハウランド・アスピンウォール商会などから大いに歓迎された。

このように、蒸気郵船路の開設、カリフォルニア併合、そしてゴールドラッシュといった一連の事件は、アメリカ人の「明白な神意」観に新たな目標を与え、西方への膨張運動を太平洋岸を越えて一気に中国まで駆り立てた。日本は、この中国への道の経過地、特に石炭の補給地としてアメリカ人の視界に登場するのである。また、他ならぬマシュー・カルブレイス・ペリー（Matthew Calbraith Perry）が日本に姿を現すことになったのも、この一連の運動との関わりからであった。彼はアメリカの蒸気海軍の育ての親であったが、メキシコ戦争に際しては、国内艦隊二七隻の司令官に任命され、数々の武勲をあげた。そして、英雄としてニューヨークに凱旋した一八四八年の一一月、政府によって、当時焦点となっていた新設ポスト、蒸気郵船の総監督に任命されたのである。その仕事は、海軍予算からの補助でつくる蒸気郵船の建造を監督し、軍事目的への転用を保証することであった。他のアメリカ人と同様、彼はそれまで注意を東ないし南に向けていたが、メキシコ戦争と郵船監督への任命を機に太平洋も視界に入れることになったのである。

**日本への関心**　これ以前、アメリカに日本への関心がなかったわけではない。一八世紀末から太平洋に進出したアメリカの捕鯨船は、一八二〇年には日本近海に好漁場を発見した。当時ちょうど最盛期を迎えていたが、彼らは当然、日本に水・食糧の供給や嵐の際の避難港にしたいという期待を持つようになった。また、一八三七（天保八）年のモリソン号のように、中国在住のアメリカ人商人の中には、日本との通商に関心を持つ者も現れた。しかし、アメリカ本国において、通商使節を派遣せよという声は、ごくわずかであった。ニューヨークの商人パーマー（Aaron H. Palmer）はしばしば議員たちに通商使節の派遣を訴えていたが、無視されていた。しかし、日本沿岸で遭難したアメリカ船員たちが日本で虐待されているという知らせが届くと、事態は一変した。

一八四六（弘化三）年五月、捕鯨船ローレンス号が台風にあい、その乗員のうち七名がエトロフ島に漂着した。松前藩は、慣例に従って彼らを収容し、松前から船を仕立てて長崎に送った。長崎奉行は、彼らを受領の上、一〇月、オランダの定期船に乗せてバタビアに送還した。彼らは日本の待遇に著しい不満を持ち、『シンガポール・フリー・プレス』に伝えた。一八四八（弘化五〈嘉永元〉）年一月六日の記事によると、アメリカ人船員が不当な虐待を受け、うち一名は脱走を企てて殺害されたということであった。実際には長崎で病死したものである。このニュースが東アジアの西洋人社会で話題になった頃、再びアメリカ人船員が長崎にいるという噂が伝わった。一八四八年六月に蝦夷地《えぞち》に上陸した捕鯨船ラゴダ号の船員一五名である。ラゴダ号の船員は、アメリカ人七名、ハワイのカナカ人八名で、難破・漂流したと供述したが、実は津軽《つがる》海峡付近で本船を脱走・放棄した者たちであった。彼らは、船を脱走したくらいであるから、松前や長崎の収容所でしばしば脱走を試み、カナカ人の一人は前途を悲観して自殺した。日本側は決して虐待したわけではないが、彼らがあまりに反抗的なため、厳しく監視・拘束せざるを得なかったのである。その証拠に、翌月、蝦夷地のリシリ島にやってきた船員ラナルド・マクドナルド（Ranald MacDonald）は、松前でも長崎でも厚遇された。彼は、北部太平洋岸で商業と開拓を行っていたハドソン湾会社の社員とチヌーク・インディアンの族長の娘の間に生まれた混血児であった。成長して白人社会にいたたまれなくなり、世界冒険に出かけて、その最初に日本への潜入を企てたのである。漂流と偽ってはいたが、彼は努めて日本人と友誼《ゆうぎ》を結ぼうとし、教養があり、書物を携えてもいたため、扱いは異なった。彼は、長崎の収容所で、後に外交交渉の第一線で活躍する森山栄之助（のち多吉郎）ら通詞《つうじ》との間に日本語と英語の交換教授を行った（『日本回想記』）。

ラゴダ号船員は通常ならオランダ定期船で送還されるはずであったが、長崎奉行は江戸からの指令が到着せぬとの理由でそれを見送った。そのため、カントン駐在のアメリカ公使デイヴィス（John W. Davis）は、オランダからその通報を受けると、東インド艦隊司令官ゲイシンガー（David Geisinger）に彼らの引き取りを要請した。ゲイシンガーは軍艦プレブルの艦長グリン（James Glynm）に対し、長崎に赴いて断固たる態度で引き渡しを要求し、もし埒《らち》が開かぬようなら江戸に直行して政府と直接交渉するよう命じた。その結果、一九四九年四月、ラゴダ号の船員の生き残り一三名（一人病死）、およびラナルド・マクドナルドは長崎奉行からプレブルに引き渡され、上海に向かって日本を後にしたのである。

**アメリカ政府**　この事件に関するグリンの報告は、翌一八五〇（嘉永三）年になってワシントンに届いた。これを機に、議会両院は行政府に日本に関する報告を求め、行政府は日本への使節派遣を検討し始めた。当時政権を担当していたのはウィッグ党（後の共和党）である。大統領は、この年死亡したメキシコ戦争の英雄タイラー（Zachary Taylor）の後を襲ったミラード・フィルモア（Millard Fillmore ニューヨーク西部が地盤）、国務長官はタイラー政権以来の重鎮ダニエル・ウェブスター（Daniel Webster）、海軍長官はウィリアム・グレイアム（William Graham）であった。ペリーは民主党に近かったが、ウィッグ政権下でも依然として蒸気郵船総監督の地位にあった。

この時、日本への使節派遣のリーダーシップをとったのは海軍長官グレイアムであり、彼は他ならぬペリーに計画の立案を依頼した。ペリーは、翌一八五一年一月には早くも素案をグレイアムに書き送っている。その骨子は、計画は秘密裏に行われるべきこと、目的は捕鯨船のための開港であること、訪問地点は日本側の術策を無効にするため長崎を避けて蝦夷地の松前か函館とすること、突然出現して力を誇示し、本土との交通を遮断して現地人を味方につけ、日本政府を交渉の場に引きずり出すこと、要求の根拠としては世界において少数派は多数に譲るべきであるという原則を掲げ、外国人船員への不当な扱い、さらにモリソン号への不当な砲撃も問題とすること、派遣隊は外交官を排除し、海軍を主体とすること、一旦開港させれば後から貿易と外交が始まるはずで、外交官に仕事を任せるのはその段階からにすること、というものであった。

グレイアムとペリーは、国務長官ウェブスターと大統領を動かすため、直接・間接に働きかけた。ウェブスターは直ちにこれを取り上げ、国務省内で日本への使節派遣に関する調査を始めさせた。フィルモアと彼は前政権と違って平和的な膨張政策を目指していた。南部の民主党員や海賊たちがキューバに侵攻し、これを奴隷州として編入しようと企てたのを阻む一方、平和的な商業の展開を重視し、その最良の手段として太平洋の蒸気郵船路を位置づけたのである。

この年の議会では、フィラデルフィアの実業家が、サン・フランシスコから中国に至る蒸気郵船開設を提案した。蒸気郵船一〇隻を建造し、うち六隻を太平洋横断航路に当て、そのために五〇〇万ドルを貸与しようという案である。議会は党派的思惑でもめたが、結局、蒸気郵船への補助金増額を可決した。いずれの政党も蒸気郵船に利害関係を持ち、ゴールドラッシュ下の政府にはこのような浪費を可能とする財源の余裕がたっぷりとあったためでないかと思われる（年間予算四八〇〇万ドル中、黒字五〇〇万ドル）。

一方、ウェブスターは、四月末に、駐米オランダ大使から、先に照会していた日本事情に関する回答を受け取った。日本付近の海図の提供を受けた上、一八四二（天保一三）年に日本が漂流船への薪水供給を始めたこと、しかし同政府はオランダに対し、この措置は長年の鎖国制の変更を意味しないと他の列強へ伝えるよう依頼してきたと知らされたのである。

彼はしかし日本への使節派遣を決意した。五月末、当時東インド艦隊司令官に任命され、日本人漂流民を送りがてら、日本に通商交渉に赴く意志を表明していたオーリック（J. H. Aulick）に白羽の矢をたて、次のような訓令を与えた。諸大洋を結ぶ蒸気船航路の最後の鎖が閉じられる時が近づいた。大統領の意見では、サン・フランシスコから中国への蒸気船航路を設ける措置をとるべきである。それには中途で石炭を補給することが必要であるが、日本には「神の摂理の賜物」たる石炭が埋蔵されている。アメリカは「日本皇帝の職人や百姓が作った物でなく、万物の創造者によって人類を利するよう日本列島の奥深く蓄えられた物」を買いたい。その成否には「商業だけでなく、人道上の利害」もかかっている。石炭の供給地としては日本の東部にある一港が望ましいが、日本人が拒む場合は、一旦離島に運ばせ、そこで供給を受けても良い。

ウェブスターは、このように石炭の供給を第一の目的にあげたが、貿易に関する条約とアメリカ人難破者の保護に関する取り決めについても交渉するように訓令した。その際、大統領フィルモアの日本国皇帝あての国書をも交付している。それは「日本国皇帝陛下、偉大かつ善良な友よ」という書き出しで始まる単純・素朴な文面であった。まずオーリックは布教でなく、友好と通商のために送る使節だとことわった上、アメリカは今や二大洋に接する国家となり、太平洋岸には金銀・宝石が多数産出すること、さらにアメリカの蒸気船は二〇日以内で日本に到達できるようになり、日本沖を通過して中国へ向かう船が年々増していること、それらは石炭とそれを購入できる港を必要としていることを記し、次のように結んでいる。

最近の出来事は我ら二ヵ国をこのように近づけました。そこから新しく生まれた利益についてよく考えようではありませんか。また、友情・親善そして交際が両国を統治する者の心にどんな霊感を吹きこむかも。

一八五一年六月八日、オーリックは新造の蒸気フリゲイト、サスケハナに乗って中国に向かった。しかし、彼は、悪質なゴシップの標的とされ、その結果、中国に着いてまもなく、一一月一八日付で、司令官を解任されてしまったのである。

**ペリー自身の派遣**　グレイアムは、オーリックの代わりにペリーを指名した。ペリーは日本開国の立案者ではあったが、その実行にあたる意志は持たなかった。彼はこの年すでに五七歳。功なり、名を遂げ、子孫たちに囲まれた安楽な私生活を期待し、地中海艦隊司令官に転じて経歴を終えるのを望んでいたのである。グレイアムはその彼を最果ての地、極東に送らねばならなくなった。ペリーは艦隊の任務と規模を望むだけ拡大し、日本行を一大壮挙とする条件の下にこれを受け入れた。メキシコ戦争の際にペリーの旗艦だったミシシッピをはじめ、蒸気フリゲイト四隻を含む一二隻の艦隊を用意するという約束を取り付けたのである。故障その他の事情が重なって、実際には一〇隻に留まったが、その勢力は、合衆国艦隊の約二〇パーセントに及び、平時における最も巨大な艦隊となった。ペリーはまた、学術調査も任務に加えた。画家や学者を雇い入れたが、熱心に同乗を希望したシーボルトは退けた。ペリーはその大著『日本』を読んで大いに利益をえたが、彼が日本から追放された身で、交渉に障害となるおそれがあるため、同行を拒んだのである。

ペリーは一八五二（嘉永五）年三月に極東に向かう予定であったが、出発は大幅に遅れた。大統領選挙を前にした議会の党派争い、郵船疑惑の発生、紛争調停のためのカナダ出張などが降りかかり、国務長官代理コンラッド（C. M. Conrad）から新たな訓令を受け取った時はすでに秋になっていた。

一、この島々で難破したり、天候のため入港を余儀なくされたアメリカの船員と財産を保護するため、何らかの恒久的取り決めを結ぶこと。

二、アメリカの船が、食糧・水・薪その他の供給を受け、また災害にあった際に航行を全うできるよう修理するため、一つないしそれ以上の港に入港する許可を得ること。貯炭所の設置許可を得るようできるだけ力を尽くすこと。本島でなくとも、少なくとも日本近辺に幾つかあるといわれる小さな無人島の一つにでも。

三、我々の船が、積み荷を売買または物々交換によって処分するために、一つないしそれ以上の港に入港する許可を得ること。

これらの課題を達成する方法として、訓令はペリーに、何らかの威力を誇示することが重要であると指摘し、日本海岸の適切な地点に向かって全勢力を率いて進出した後、日本政府との交渉に入り、できれば皇帝と会見して大統領の国書を捧呈《ほうてい》するよう求めた。ただし、大統領に宣戦の権限のないことに注意を促して、自己防衛か、ペリーまたは士官が個人的に傷つけられた場合を除き、力を行使してはいけないとの制限を付し、また威厳を損なわず、しかもできるだけ礼儀正しく我慢強く振る舞うようにも求めた。さらに、ペリーに大幅な自由裁量権を与えて慣例からの逸脱や判断の誤りを大目にみると約束し、中国政府に提起した賠償請求に重みを添えるため中国滞在をペリーに求めたものの、日本行に深刻な遅れや不都合を生まぬ限りでよいとした。

この訓令は、ウェブスターがペリーの意向を十分に汲んで起草させたものであったが、ペリーにはこれに見合う新しい国書が大統領フィルモアの名で与えられた。その文面はオーリックに授けられたものと基本的には同旨であったが、通商の開始方法について新たな提案が付加されている。五年ないし一〇年の試行期間を置き、その後に修正してみてはどうかとの文言を入れて、日本の態度軟化を誘おうとしたのである。

一一月、ペリーは、ようやく日本への途に上った。蒸気艦プリンストンの改造の竣工《しゅんこう》を待っていたが、その使用不能が判明したため、一一月二四日、馴染《なじ》みの艦ミシシッピに搭乗し、一隻のみで海軍基地ノーフォークを後にしたのである。

# 第六　ペリーの到来—危機接近の知覚と最初の接触—

一八四六（弘化《こうか》三）年のビドゥルやセシルの来訪後、西洋使節の渡来はもはや仮想上の事態ではなくなった。徳川公儀の海防掛《かいぼうがかり》は、それを一過性のものと見なそうとしたが、避戦対策の重要性に関しては、先のオランダ国王の勧告に信を置くようになった。異国船打払令《うちはらいれい》の復活や海防の強化に腐心した阿部正弘《まさひろ》が、次に来るべき使節にいかに対応すべきか、焦慮していたのは無論である。

## 一　袋小路の苦悶

**米使渡来の通報**　オランダは、日本による開国勧告と通信の拒絶の後も、年々のオランダ風説書《ふうせつがき》を通じて、啓蒙の努力を続けた。まず行ったのは、アヘン戦争の結果、大清《だいしん》と西洋諸国が結んだ条約を知らせることである。一八四五（弘化二）年の別段《べつだん》風説書で英清講和条約（南京《ナンキン》条約）と五港通商章程の全文を伝えたが、その後も翌年に仏清条約、その翌年には英清間の補足取り決めの内容を報じている。次いで、一八四八（嘉永《かえい》元）年からは、イギリスを中心に大清駐在の西洋海軍の艦名・艦種・備砲などの記事も載せるようになった。その頃には、アヘン戦争が一段落したにもかかわらず、別段風説書の内容は増し、オランダの内情や大清・東インド関係だけでなく、パナマ地峡《ちきょう》の鉄道と運河の開設計画、アメリカ—メキシコ戦争、カリフォルニアでの金鉱発見、その合衆国編入、ヨーロッパの一八四八年革命とその影響など、極めて豊富になった（安岡昭男）。

日本との通商計画については、南京条約の締結直後に商館長が非公式の噂としてイギリスの企てなるものを報じたが、一八四七年にも同じ形式で、イギリスの香港総督にその計画があるが、大清との紛争でしばらく延引するだろうと伝えている。その後、一八五〇年になると、別段風説書でイギリスとアメリカでの動きを伝えた。イギリス領インドの商人がバーミンガムの商人とともに、日本・朝鮮・交趾《コーチ》・暹羅《シャム》などとの通商を望み、英国政府に関係規定の有無を照会したという事実、およびアメリカの国務長官が日本との交易を計画しているとの噂である。先のビドゥルやセシルに対する拒絶にもかかわらず、なお複数の西洋国家が日本への使節派遣を計画していることは、少なくとも阿部とその側近には強い警戒心を呼び起こしたに違いない。しかし、翌一八五一年の別段風説書は、イギリスとアメリカがタイへ使節を送ったが、通商の約が成立しなかったとも報じた。外務担当者はこちらにも深甚《しんじん》の興味をもったことであろう。

オランダからの通報に加え、一八五一年正月には、土佐の漁民中浜万次郎《なかはままんじろう》ら三人が帰国して、アメリカの実状と使節派遣に関するより詳しい情報を伝えた。彼らはちょうど一〇年前に嵐にあって吹き流され、アメリカの捕鯨船に救助されていたもので、帰国費用を蓄えて中国行きの船に乗り、琉球《りゅうきゅう》付近でボートを下ろして帰着したのであった。在琉球の島津藩士は早速事情聴取を行ったが、アメリカで初等教育を授けられていた万次郎の証言は極めて詳細なものであった（『島津斉彬《なりあきら》文書』中—二〇七頁以下）。その中で彼は、イギリスの遣日使節計画の噂はアメリカ船に救助された頃からあったが、最近は「余程色に顕《あらわ》れ、実等敷様《まことらしきよう》」聞こえるようになったと証言し、二、三艘で江戸を訪れ、通商要求を拒絶されたら戦争に訴えるだろうという風聞で、戦争する場合は一隻を本国に返し、三ヵ月以内に数艘で押し寄せることになろうとの観測を述べている。アメリカについては、蒸気船による中国への太平洋横断航路の開設のため、九州付近の出崎や島を借りて貯炭所を設ける「心願」を有していると述べ、通商の希望もある、ただし戦争や領土侵略の意図はないと証言している。万次郎の陳述には、当時の米英関係を反映してイギリスを悪者扱いにするバイアスがあったが、アメリカに関する情報は極めて正確であったと言えよう。万次郎らの身柄は、七月に鹿児島に移され、九月に長崎に送られた後、翌年六月、長崎奉行から高知山内《やまうち》家に引き渡された。各段階で同様な事情聴取が行われたが、一八五一年一一月の長崎奉行牧義制《よしあや》の調書には英米の使節派遣に関する記事が見えない。万次郎らの経験と太平洋各地の実況は詳しく記されているが、奉行が万次郎らのもたらした外交情報を聞き取り、江戸へ伝えたか否かは不明である（『中浜万次郎集成』）。

しかし、アメリカの遣日計画は、まもなく、オランダ政府から公式に通告された。一八五二年六月、ペリー来航のちょうど一年前、ジャカルタ政庁の評定官ドンケル・クルティウス（Jan Hendrik Donker Curtius）が出島の商館長に着任し、日本当局にその詳細を伝えたのである。彼の任務は、アメリカ政府の依頼によって使節派遣の目的を日本に知らせ、先の国王による勧告の趣旨と同様に、日本を開国への道に誘導することであった。彼の提出した別段風説書には次の記事が記されていた。「北アメリカ共和政治の政府」が日本に使節を遣して、日本皇帝に書簡を送り、日本人漂流民を送還すること、その書簡では「日本港之内二三ヶ所北アメリカ人交易の為開度《ひらきたく》、且日本港之内都合宜敷《よろしき》所に石炭を貯置、カリフヲルニヤと唐国と蒸気船の通路に用ひたく願立」るだろうこと、最近のニュースによると、使節が「アウリツキ」から「ヘルレイ」に交替したこと、アメリカの在清艦隊が増強されて旗艦の蒸気船ミシシッピをはじめ九隻となったこと、この艦隊は「上陸囲軍」の用意をしているが、来年四月下旬（日本暦で三月初旬）以前には出帆せず、もう少し遅れる可能性もあること。この風説書により、徳川公儀はアメリカの使節派遣の噂がかなり確かなことを確認し、同時に、もし在清艦隊の大部分が江戸湾を訪れるならばその湾内進入の阻止は不可能なことを知ったはずである。

**オランダ再勧告の黙殺**　クルティウスは、風説書の提出とともに、王命によりジャカルタ都督の長崎奉行あて書面を携行していることを明らかにし、その処置方を問い質した。奉行牧義制は、一八四五（弘化二）年にオランダに対して通信の拒絶を通告したことに鑑みてその受け取りを躊躇《ちゅうちょ》したが、江戸の幕閣に処置の指示を仰ぐことにした。おそらく、王命の重みを考え、かつ別段風説書の内容をみて無視しえぬと判断したためであろう。幕閣はこれに対し、都督書簡を返答を要さぬ筆記とみなし、別段風説書と同様の手続きをもって受け取るように指示した。八月中旬に受理されたその内容は、アメリカの使節派遣について注意を喚起した上、国王の命により特に高官クルティウスを送ると述べ、彼に日本が西洋諸国との戦争の禍を免れ、しかも国法にも響かぬような「方便」を授けたので、日本側も委員を任命してこれと商議されたいというものであった（『開国起源』。田保橋潔1）。しかし、日本側は委員の任命を避け、時日のみが経過するのを恐れたクルティウスは、九月、牧の江戸帰任を前に「方便」の内容を書面にして提出した。それは次のように述べている。アメリカの交易への意志は堅く、また航海を業とする諸国民はみな日本が船の修復や食料供給の便宜をはかることを希望している。来たるべきアメリカ使節は多くを要求するだろうが、すべてを拒絶するのは今後の「確執」を防ぐため避けた方がよい。オランダ以外の船にも入用の品の供給や病人の養生の便宜を与え、さらに「日本国に往古より敵対不仕《つかまつらざる》国々之者」には望みあらば長崎で通商を許すべきである。このように記した上、クルティウスは具体的な条約草案を示し、これをアメリカとの交渉で提示すれば安全に切り抜けられるはずだと勧告した。オランダ以外への通商許容は国法の緩和にほかならないが、草案には、開港地を長崎一港に限ったり、私貿易を防ぐために日本商人を江戸・京・大坂・堺・長崎の五ヵ所に制限したり、金銀の交換を避けるため取引手段を日本政府発行の手形に制限したり、外国商人が過剰に商品を持ち込まぬよう程よく関税を定めるなどの条項がある。政策転換をはっきりと勧めながら、そのショックを和らげるため、通商の具体策については従来のオランダ貿易とさほど変わらない会所貿易を提案したのである。このオランダ提案は、アメリカの意図とは内容がずれていて、かつての国王勧告と同様、「通商」に焦点を当てていた。日本人の出入国を視野の外に置くだけでなく、「通信」＝国交や開港など、他の問題から日本側の注意を逸《そ》らす結果となったと思われる。

日本政府はこのオランダの二度目の開国勧告を黙殺した。一一月中に海防掛・三奉行・大小目付《めつけ》・

筒井政憲《まさのり》など徳川中枢部の役人が評議を行っている。しかし、今のところ、その結論を示す直接の史料は発見されていない。ただ、評議の原案とされたはずの長崎奉行牧義制の意見については、次のような伝聞がある。

和蘭甲比丹《オランダカピタン》貪欲之者に而《て》、自然亜国より交易筋等申上に相成候とも、元来御免許無之《これなき》御制禁之国柄故、御差許は有之間敷《これあるまじく》、左候得《さそうらえ》は亜蘭陀《オランダ》へ御国地の産物沢山に御渡しに相成候様仕度《つかまつりたく》、右品を以《もって》和蘭に引受、御国産亜墨利加《アメリカ》へ相渡、以後渡来不仕《つかまつらざる》様取計可申《もうすべし》との甲比丹存念に而申立候趣之旨、長崎奉行牧志摩守《しまのかみ》申立候事に而、全く渡来可致《いたすべき》義には無之《これなく》（後略）

すなわち米使渡来は虚報であり、クルティウスはこれを利用して独占的な対日貿易を拡大しようと企んでいるのだというのである（外国一―二〇頁）。

この史料は伝聞の伝聞であって扱いには慎重を要する。これは、浦賀奉行与力香山栄左衛門《かやまえいざえもん》、翌年のペリー来航に際して第一線で応接に当たった人物の後年の証言である。彼は、一八五二（嘉永五）年秋、米使渡来の噂を聞きつけて奉行水野忠徳《ただのり》にその真偽如何や準備の必要につき問い質し、その結果、年末になって阿部正弘の内命によるとして上記の話を聞かされた。伝聞の上、水野は米使渡来の噂を打ち消そうと努めていたから、そのまま信ずるわけにはゆかない。しかし、クルティウスの意図についての観察はともかく、これを特定の国（この場合はオランダ）を優遇して、他国への通商拡大を抑制しようという提案として読むならば、かなりの信憑性があるのではなかろうか。「夷を以て夷を制」する策略は、軍事的劣勢が広く認識されていた当時、しばしば提案され、実際、翌年には、ロシアに通商を許し、その代償にアメリカの要求拒絶を手伝わせようとの提案がなされるのである。

日本政府は、オランダに対して、いっさい意志表示をしなかった。評議の結論は、オランダへの利益供与と引き替えにアメリカの要求を拒もうという案も否定し、従来どおり、鎖国《さこく》政策の可及的維持をめざすものではなかったかと思われる。返事をせぬこと自体が拒絶の意志表明なのである。その背後にあった思考は、推測に難くない。鎖国維持の基本方針に立てば、実際にアメリカの使者が現われ、交渉に入る前に通商拡大を決めるのは、愚かである。先のビドゥルは拒絶の意志を表明すると直ちに引き上げたし、タイへの通商使節も条約締結に至らなかった。イギリスの使節は何度も噂されながら到来しなかった。このたびはオランダ政府から正式の予告があったが、来ない可能性がゼロとはいえない。そのような状況で、あらかじめ通商許容の可能性を少しでも示唆するならば、西洋諸国は開国への期待を一気に高め、他国からも使節が殺到して、鎖国維持の可能性は乏しくなるだろう。ジャカルタ都督の公文は単なる筆記として返答を要さぬという条件の下で受け取ったのだから、ここは黙殺して日本の態度の堅さを印象づけるに限る……。おそらくこのような理由で、ペリー渡来前のオランダによる通商交渉は不発に終わったのである。

**一見無策**　では、鎖国を堅持するとして、徳川公儀はどのような手だてを講じたであろうか。よく知られるように、表に現れたものは極めて少ない。以前であれば、阿部正弘は、まず異国船打払令の復活を提案したはずである。しかし、今回は一切そのような動きを見せなかった。これは、彼が鎖国の維持以上に戦争の回避を重視せざるを得なくなったことを示している。戦争を回避するには国内に主戦論を台頭させかねない行為は慎まねばならない。勿論、予想されるペリー艦隊に対抗しうるだけの防備が、一年以内に敷《し》けるならば、話は別である。

公儀は海防の強化もまったくといってよいほど行わなかった。江戸湾口については、クルティウス到来直前の五月に、二年前の調査に基づいて行われた湾口の台場の模様替えと大森の町打ち場の新設工事が竣工《しゅんこう》したが、その後は湾口台場を再び強化したり、浦賀用に小型洋式船の建造を決定した以外には目だった変更は行われなかった（『南浦書信』）。たとえ戦争をする気がなくても、またたとえ一、二隻を目度とした防備の現状と在清アメリカ艦隊の規模に懸隔があったとしても、防備の強化は通商拒絶の交渉の支えとなったはずである。不思議といわねばならない。しかし、これには偶然生じた止むをえぬ事情があった。五月に江戸城の西丸《にしのまる》が焼失し、再建工事を始めたばかりだったのである。御殿の再建には、徳川公儀の金方歳出のほぼ一年分の巨費がいった。この時はできるだけの節約がなされたが、それでも約九九万六〇〇〇両がかかった（大口勇次郎1）。しかも、阿部政権誕生のきっかけとなった一八四四（弘化元）年の苦い経験を考えると、その費用を大名からの上納に仰ぐことは、できるだけ抑制せねばならない。西丸の再建を続けながら、さらに海防の強化にも巨費を投ずるのは、著しく困難となっていたのである。勿論、理屈の上では、大規模な貨幣改鋳に踏み切って収入を増やしたり、御殿の工事の中止や延期によって海防の財源をつくることも可能である。しかし、当時の勘《かん》定方《じょうかた》は、松平近直《ちかなお》をはじめ、均衡財政を金科玉条としており、臨時費の支出に当たっては、徳川の「御威光」の誇示に必要な徳川の宗廟《そうびょう》や城の修築を最優先としていた。一旦始めた西丸再建を外国からの風説によって中断することは、徳川の威信を損なうこと甚だしい。まして、使節が到来しなかった場合、政府のうろたえぶりは天下の笑いものとなるであろう。島津斉彬との対談の様子を見ると、阿部はこのような考え方に不満を持っていたが、実際にペリーが現れるまで、思い切った海防措置はまったく取れなかったのである。

こうして、海防の飛躍的強化ができぬ以上、公儀としては、ペリー到来まで、政策選択の自由を確保することが至上命令となった。戦争の噂に世間が動揺して鎖国政策が維持できなくなっても困るし、逆に主戦論が台頭して避戦対策がとれなくなっても困る。そこで、徳川公儀は、海防の役を課したごく少数の大名や有司には正確な情報を伝える一方、一般に対しては長崎から漏れた米使渡来の噂を極力打ち消し、世論の形成を抑制しようと図った。先にみた浦賀奉行与力の香山栄左衛門や同役の樋田多太郎が不満としたのもこの点であった（外国一―一六五頁）。奉行は、内情を十分知りながら、浦賀の第一線に立つ役人が海防の準備を心配しても、その必要はないと強いて断言し、決定権を持たぬ身分が自発的な行動に出るのを抑制したのである。

この方針は大名に対しても一貫している。公儀は、年末に特別な海防の役を課していた大名に、この年の別段風説書の抄訳を布達《ふたつ》して海防の心得とさせた。抄訳といってもクルティウスの着任とアメリカ関係記事の全文を載せたものである。浦賀奉行与力樋田多太郎によると、浦賀警衛の四家と奉行には年末に下されたという（『大日本維新史料　井伊家史料』は、井伊家あての別段風説書を七月に溜詰《たまりづめ》に布達されたものとしているが（二―二三五号）、年末に浦賀関係者に一斉に与えられたとする方が自然であろう。同じ文書を阿部が一一月二六日に島津斉彬に達した事実を考えると、その前後のことではなかろうか)。また、阿部は、福岡の黒田斉溥《なりひろ》と佐賀の鍋島斉正《なりまさ》に対しても同様の措置をとっている(『島津斉彬文書』下―一三八号。岩下哲典)。これらの末尾に付された注意書には次のような文言がある。この風説は確かとは思えないが心得として達する。世上には雑説もあるようだが、ここに示す以外に知らせるほどの事実はない。これは極秘であって、世上に流布しては人心が動揺するので他に漏らさぬように。警備は油断してはならないが、「事《こと》ヶ《が》間《ま》敷《しき》用意」はしないように、と。徳川公儀は、海防役を課した大名には米使渡来に関する正確な情報を与えたが、世論の動揺を恐れて、その漏洩《ろうえい》防止を命ずるのは勿論、海防強化の努力自体も抑制するように求めたのである。以前はこのような場合、浦賀の四家に対しては海防に関する諮問が下された。しかし、今回は、公儀中枢の有司は別として、大名への諮問は一切行われなかった。オランダの通商提案に至っては厳秘に付し、その結果、風説書の内容と異なって、どこにも漏れていない。徳川公儀は通商の可否は無論、海防についてすら、事前に世論が形成されて手を縛られるのを嫌ったのである。

この点は、徳川三家が埒外《らちがい》におかれていた事実にもよく示されている。尾張《おわり》の徳川慶勝《よしかつ》は一二月初旬、米使渡来の噂を聞きながら、公儀から通達がなく、直接要求する手だてもないので、つてを頼って島津家から風説書を入手し、これを水戸の徳川斉昭《なりあき》にも回した。その回顧には、「幕朝より和蘭機密書、薩摩・黒田・鍋島え機密之義以書付《かきつけ》内々被仰出《おおせいだされ》、三家えは更に不相渡《あいわたらず》候義に付、三家に而《て》甚不服之義に有之、執柄え相尋候処、其後和蘭機密之書相渡候様に相成候」とある(岩下哲典・一九七頁)。

徳川斉昭の場合、以前から伊予宇和島の伊達宗城《だてむねなり》のほか、様々な手づるを通じて非公式に風説書を手にいれていたが、宗家から入手した形跡はない。阿部正弘との往復書簡集『新伊勢物語』には多くの外交上の機密事項が載せられているが、そこにも見えない。当時の公儀は、系譜上の親疎の関係より海防の実務上の関係をはるかに重視していたのである。

**大大名の不満**　このような秘密主義は有志大名の間に強い不満を呼び起こした。それが特に甚だしかったのは、将軍家の近い親族でありながら無視された尾張の慶勝や越前の松平慶永《よしなが》、長崎の海防役を負担しながら相役の佐賀や琉球《りゅうきゅう》を持つ薩摩《さつま》ほどに優遇されなかった福岡の黒田斉溥《なりひろ》らであった。水戸の徳川斉昭の場合は第四章にみたように阿部から特別な待遇を受けていた結果、表面上は批判的な行動をとっていない。公儀はこの年の暮れに水戸家当主の慶篤《よしあつ》に将軍の養女との婚儀を挙げさせ、それに先立って一一月には斉昭を一〇年ぶりに江戸城へ登城させて、将軍自ら手厚くもてなした。彼は、裏面の事情を知りながら、自らの政界復帰を成し遂げるのを最優先していたのであろうか。松平慶永が伊達宗城から米使渡来の噂を聞きつけて、無為を決め込む公儀への諫言を求めたのを軽くいなし、登城の際に阿部に対して姑息《こそく》の了見で済ませるのは不可と簡単に述べるに留まっている（『新伊勢物語』二五一頁）。

一方、一二月末、黒田斉溥は徳川公儀に長大な建白書《けんぱくしょ》を差し出すという異例の行動に出た（岩下哲典・史料編史料五）。その本文では、別段風説書の要旨を確認した上、アメリカの通商要求を拒めば必ず戦争となり、伊豆大島を占拠されて江戸への回船路を遮断されたり、品川まで侵入されて江戸を焼き討ちされる恐れがあり、逆に通商を認めれば一時はしのげるが他国の要求も引き出して面倒になるだろうと予想し、いずれをとるにせよ本格的な海防対策が必要と述べて、軍艦の建造を主張している。また別紙では、次の事項に留意を求めている。海外事情の聴取と軍艦の建造のため中浜万次郎を登用すること、有司の中には米使の渡来がありえぬとする向きもあるようだが、準備なしに来航を迎えては手の付けられない事態となるから、早く評議の結論を出すこと、異船が品川に乱入して将軍の江戸立ち退きとならないよう「必勝之良策」を立つべきこと、風説書を徳川三家ほかしかるべき大名にも伝え、特に三家には対策の相談もすること、人心の動揺を恐れて海防を抑制するのは不可であること、すなわち「今日の人気《じんき》立候事を御厭《おいとい》相成、万一之節御不手際と、只今御厳重之御備《おそなえ》被仰付《おおせつけられ》候而、当時人気立候と、軽重如何可有之哉《いかがこれあるべき》」。斉溥は、浦賀の問題は役儀外であり、不敬の段は恐れ多いが、先年来公儀のご高恩をこうむり、万一日本の恥辱となってはなお恐れ多いので建議すると断っているが、実に率直な、厳しい批判といわねばならない。

このような批判は、勿論、徳川公儀の好むところではない。従来でも、天保《てんぽう》期の三方領地替えや上知令《あげちれい》、そして一八四四（弘化元）年の江戸城再建問題のように、公儀の施策が多数の間に不満や違和感を引き起こし、「人気が立」った場合には、不可能ではなかった。しかし、事が実際に起きる前の、しかも不作為をついたこの批判は、極めて稀で大胆な行為と言わねばならない。しかし、当時、公儀はこのように正面きって批判され、恥辱を被っても、沈黙を守らざるを得なかったのである。かかる意見が徳川慶勝ら他の大大名にも伝えられて深い共感を得ている可能性があること、さらに正論であるがゆえに多くの潜在的支持者があると推測されたためと思われる。実際、ペリー来航後には外交の名による政府批判が公然化し、外交環境を左右しただけでなく、公議運動の基礎条件を提供することにもなるのである。

以上のように、徳川公儀はペリーの渡来を予知しながら、ほとんど無為に過ごした。オランダの通商勧告は黙殺し、海防の再強化には手を付けず、専ら米使渡来の噂の打消しに努めたのである。しかし、手をまったく打たなかったわけではない。政府の内部においては、有為の人材をしかるべき役職に配置し始めた。例えば、九月、長く奈良奉行の閑地にあり、前年に大坂町奉行に転じられていた川《かわ》路聖謨《じとしあきら》を勘定奉行として呼び戻し、また浦賀奉行戸田氏栄《うじひで》の殿席を勘定奉行の次席に引き上げ、さらに高島流砲術家の下曾根《しもそね》金三郎《きんざぶろう》の身分を小性組《こしょう》から二丸《にのまる》留守居《すい》に引き上げている。下曾根は、翌一八五三（嘉永六）年三月には、砲術教授と大砲鋳造のため浦賀に派遣された（『南浦書信』）。その五月には、学問吟味の及第堀利熙《としひろ》を目付に登用し、以後、この地位に永井尚志《なおむね》・岩瀬忠震《ただなり》・大久保忠寛《ただひろ》らの秀才を据えるさきがけとした。一方、大名との関係では、一八五三年二月、島津斉彬に対し、琉球警衛のための大砲船の建造を内許し、四月には正式の許可を与えた。これは前年の参勤後、斉彬が繰り返し申し立てていたことであるが、黒田斉溥の上書が効果を現したのかも知れない。武家《ぶけ》諸法度《しょはっと》の禁ずる大船建造は、変則的な形ではあるが、この決定により事実上破られたといって良いだろう（『島津斉彬文書』下巻―一三六号以下）。

一八五三年四月三日、帰国を前にした島津斉彬は阿部に対面して、次の指示をえた（同前書）。「領分え参り候はば成丈《なるだけ》穏便に取計《とりはからい》、長さきに参候様に、たとへ一度位《くらい》彼方より威《おど》し之ため大砲響かせ候とも不差構《さしかまわず》、無事之方に可取計《とりはからうべし》」。この長崎への回航を指示しつつ、避戦を最優先する方針は、ペリー渡来時の対応で明らかなように、徳川公儀自身のものでもあった。斉彬は、鹿児島への途次、五月二九日、備前の宿駅でアメリカ艦隊の琉球渡来の知らせに接したが、艦隊が浦賀に来航しても「大方、御聞済《おききすませ》の方か、又は帰帆」、すなわち通商の受諾と否とを問わず、戦争は起こらぬだろうと予測している。海防の備えが決定的に不十分である以上、避戦政策は鎖国の維持より優先されねばならない。日本政府は、このような構えでペリーの到来を待っていたのである。

## 二　ペリーの出現

**ペリーの琉球・小笠原訪問**　一八五三年五月二六日（嘉永六年四月二〇日）、ペリーが那覇に姿を現した。蒸気艦サスケハナに乗って長江河口から三日の旅であった。彼は琉球の官吏とその背後の薩摩藩士の抵抗を押し切って那覇に居座ることに成功し、その上で次のような対日交渉方針を立てた。那覇を艦隊の集合基地とし、日本との交渉は二段階に分けて行う。まず日本が鎖国政策を緩めて開港する可能性があるか否かを確認しに出かけ、可能性が認められ、予定の兵力が確保できたなら、大艦隊をもって再度日本を訪れて本格交渉を行う。そうできない場合は、琉球と条約を結び、小笠原に貯炭所を設けて、本土の開港の代替措置とする、というものである。

図10　ペリーの首里城訪問

計画を二段階に分けたのは、予定した「一二隻の堂々たる艦隊」が当面揃う見込みがなく、かつ在清艦隊の一部を中国でのアメリカ人の保護に使う必要が生じたためである。中国南部に挙兵した太平天国《たいへいてんごく》軍が北上して南京に入城し、名を天京と改めて首都としたのは、この年三月のことであった。近くの上海《シャンハイ》に居留していたアメリカ人はその波及を恐れて、ペリーの到着前、在広東《カントン》の弁務官マーシャル(H. Marshall)に保護を依頼し、先着していたサスケハナを上海に呼び寄せていた。ペリーはかかる要請を迷惑と感じたが、まったく無視することはできなかったのである(加藤祐三)。

琉球と小笠原を補給港に確保しようという案は、アメリカからの航海の初期に胚胎《はいたい》した。ノーフォークから東回りで日本に赴く途中、最初の寄港地マデイラで、ペリーは「日本南部の一、二の島」を「捕鯨船その他の船舶」の避泊・補給港として確保しようと書いている(石井孝・三四頁)。補給港には家畜を放し飼いにしようと考え、喜望峰《きぼうほう》では羊や豚、上海では雄牛と雌牛を購入した。琉球に着いたときには、小笠原をその候補地に選んでいた。首里《しゅり》に押し掛け登城して琉球の確保に見込みをつけると、上海に補給船を往復させる期間を利用して、小笠原にも自ら出向いた。二隻を那覇に残し、サスケハナで帆船サラトガを曳いて五日で父島に着いている。ここには、若干の白人に率いられてハワイから入植した人々がおり、入港する捕鯨船に芋・トウモロコシ・果物そして豚や家禽などを供給していた。ペリーは、琉球と同様、ここでも家畜を上陸させ、住民からは事務所・波止場・石炭倉庫に必要な土地を購入した。こうして、日本本土が開港しない場合でも、太平洋上に良好な補給港二ヵ所を確保する見込みをつけたのである（ペリー日記）。

**浦賀　初度接触と言語問題**　六月二三日に那覇に戻ったペリーは、七月二日、四隻の艦隊を率いて江戸に向かった。蒸気船のサスケハナとミシシッピ、スループのプリマスとサラトガである。伊豆沖に到達したのは、七月八日、日本の暦で六月三日のことであった。梅雨の最中で早朝はもやが立ちこめていたが、やがて晴れ上がって伊豆の連山や富士山が見えるようになった。艦隊は、海岸近くを走る日本の帆船を遠望しながら進行し、午後四時頃、浦賀沖に投錨した。

日本との接触は緊張に満ちたものだった。ペリーが慇懃《いんぎん》の中にも断乎たる態度で日本政府に臨む方針を取り、いつでも戦闘できる態勢を整えた上で、日本の国法を意図的に無視する行動に出たためである。日本側は、慣例にしたがって、城ケ島沖を異国船が通過すると浦賀から番船を出し、役人を乗船させて停止を命じようと図ったが、艦隊は番船を寄せつけず、浦賀の前面まで進入してようやく停止した。その時、奉行所の応接掛たちは旗艦サスケハナの舷側《げんそく》に近づいて、巻物に記した退去命令（ペリーによるとフランス語）を提示したが、無視され、乗船も許されなかった（ペリー日記。随行記）。

勿論、ペリーは交渉に訪れたのだから、日本側との意思疎通の準備はしていた。日本語と中国語の通訳としてウェルズ・ウィリアムズ（Samuel Wells Williams）、オランダ語の通訳としてポートマン（Anton L. C. Portman）を、中国で雇い入れていたのである。この接触では、最初、ウェルズ・ウィリアムズが番船に日本語で来意を告げようとしたが、日本側には通じなかった。彼は在清宣教団の一員で、かつてモリソン号で浦賀に来たことがあった。その時送還に失敗した日本人漂流民から日本語を習っていたが、再来までにはかなり忘れていたのである。他方、日本側は江戸の学問所や天文方に出張させていた長崎の唐・オランダ通詞を、一八四七（弘化四）年から毎年夏・秋に浦賀に在勤させることにしておいた（続輯第五―一七四頁）。この時番船に乗っていたのはオランダ通詞の堀達之助と立石得十郎であった。堀は当初オランダ語で呼びかけ、それが通ぜぬと見ると英語で「アイ　キャン　スピーク　ダッチ」と言った。彼はかねて配られていた国旗一覧と艦隊の旗を対照して、アメリカ船に違いないと推測したのであろう。この声に答えて、ポートマンが進み出、ようやく意志が通じ始めた。以後、交渉は主にオランダ語を介して行われ、ウェルズ・ウィリアムズは日本人との社交の際に日本語を話し、中国語書面の往復も担当するという、補助的な役割を果たすことになった（外国一―一〇・一七号、随行記）。

日米の間に直接言語が通じなかったことは、のち、第八章に見るように、和親条約に二つのヴァージョンを生むという興味深い事件を引き起こす。それはまた、日米交渉に際して、アメリカが日本側に降伏の印として白旗を交付したという説に根拠がないことも示している。この説の依拠する史料はアメリカが日本側に「皇朝古体文辞《こうちょうこたいぶんじ》」の文書を渡したと述べているが（外国一一一九号）、当時、ペリー艦隊には、日本人漂流民を含め、そのように高級な日本語を綴れる人物は乗船していなかった。中国にそのような人がいたら、ペリーは必ず連れてきたであろうし、万が一、連れて来られなかったとしたら、残念の旨を日記に記したことであろう。明らかな偽文書である。

さて、こうして言葉は通じ始めたが、交渉が速やかに開始されたわけではない。双方が交渉を有利に運ぶため相手を自分の流儀に引き入れようと努め、それが相手への不信感と文化的偏見で増幅されたからである。例えばペリーは、西洋諸国の中国での経験に鑑みて、日本と対等な関係を築くことを特に重視していた。隣国の中国では、西洋諸国の使節は夷狄《いてき》の朝貢使として扱われ、三跪《き》九叩頭《こうとう》などの儀礼に従わされていた。これはヨーロッパの主権国家間の対等な外交儀礼と著しく相違しており、今や力の優位を確信していた西洋人には到底受け入れられるものではなかった。日本の華夷《かい》観念は中国ほどに強固でなかったが、外国を夷狄扱いしているのは相違なく、ペリーはこれを断固退けようと決意していたのである。そのため彼は、わざと「日本人と同等の排他主義」をとり、ビドゥルの時は自由に任せた日本人の乗船を制限した。旗艦サスケハナに限ってごくわずかの人数を許すことにし、面接も部下に任せて、提督（将官のアドミラルでなく、佐官で艦隊の指揮官にあたるコモドア）たる自身は対等の地位と認めうる高官が出て来ない限り、姿を見せないこととした。

番船と舷側での押し問答の結果、浦賀の副知事と称する人物と通詞の堀二人のみがようやく乗船を認められた。しかし、この浦賀の副知事は、実は浦賀奉行所に所属する与力、中島三郎助であった。

図11　ペリー肖像
（神奈川県立歴史博物館蔵）

与力はお目見え以下の軽輩に過ぎない。副知事にあたるのは組頭《くみがしら》であるが、組頭と与力の地位には大きな懸隔がある。通詞の堀や立石の報告によると、彼らは中島を応接方の次席とも、浦賀の最高官とも呼んだようである。前者は正確な表現であるが、後者は意図的な地位詐称である。おそらく、アメリカ側が最初に高官を出さない限り相手をせぬと言明したためであろう。浦賀奉行所の役割分担と応接手続はあらかじめ決まっており、速やかに来意を質《ただ》すには便宜的手段に出るほかなかったものと思われる（外国一―七八頁）。日本側はさらに、交渉相手として提督の「次官」を出すことまで求めた。しかし、ペリーは、サスケハナの艦長ブキャナンや参謀長アダムズの両中佐を出さず、副官のコンティ大尉を選んだ。ペリーは駆け引きのため、あえて日本側の要求を拒んだのである。彼は日本側が地位を詐称しているか否か、真相を最後まで確認できなかったが、相手の誠実さはまったく信じていなかった。彼の日記は、航海のごく初期から「アジア」人、ヨーロッパ文明の外に生きる民の虚言僻と不誠実さに関する記事によって、満たされている。日本人もその例外ではないと信じ、抜け目なく振る舞おうとしたのである。日本側の史料を見る限り、日本側の一連の対応はあらかじめ定められた職掌にしたがったもので、必ずしも不実とは言えない。しかし、日本側は翌年、条約交渉の最終段階で和親条約に二つ目のヴァージョンを作為することになるのである。

さて、乗艦した中島は来航の目的を問い、日本の皇帝に合衆国大統領の国書を捧呈《ほうてい》するためだという返答を得ると、既定の方針にしたがって、長崎が唯一の対外交渉地なのだからこれに回航するよう要求した。これに対し、コンティはわざわざ江戸に近いこの地を選んだのだと応え、国書を手交《しゅこう》するに足る政府高官との面会を要求した。また、我々は礼儀を重んずるゆえ日本側の無礼は許さぬと述べて、艦隊を取り巻いていた番船の退去を要求し、直ちにこれを実現した。中島は船名や乗組人名の開示要求も拒否されて、一旦引き取り、奉行戸田氏栄と協議の上、再度サスケハナに向かった。再び国書受取を拒否し、長崎に回航するよう求めたが、コンティはあくまでも国書の受領を要求し、高官が来ない場合は、アメリカ側が上陸して持参するとまで主張した。これは、勿論、日本側が最も恐れていた事態である。中島は、明朝返答すると述べて早々に退去した。

翌四日七時頃、今度は浦賀奉行与力香山栄左衛門が交渉のため乗艦した。彼は浦賀の応接官長（知事と訳された）と称し、以後、アメリカ側との交渉の一切を担当した。応接掛の与力には中島を含め同列の者が五人あったが、奉行の戸田は、避戦を旨とする自らの意志を最もよく体認する香山を交渉期間中に限って抜擢したのである（外国一—一六号、『南浦書信』）。香山は武張った中島と対照的に、風儀・所作の穏雅さをアメリカ側に賞賛されているから、適任だったといって良いであろう。彼の名乗りは、称号に関わるアメリカ側の誤解を維持し、紛糾を防ぐとともに、夷狄への差別を貫く手段ともなった。ペリーは、浦賀の知事の到来と聞いて、今度はブキャナン、アダムズの両中佐をコンティ大尉とともに出して応接させた。先の用心が効いたと言えよう。

香山の回顧によると（外国一―一五号）、彼は再三にわたり浦賀は異国応接の地でないと述べ、日本の国法に従い長崎に回航するよう繰り返したが、アメリカ側は今ここで親書をしかるべき高官が受け取らぬなら直ちに十分に武装して江戸に向かうと主張した。香山は「船中之形勢、人気《じんき》之様子、非常之体を相備」えるゆえ、国書を受領せねば平穏に済まぬと見切り、回航要求をあきらめて、江戸に問い合わせるための日数を与えるよう求めた。これに対し、アメリカは三日間の猶予を諾し、あわせて覚書を渡して、書簡を手交する相手は「ケイヅル」か「ミニストル」（日本側は将軍か老中と理解）に限り、また国書への回答は、長崎でオランダ人の手を介して受け取るわけにはゆかぬと伝えた。香山は奉行所に帰って戸田に報告したが、戸田は直ちに幕閣に対する異船取り計らいの伺いを草し、これを香山自らが江戸在府の浦賀奉行井戸弘道《ひろみち》に届け、あわせて直接見聞した状況を報告して平穏の取り扱いを進言するように命じた。香山が早船で井戸の屋敷に着いたのは夕刻であった。

**江戸の評議**　これより先、幕閣がペリー艦隊の到来を知ったのは、六月三日の深夜であった。夜四ツ時、ほぼ一〇時頃に浦賀からの早船が井戸の屋敷に着いた。井戸は直ちに阿部正弘の屋敷に届を持参したが、この急報を得て阿部がどのような処置をとったかは、明らかでない。翌四日朝にかけて公儀中枢部の間で連絡をとり、対策を協議したのは疑いないと思われるが、さしあたりは既定方針通り、避戦を旨として静観する態度だったようである。浦賀警衛の四家と奉行に最初の指示を出したのは、ペリー到来後丸一日経過した四日の夕刻、それが浦賀に着いたのは五日であって、極めて緩慢に見える（外国一―二三号）。浦賀奉行戸田氏栄はこれ以前に応接方の与力に穏便第一を指示し（外国一―五六～五七頁）、ペリーから番船の接近への抗議を受けると、四家に乗り寄せを禁ずる通達を出している（外国一―一四号）。戸田と老中は、外国使節到来の際の応接手順をあらかじめ定めていたため、こと新しく対策を協議したり、指示を出す必要がなかったのである（『南浦書信』）。四日朝の九時頃、江戸に浦賀奉行が前夜認《したた》めた第二信が届いた（『周布《すう》政之助《まさのすけ》伝』上―七〇頁）。それは次のように述べている。

図12　阿部正弘肖像

　前便で到来を報告した異国船に質したところ、アメリカ合衆国の軍艦と判明した。二艘は大砲二〇丁余を備え、もう二艘は全体が鉄張り（実は誤り）の蒸気船で、その一艘は大砲三、四十丁、バッテラ七、八艘を積み、これも鉄張りと見え、他の一艘は大砲一二丁据、進退自在で艪・櫂を用いず、迅速に出没して、応接のものを寄せつけない。ようやく申し諭して一人乗り組んだところ、国王の書簡を持参しており、奉行に直に渡すといって、与力の話は受け付けない。到来の趣旨は江戸表に前もって通じておいたと申し立て、泰然自若としている。同様の軍船が数艘渡来すると言い、日本船を一切近寄せない。なお日本の国法を諭すつもりであるが、容易ならざる軍艦で、この上の変化は計りがたい。ただいま応接中だが、この段をまずお届けする（外国一―一二号）。

簡にして要をえた報告であるが、浦賀ではペリーの威嚇政策が十分な効果をあげたことがわかる。オランダの予報より数は少ないが、ビドゥルの時と異なって、日本側が強硬策に出たら、一触即発の危険があることが確認されたのである。避戦第一という既定方針はこの報告によって適切さを証明された。井伊家の家臣がこの日奥右筆《おくゆうひつ》から聞き込んだところでは、「営中の御内評には、願筋有之《これあり》渡来之儀に候へば、差当り彼方より率爾《そつじ》之儀は仕出し申間敷歟《まじきか》」と判断しながら、「願筋、表向は長崎表に無之《これなく》而は御取上げ無御坐《ござなき》筈に候へ共、左様計《ばかり》にも参間敷歟」、したがって、「兎《と》に角《かく》精々穏当に申諭、為致退帆《たいはんいたさせ》候様取計候外、有之《これある》間敷」ということであった。長崎回航の主張が通りそうもないと覚悟していたのである（『井伊家史料』三―六〇頁）。この夕刻、公儀が初めて浦賀奉行と浦賀の四家に発した布達は、奉行に「御国体不失《うしなわざる》様相心得、可成《なるべき》丈ケ穏便に出帆候様可致《いたすべく》候事」を委任するとともに、湾口警備の四家に対しては平常より警備に念を入れ、かつ性急な取り計らいをせぬように指示するものであった（外国一―一二三号）。

公儀は警備に関しても増強を最小限に止め、万一に備えた処置も目立たぬように行った。先の奥右筆は、井伊家の問に対し、相州警備兵の増派は必要でなく、一八四六（弘化三）年の時と違って、湾口警備四家の藩主の出馬も見合わせるよう指示することになるだろうと答えている。香山のもたらした浦賀奉行の第三報を受け、翌五日には、艦隊が万一内海に進入した場合に備えて、福井・徳島・高松・熊本・萩・姫路・柳川《やながわ》の七大家の留守居を海防月番牧野忠雅《ただまさ》の屋敷に呼び、人数出張の準備を命じたが、その際にも内々に付するよう伝えている（『周布政之助伝』上―六九頁以下、『新伊勢物語』、『井伊家史料』三―六二頁）。勿論、旗本の部隊、書院番《しょいんばん》や小性組にも異国船の渡来を知らせて覚悟を促し、江戸市中の番所を固める大名・旗本には警備を一段と手厚くするよう求めている（外国一―五二・五〇号）。

さて、公儀は、この五日になって、ようやくアメリカ国書の受理の可否について本格的な評議を始めた。原案は、慣例どおり、直接当事者の浦賀奉行戸田氏栄が香山に携行させて送った伺いであった。その内容は、国書を「此儘《このまま》御差戻之御指図に相成り候はば、即刻異変に罷成可申哉《まかりなりもうすべき》」とし、アメリカ船中の様子がこれまでになく厳重で、日本語に通ずるものも乗り組んでいる点にも注意を促して、国書の受け取りを示唆するものであった。速やかに決定が下されないと廻船の江戸湾口の通過にも支障をきたし、手切れの指図になれば防備が薄弱かつ未完ゆえ外聞になる、すなわち敗戦は必定《ひつじょう》と述べてもいる（外国一―二一号）。この日、評議に預ったのは、『水戸藩史料』上編乾によると、海防掛の大小目付・勘定奉行・勘定吟味役、三奉行（寺社奉行・町奉行・海防掛以外の勘定奉行）、海防掛以外の大小目付の三グループであったが、その意見は区々に分かれ、容易に決しなかった。阿部は、公儀中枢で衆議を重ね、それを漏れなく将軍家慶《いえよし》に上申した上で、英断を仰ぐという方針を取っていたが、この夜、特に水戸の隠居徳川斉昭に急便を送り、浦賀奉行からの届を見せた上で、翌朝までに意見を知らせるように求めた。斉昭は即刻返書を認めたが、その内容は持論からすると意外なものであった。これまでの建白を公儀が用いなかった以上、「今更如何《いかん》とも可致様無之《いたすべきようこれなく》、（中略）今は今にて何とか被成《なされ》候外有之《これある》間敷、拙老にては今と相成候ては打払をよきと計りは申し兼候」。なぜならば打ち払えば戦争となり、戦争となればたとえ勝利してもペリーは伊豆の島を奪取すると予想されるからである。「兎《と》角《かく》衆評の上、御決断の外、有之間敷」というのがその結論であった（『新伊勢物語』二五一〜二五三頁）。最強硬論者と思われた斉昭が打ち払いを否定し、幕議に従う姿勢を見せたことは、公儀の選択を楽にしたに違いない。

さて、翌六日、公儀有司の答申が書面で提出された。まず海防掛の意見は、世界の形勢はかつてとは変わっており、特に海防不十分でもあるから、国書交付の要求を断り、戦端を開くのは軽挙である、ビドゥルの先例もあるから、臨機の計らいとして浦賀で受領せよというもの。三奉行の意見は、かねての布達どおり、原則としては長崎への回航を何度も指示してそれに従わぬ場合は打ち払うほかないが、防備が不十分で、船主の申し立ても余儀ないように見えるゆえ、このたび限り浦賀で国書を受け取り、回答は長崎で与えてはいかがというもの。大小目付の意見は、国法に従ってあくまでも回航を命じ、聴かなければ打ち払えというものであった。対外関係の主役の海防掛がこの時点で政策変更の理由に世界情勢の変化を挙げるようになったのは注目に値する。三奉行の意見は、保守的ながら避戦を主とする論で、前に消極的開国論と分類した態度に当たるものといえよう。大小目付の意見は攘夷論に相当するが、中でも目付鵜殿長鋭《うどのながとし》は別に建白書を草し、衆力を尽くして打ち払う覚悟を決め、断然拒絶の談判をせよと主張した（田保橋潔2・四七八頁）。昨年来の政策からみて、また斉昭の言葉を参照すると、阿部や他の老中の肚《はら》はすでに決まっていたかに思われる。しかし、翌七日が回答期限であったにもかかわらず、公儀の評議は日中には決しなかった。とはいえ、その夜、新たな事態の発生が伝えられたため、この問題は決着した。ペリーがミシシッピ号を江戸湾内に入れ、柴村《しばむら》の沖、今の横浜市金沢区の付近まで遡航《そこう》させたのである。

**ペリーの内海進入**　これより先、アメリカ艦隊は、日本での第一夜が明けると、各艦から完全武装したボートを降ろし、大砲の射程距離の範囲内で浦賀湾の測量を始めた。番船はボートを追ったが、手出しはせず、香山もサスケハナに向かって早速これに抗議したが、拒否された。ペリーはこれを、初日に達成した番船の包囲解除に続く重要な成果とみなしている（ペリー日記）。翌五日には、測量ボートを観音崎《かんのんざき》から江戸湾口の内側に入れ、走水《はしりみず》まで行かせた。兵士は所々で上陸もしたので、応接掛は抗議のためサスケハナに向かったが、江戸から回答が来ないうちは乗船もさせぬと、けんもほろろの挨拶を受けた（外国一―一七号）。ペリーは、さらに、六日にはミシシッピを護衛艦として、測量ボートを内海のさらに奥に送った。それは、江戸の政府に事態の切迫を知らせ、国書の受理を促すための計算された行動であった（ペリー日記）。日本側はこれを阻止しようと四五隻もの番船を繰り出し、川越の警備隊はアメリカ兵が武器を誇示する様を見て、切り鎮めたいと奉行に掛け合うまでに至った。しかし、奉行戸田氏栄はこれを抑え、逆に役船二艘を出して陸上の大名警備兵との間に衝突が起きぬように計らった（随行記・九八頁、外国一―一六号）。勿論、その一方では、中島にミシシッピを追わせる一方、江戸から帰ったばかりの香山を旗艦に送って抗議させてもいる。ペリーは、今回の提議が受け入れられぬなら、来春もっと大きな艦隊を率いて来る、その時のため浦賀より安全で江戸に近い停泊地を探しているのだと答えた。これは「万一書簡受取に不相成《あいならざる》時は内海に乗入、存念通取計候積」と訳された（ペリー日記、外国一―四八号）。ミシシッピは頃合を見て浦賀に引き上げたが、この説明は、江戸では、彼の思惑以上に深刻に受け止められた。

ミシシッピ内海侵入の知らせを受けて、公儀は即座に評議の結論を出し、国書の受領を決定した。「此上御拒絶に相成候はば如何様之不法に及び候儀も難計」というのが直接の理由であるが、オランダの再度の勧告、およびアヘン戦争の先例を参考にしつつ、避戦を最優先の課題とし、国書を「一時之権策」として浦賀で受け取り、その後本格的な対策を考えようというのが趣旨であった。公儀はこの決定を在府の浦賀奉行井戸弘道に下し、彼を石見守《いわみのかみ》に任官して浦賀に派遣し、戸田とともに国書受け取りに当たらせることにした。井戸はこの訓令をうけると、直ちに待機させていた同心に持たせ、浦賀に急行させている（外国一―二一号）。同心が浦賀に着いたのは翌七日早朝であった。

一方、ミシシッピの内海侵入を機に、公儀は、それまで表だっては命じて来なかった江戸の防備について次々と指令を発した。七日、まず先に準備を命じていた七大名に対し、部署を定めて人数の出動を命じた。ミシシッピが侵入した柴村のすぐ近くにある本牧《ほんもく》に熊本、次の要地にある羽田（大森町打場）に萩、その次の品川御殿山に福井、芝・高輪辺に姫路（以下、八日か。外国一―九九号）、浜御庭に高松、佃島《つくだじま》と鉄砲洲《てっぽうず》に徳島、深川に柳川という具合である。同時に、小田原をはじめ相模《さがみ》と房総に海岸領を持つ大名には海岸の防備、固め場を持つ代官には担当部署への出張を命じた（外国一―三六号、『周布政之助伝』）。その一方、公儀は、この日、目付を海岸見分に派遣する傍ら、再び異国船が内海に侵入し、江戸に接近した場合に備えて、様々な対策を講じた。使番に異船監視に出張する用意、鉄砲方と船手《ふなて》に老中の出馬に備える用意、町奉行に内海侵入の早期連絡と江戸市民の立ち退き対策の立案などをそれぞれ命じたのである。町奉行は、江戸市民の動向について老人・足弱などの立ち退きを予想し、身寄りのない者は火事の類焼の場合に準じて小菅《こすげ》の町会所に収容しようと計画している（外国一―六五〜七二号、一―一三七〜一四〇号）。翌八日には、三番頭に対して軍令を授けて、非常時の動員に関するガイド・ラインを示し、さらに警備の役についていない大名・旗本にも覚悟を促した。また、非常時の警報は火事の際に準じて早半鐘で行うこととし、市中の治安維持のために先手《さきて》に見回りの強化を指示している。九日には、寺社奉行から諸寺院に布達して、万一品川沖に異国船が来ても乱暴はせぬだろうと述べ、支配向きに対しその際に立ち騒がぬよう伝えよと命じ、また、町奉行支配に対しては、与力・同心の警備体制を整えさせる一方、江戸の町名主《まちなぬし》に物価の抑制を指示し、火消しには出動の準備を命じた（外国一―一三五〜一四〇号）。一〇日には、さらに火の元の用心を命じ、異国船が来た際に見物船を出すことを特に禁じている（外国一―八九〜九七号）。公儀は、国書受け取りの回答をした以上、穏やかにことが済むだろうと予想していたが、アメリカの意図は計りがたいと考え、万一の用意をしたのである。ここまでは、比較的落ち着いた対応であったと言ってよいだろう。

（『ペリー浦賀来航図』，彦根城博物館蔵）

## 久里浜の国書授受

浦賀在勤の奉行戸田は、七日朝、江戸から国書受け取りの訓令が届くと、直ちに香山をサスケハナに遣《や》り、この旨を伝えさせた。ペリーは日本側がすぐ要求を呑むと考えていなかったため、初め、要求を上乗せして、授受手続きの協議のため最高位の役人と会見し、国書の訳文を手交したいと主張した。香山はこれを前約違反として抗議し、撤回させたが、ペリーから受領に臨む役人がペリーと同等の地位にあることを保証するよう要求されたため、一旦奉行の下に帰った。この間、三時間を要したという。基本方針が一致したにもかかわらず、交渉は難航したのである。相互の不信感や通訳がいかに困難だったか、分かるであろう。午後四時になって再び乗艦した香山は、受領者が将軍の信任状を手交することを確約した上、久里浜を応接の場所とし、授受は無言で行い、回答は長崎で渡すよう提案した。ペリーは、授受の際に実質的な交渉を行わぬことに同意したが、回答は五、六ヵ月後に浦賀で受け取ると答えた。翌八日、香山は、井戸の浦賀到着を待って、ペリーの下に行き、奉行たちの信任状の写しを交付す

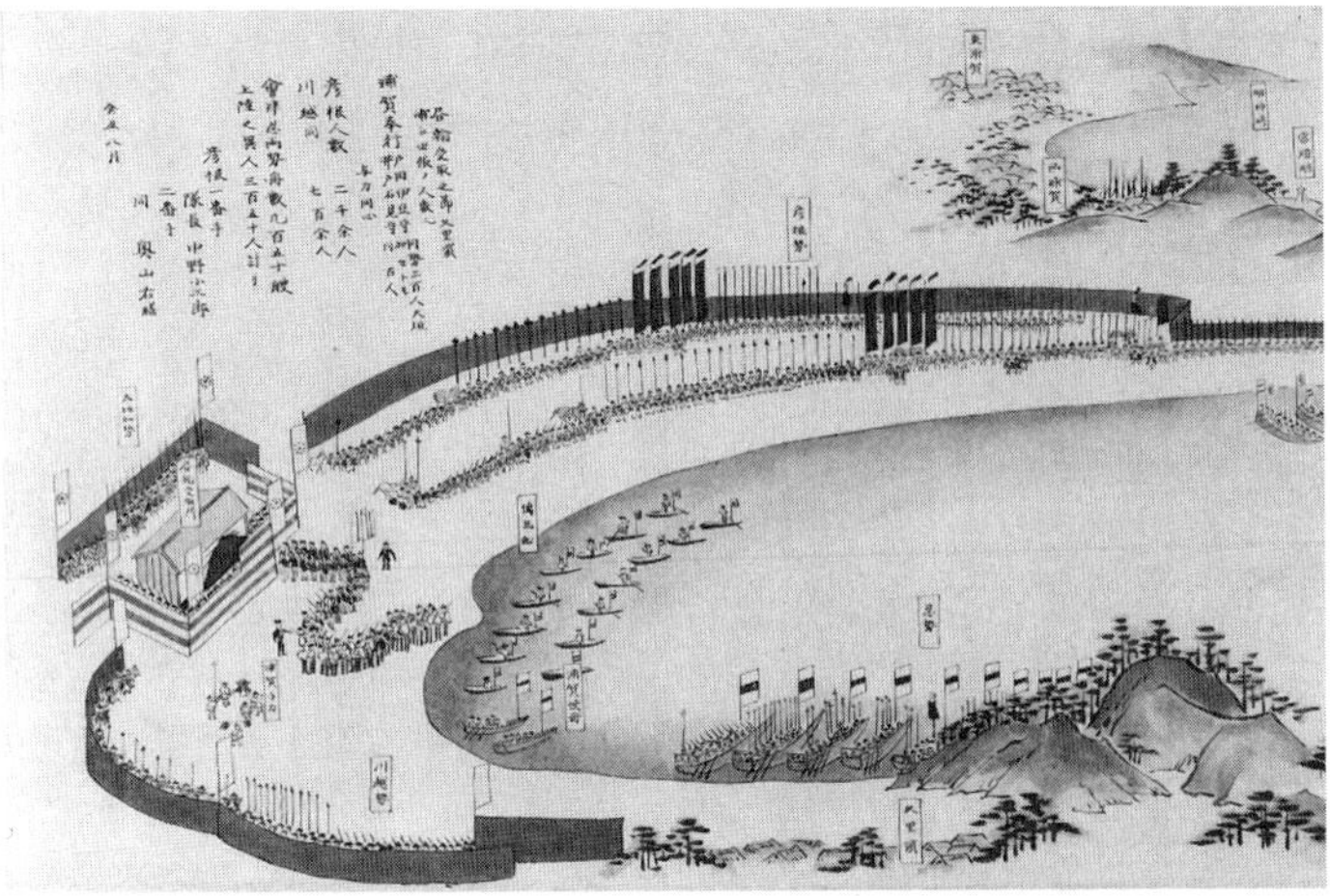

図13　久里浜の井伊家御固図

るとともに、久里浜で国書を授受する点で合意し、儀式の細目も打ち合わせた。（ペリー日記、随行記、遠征記、外国一―一七・六二・八六・八七号）。

嘉永六年六月九日（一八五三年七月一四日）、国書授受の日が来た。日本側は前日来、徹夜で久里浜の入江奥に臨時の小屋を設営し、幔幕《まんまく》を張り、幟《のぼり》を立てた。勿論、警備の大名も動員され、彦根藩は二三〇〇人、川越藩は三六〇人を出して会場の後ろを固め、会津と忍《おし》はそれぞれ一五〇艘と四二艘の番船を出して入江の両側を固めた。合わせて約五〇〇〇人であるが、会場の周りと前面には浦賀奉行の人数若干が配置されただけであった。入口の左向いには、下曾根金三郎が奉行所の与力・同心を率いて陣取った。彼の脇には二門の野戦砲が据えられたが、アメリカ側は「貧弱」の一言で片づけている。一方、ペリーは、あらかじめ久里浜の入江に測量隊を出し、その上で九日朝、艦隊を入江の前面に移動させ、援護の体勢をとらせた。ただし、無風だったので、動けたのは蒸気艦二隻だけだった。ペリーは、艦隊の行動に必要な人員を残し、残り約三〇〇人に上陸の準備を命じた。

久里浜の沖に蒸気艦が移ると、早速、香山たちは出迎えに行った。彼らの服装は普段と違って色鮮やかなのが目を引いたが、アメリカ側もそれに劣らず、精一杯の盛装で飾り立てていた。身分社会の住人は勿論、平等主義の民主国の代表も、軍人の常として、また日本側に侮られまいとして、大いに外見に気を使ったのである。

一一時前、アメリカは一三隻のボートに分乗して陸に向かった。先頭のボートにはブキャナン艦長が乗り、土俵で作られた臨時の桟橋に向かって日本の案内船と競争した。ジャンプして艦隊の日本一番乗りを果たした彼は、後続の士官と水兵、海兵隊、軍楽隊を整列させ、一三発の礼砲とともにサスケハナを出発したペリーを迎えた。上陸したペリーは、直ちに国旗・提督旗や国書・信任状を奉持した水兵とアダムズ参謀長らの幕僚を従えて行進し、会場に入った。双方とも万一に備えて油断なかったが、アメリカ側が直ちに発砲できる用意をしていたのに対し、日本側は命令により玉を込めず、火縄に火もつけていなかった（外国一―一六八頁）。

接見室には四つの曲彔《きょくろく》（寺院で使った椅子）が用意され、それに座っていた日本代表、戸田と井戸は、ペリーが入室すると立ち上がり、お辞儀して迎えた。ペリーは会釈をもって答え、反対側の曲彔に着座した。一応、日本側が奥、アメリカ側が表側の位置を占めたが、同一平面上の応接であったから、大清や朝鮮が外国使節に要求した儀礼と異なって、ほぼ対等な扱いであった。香山と並んで床に座っていた通詞の堀が数分の静寂を破り、ポートマンに国書等の用意如何を尋ねると、ペリーは随行の少年兵に控の間から国書等を持ちこむよう命じた。国書を収めた箱はペリー特注の紫檀《したん》製に純金の錠がついた立派なものであったが、それを二人の屈強な黒人兵が開き、日本側の用意した朱塗りの蓋に乗せた。ペリーの信任状、および彼自身の日本皇帝あての書簡も同様の形で受け渡された。使節自らが手交することはなかったのである。この間、国書の英語・オランダ語・中国語の各ヴァージョンがコンティ大尉によって披露された。この手続きが終わると、ペリーの命でポートマンがそれぞれの文書の性質を説明した。堀はこれを「頭を床に触れんばかりに下げて」香山に伝え、香山はまた、立ち上がって井戸に近づいてからまた跪《ひざまず》き、ささやくような声でこれを伝えた。「浦賀の知事」のこの態度を見れば、ペリーが戸田を「皇帝の主席評議会員」、井戸をその補佐と誤認したのも無理はない。戸田はこれに対し、香山に命じて、日本語とオランダ語で書かれた「皇帝の受領証」をアメリカ側に交付した。

この文書の授受が終わると、ペリーは、間髪をおかず、二、三日中に琉球・広東に向けて出航する意志を表明し、彼の地への書信があれば預かろうと申し出た。勿論、これには返答がなく、次いでペリーが来春四月か五月に今回より多数の艦隊を率いて来ようと述べると、堀はこの点について確かな情報を得ようと再三質問をした。ペリーは太平天国の乱にも言及したが、堀は反問を繰り返しながらも、通訳は避けた。ふたたび沈黙が訪れ、昼時にもかかわらず、飲物すら出る気配がなかった。香山と堀は朱蓋に紐を結んで退出し、これに促されてペリーは立ち上がった。戸田と井戸は、ふたたび起立してペリーの退出を見送った。この間、およそ二、三〇分であった。日本側代表は、その間、手ずから国書等の受領を行わないだけでなく、一言も言葉を発しなかった。対等な儀礼は受け入れたが、通信関係の発生はできるだけ認めない立場をとったのである。

儀式が終わると、にわかに緊張が解けた。日本側の誰かがこっそりウェルズ・ウィリアムズに告口したところでは、戸田らはペリーらが退出するや否やすっかり寛いで、国書受理が滞りなく済み、かつそれだけで済んだのを喜んだという。アメリカ側はようやく上陸したこの地を去りがたい様子で、ボートに乗るのを渋って、貝殻や小石を拾っていたが、その様子を見て、それまで遠巻きに見ていた日本の警備兵や久里浜の住人たちが、アメリカ人を一目見ようと近寄ってきた。アメリカ側は日本兵の規律がまったくないことを見て取り、日本側もこの弱点に気づいたが、一触即発の危険が遠のいたときの好奇心は、お互い様であった。ウェルズ・ウィリアムズは、これ幸いと日本語で会話を始めた。二人の日本人を蒸気船やピストルを見せてやろうと招待したが、その一人はアメリカ女性は色が白いか、もう一人はどうすれば兵法が学べるかと聞いたという。この二つは、以後の史料にもしばしば見える。当時の日本男性の典型的な質問であった。互いの刀を見せあうこともまた同様であった。

アメリカ兵たちは、一時頃にはそれぞれの部署に戻り、二艦は浦賀に移動した。艦上には、二隻の番船に一杯になるほどの日本人が同乗し、艦内を見学したり、ピストルや銃の構造を調べて回った。ペリーは、日本側に西洋文明の優越性を示し、開国交渉を有利に運ぶため喜んで乗艦を許したのである。見学者の中には香山もいた。実は二日前にも見せてもらっていたのだが、彼は好奇心をむき出しにしたものの、期待したほどの驚愕の色は現さず、蒸気機関と外輪の回転の仕組みに特に深い関心を寄せて、ポートマンやウィリアムズから詳しい説明を受けたという。浦賀では数年前に洋式の小型船晨風丸《しんぷうまる》を建造しており、この時には蒸気船の建造まで考慮していたからであろう（安達裕之。『南浦書信』）。この日、中島三郎助も見学者の中にいたが、どぎつい衣装を着、鋭い目付きで、砲術書を手に大砲や小銃や連発ピストルや、何でも根掘り葉掘り調べる彼は、あまり好感を持たれなかったようである。とはいえ、任務を無事に終え、敵から寛大にもその軍事技術の秘奥を見せられた彼らは、シャンパンその他の酒を振る舞われたせいもあって、上機嫌で浦賀の町へ帰っていったのであった。

**示威とパニック**　ところが、午後遅く、彼らの酔いは突然さまされることになった。ペリーが、全艦隊を率いて内海に乗り入れたのである。「立ち去れという両侯の命令を私がどれほど軽く見ているかを示すため」、また来年の再来に備えて江戸近くまで水路調査を行い、さらに日本政府に心理的圧力をかけて国書の取り扱いを有利に運ばせるためであった。艦隊は、以前ミシシッピが行った金沢沖まで遡航し、投錨《とうびょう》した。ペリーは、ここをアメリカ錨地と名づけている。外海とつながっている浦賀よりはるかに良い港であった。勿論、香山らは急いで抗議に現われた。内海に乗り入れるのは国禁であり、ボートで海上を這回し、上陸などしては、いつ警備兵と衝突するかも知れないと述べ、浦賀に戻るよう訴えたのである。アメリカ側は来年の準備と説明し、日本側が手出ししなければ紛争は起こらないはずだと回答して、そのまま夕暮れを迎えた。

このペリーの行動は、江戸にパニックを引き起こした。国書授受の知らせが届いたか否かという時、異国船が内海に進入し、その結果、八日の達しに従って半鐘が打ち鳴らされたためである。江戸市中は元来、ペリーの渡来後も比較的落ち着いていた。公儀や大名たちは対策に追われ、浦賀に探索に出かける武士も少なくなかったが、平穏を旨とする方針の下、庶民は幾分緊張を感じながらも、むしろ好奇心を先に立てて過ごしていたのである。しかし、半鐘の連打は、江戸防備に当たる武士のみならず、庶民も不安の中に巻き込んだ。公儀は海岸に屋敷を持つ武家全員に対して立ち退きを命じ、町人《まちにん》足《そく》を鉄砲方の浜御庭防備のため動員するよう命じたから、なおさらである（外国一―一五八号、一六九〜一七三号、一八七〜一九二号）。この警戒体制は、無論、真に戦争になりそうな場合には必要な処置であったが、市中に無用の混乱を引き起こしたと見なされて、ペリーが去った翌日には撤廃されることになる（外国一―二一一号）。

一方、ペリーは翌一〇日朝、香山が交渉に現れる前、測量船を江戸近くまで遡らせるよう命じ、自身も午後にはミシシッピに乗り換えて、川崎付近まで遡航した。たくさんの船が多分多摩川と思われる川に向って航行するのを見、港に帆柱が林立しているのも望見している。ペリーは、あまり江戸に近づくのも交渉上好ましくないと考えて、この辺で進路を転じ、アメリカ錨地へ帰った。その間、内海西岸を測量していた測量船は、浦賀奉行が会津その他の強硬論を抑えて遠巻きに監視するだけにさせたため、自由に測量を行っている。その中には、渚に群り現れた日本の老若男女と交歓し、ボタンその他と引き換えに水や梨をもらったり、ピストルを打ってみせたりした者もある。日本の庶民は、役人が制止に現れると、雲の子を散らすように逃げて行った。庶民にとっては、異国人は珍奇な見せ物であり、国防上の警戒対象ではなかったのである。

翌朝、ペリーは、艦隊をやや湾口に近い猿島《さるしま》付近にまで戻し、その上で測量を続行した。この島を彼はペリー島と名づけている。香山は早朝、艦隊が今度は房総側に向かうと見、「個人的な」贈り物を携えて艦を訪れて、大統領の国書は江戸で好意的に受理されるだろうと述べ、婉曲《えんきょく》な形で速やかな退去を求めた。彼がもはや長崎で回答すると言及しなくなったのに気づいたペリーは、「我々が皇帝の首都に近づけば近づくほど、彼らは一層親切になってくるように思われた」と記している（ペリー日記・一九一頁）。アメリカ側は翌日出帆することを示唆し、返礼としてより高価なものを与えようとした。香山は躊躇《ちゅうちょ》したが、受け取らないと贈り物を返すといわれて若干の品を受け取り、後に返礼として家禽と卵をもって現れた。ペリーは今度も妻女へと称して高価な化粧品や菓子、そして酒を返した。彼は明朝の出帆を確約したので、香山らは振る舞われた酒に心地よく酔い、夕刻、退艦した。のち、彼は奉行井戸弘道の指示に従い、贈り物をみな焼却している。交渉を一手に担った彼は、責任を追求されやすい立場にあり、このような用心をしたのであったが、それでも、同僚の嫉妬《しっと》も手伝って、のちに左遷の憂き目を見ることになる。

六月一三日朝、アメリカ艦隊は出帆した。無風のなか、蒸気船二隻はそれぞれスループを曳航《えいこう》し、一気に浦賀水道を抜けて、おびただしい見物の船が見守るなかを南下した。ペリーをはじめ、乗員たちは、日本政府の国書受領証が恩着せがましく「使節の苦労を察し、まげて（応接の地でない浦賀で）書簡を受とる」と述べたのを、事実に即して、圧力によって日本の国法を変えさせたと解し、満足していた。対等の儀礼を貫いたことや軍事的優越性をはっきりと印象づけたことを回顧して、かつてのレザーノフが受けた屈辱や出島のオランダ人の受けている束縛と対比しつつ、自らの成功を誇ったのである（ペリー日記）。日本の役人は回答を長崎でするると述べていたが、今回の経験はペリーに、艦隊が削減されない限り、江戸湾を再訪すれば必ず成功するという自信を与えたのである。

**ペリーの琉球貯炭所確保**　ペリーは、中国への帰途、三たび琉球へ立ち寄った。初めは艦隊の一部を割いて奄美大島を調査させる予定であったが、日本を離れてすぐ暴風雨にあったため、その計画は断念した。六月二〇日に那覇に着くと、彼は直ちに執政官との面会を申し込んだ。あらかじめ要求を覚書にして伝えておいたが、その内容は、貯炭庫に使う家屋の賃貸、密偵の追跡の廃止、および商店での自由な購買権などであり、即時の回答を要求するものであった。二三日、那覇の応接所で摂政《せっしょう》との会見が行われた。ペリーは、日本での成功を誇示し、回答を求めたが、読み上げられた回答はまったく期待に反するものであった。彼は翌日正午までに満足し得る回答に接しなかったら、二〇〇人の兵を率いて宮廷を占拠すると述べ、退出した。琉球政府はこの露骨な圧力に屈し、翌朝、那覇里主によって要求の全面受諾を伝えた。早速、五〇〇トンの石炭の入る倉庫の建築が始まり、ペリーの出港後、たった二日で完成して、次々に訪れたアメリカ船から積み荷が運び込まれた。六月二七日、目的を達したペリーは、プリマス号を那覇において、香港へ向かった。

彼は、軍事力の誇示による琉球への要求を、文明の名において正当化した。密偵の監視や自由な売買の制限は、「非友好的処遇」であるばかりでなく、「文明」諸国の諸慣習に反する野蛮なものである。

また、島津家による事実上の支配も同様の観点から非難し、日本が本土の港を開くのを拒否した場合には琉球を領有する方針であるが、それは日本の圧制からの解放であると正当化した。曰く、「日本との友好関係を完成させる際には、（中略）琉球および小笠原諸島の領有がまことに重要な問題となるだろう。その仕事の責任が私にかかっている限り、私はこれらの島々を制するだけの影響力を持ち続けるつもりである。琉球に関しては、このみじめな人々を暴虐な支配者の抑圧から守る以上に、偉大な博愛の行為を私は思いつかない」（ペリー日記・一六三頁）。小笠原はともかく、琉球を実際に支配下に置いた場合、日本との間に友好関係を築きえたか、少なくとも長期的には疑問であり、それが本国政府の許容範囲にあったか否かも問題である。しかし、ペリーはかかる意志を持ち、それに必要な準備を万端整えていたのである。

# 第七　ペリー再来対策と回答延引策―ロシア―

ペリーが江戸湾口を立ち去ると、徳川公儀は翌六月一三日、早速、警備体制を平時の状態に戻し、同時にペリーの再来に備えた評議を続行した。しかし、その直後に徳川公儀は深刻なリーダーシップの危機を迎えた。将軍家慶《いえよし》が二二日に病死したのである。その世子《せいし》の家祥《いえよし》（のち家定《いえさだ》）はこの年満二九歳であり、本来ならば相応の後継者となるべき年齢であったが、身体的欠陥のため積極的なリーダーシップを発揮する用意がなかった。近世日本未曾有の対外危機に権威ある指導者の不在という危機が重なったのである。この重圧の下、阿部正弘《まさひろ》は、徳川三家の一員徳川斉昭《なりあき》を、七月、公儀の海防参与《よ》に迎えた。この徳川公儀の指導体制の変化は、アメリカだけでなく、同月に長崎を訪れたロシア使節への対応策にも、重要な意味を持った。まずこの点から見てゆこう。

## 一　再来対策の評議

**将軍の死と徳川斉昭**　先に見たように、ペリーの浦賀出現直後の六月六日、対策評議を始めるに当たって、阿部は徳川斉昭に書翰を送り、意見を聴いた。阿部は、さらに翌日には自ら斉昭邸に赴いて相談している。かねて斉昭の政界復帰を進めたのはこのような非常時に備えるためであった。黒田家が前年末に三家への相談を求めたのも考慮したことであろう。この動きは、長年、対外問題に心をくだき、これを通じて幕政にも関与したいと願ってきた斉昭にとって、かねての渇望を実現する願ってもない機会となった。

当時将軍家慶は六〇歳。老齢ではあったが、指揮がとれないという歳ではなかった。しかし、斉昭は家慶を無能と見なしていた。一部暗号で書いた手記にこう書いている。

大将愚。なにでも異艦の義御聞候へば御驚き故、相成だけは中途にてうむし置、不申上《もうしあげず》、此度のも五日六日頃 漸《ようやく》 中上に相成よし。六日には奥御能有之《これある》処、中上に相成り候へば大に御驚き、御ふるえ被遊《あそばされ》、御熱気出、今以て御不例のよし。（『新伊勢物語』二五四頁）

このうち家慶が病気になったという記事は事実と思われる。ミシシッピが江戸湾内に進入したというニュースが発端であれば、理解しやすい。しかし、この前段の、阿部らがペリーの到来を二、三日隠していたという記事は事実か否か不明である。斉昭が家慶を軽蔑していたことは、将軍の側近も以前から承知しており、阿部や大奥の代表者は、その復権を進めるに当たって特に将軍の自尊心に注意するよう促し、繰り返し「不敬」にわたらぬよう注意していた。しかし、斉昭は家慶の病を聞くと、早速、自らが取って代わろうと画策し始めたのである。彼はこう記している（同前）。

一体の処なれば、我等へ被命《めいぜられ》候とも御退辞可申《もうすべし》と常々存知居り候へ共、かゝる有様故不得已《やむをえず》、代々定府同様、願之外は御当地に居候義は、是非の節御名代も相勤候訳にて、尾・紀と相違に候

処、如此度節《このたびのごとき》にも御用に立不申候様《もうさず》にてはせん無く（後略）

すなわち、水戸家の当主が代々江戸に常住し、特別の時以外国元に赴かないのは、かかる非常時に将軍の代役を勤めるためだというのである。このような家格の主張は徳川公儀の預り知らぬところであって、尾張《おわり》家や紀州家もまた認めなかったはずである。しかし、彼はかかる家格観を基盤として幕政への積極的・排他的な関与の権を主張した。一応、平時ならどんなに懇請されても受けぬが、今は非常時だから止むを得ぬと、謙遜《けんそん》の言葉を記しているが、その野心は誰の目にも明らかであった。

しかし、彼の思惑はどうあれ、近世日本未曾有の危機の最中に将軍が病に倒れ、権威ある指導者がいなくなったのは事実であった。世子の家祥は政治経験に欠けるのみならず、癲癇《てんかん》の持病のため引っ込み思案となっていた。病の父に代わって積極的なリーダーシップを取る可能性はなかったのである。このような状況においては、当然、将軍の指導力を補う人物を、徳川の親族から探そうという声が上がってくる。衆目の見るところ、その人物は徳川斉昭をおいて存在しなかった。

ペリーの退去後、六月一四日、公儀有司の間に、斉昭の海防参与起用論が登場した（以下、水戸上編乾）。先に最強硬論を唱えた戸川・鵜殿《うどの》・大久保の三目付《めつけ》が、連署して提案したのである。阿部がこれを有司の評議に付したところ、学問所の林式部少輔煒《しきぶのしょうあきら》と大学頭《だいがくのかみ》健が強く反対した。かつて将軍の嫌疑を受けて隠居を命ぜられた人物は不可というのである。その背景には、学問上、水戸学を疑問視し、対立していたこともあったように推察される。阿部は一六日にこの問題を老中の評議にかけたが、牧野忠雅《ただまさ》・松平乗全《のりやす》・久世広周《くぜひろちか》の三老中が賛成する一方、松平忠優《ただやす》が反対した。彼は言う。老中から屋敷に出かけて相談するのはよいが、権限の委任は行き過ぎである、なぜなら「水老公中々御六《むつかしき》ヶ敷御方にて候間、此方に御招き御登城の上、御任せに相成り候はゞ、如何《いか》なる御事被遊《あそばされ》候も難計《はかりがたく》、詰る処我々共の黜陟迄《ちゆつちよくまで》も御存分に遊ばし候様に相成」恐れがあるからである。斉昭が政界復帰後、水戸家内部で行った報復行為は確かにこのような懸念《けねん》を裏書きするものであったから、牧野と松平乗全はこれを聞くと意見を変えた。阿部は、この日は家慶の内意を伺うよう御側御用取次《おそばごようとりつぎ》の本郷泰固《やすかた》と平岡道弘に依頼して、評議を打ち切っている。翌日、阿部が強く参与論を述べたところ、松平忠優も渋々同意し、将軍の裁可を得る段取りとなった。が、取次の両人は次のように報告した。「昨日の一条御病中にて先づ御話の様に申上候処、何とも御答はなく、ソレデハヲレハナクテモヨイカと、誠に御残念之御様子にて御意《ぎよい》被遊候」。本郷はまた、斉昭を登用すれば、我々抜きで将軍と直談判し、専制に走るのではないかとの懸念も述べている。阿部は、将軍の真意を確かめるため奥に出かけたが、家慶の病床で苦悶する様を見て、意志確認を諦めた。かかるときに老中や奥向さらに大奥の反対論を押して強行しては、いたずらに混乱を招きかねないと判断し、次の機会を待ったのである。

機会は思いのほか早く来た。二二日に家慶が亡くなり、将軍本人の斉昭への対抗意識を顧慮する必要がなくなったからである。跡を継ぐ家祥に補佐が必要なことは自明であった。この日、越前福井の松平慶永《よしなが》は阿部に書を寄せ、斉昭を「西城公之御羽翼」に充てるよう建議している。彼は、かつて阿部の姻族という立場を利用して、阿部が初めて斉昭を訪問したその日に、斉昭への対面と協議を勧める書簡を送ったことがあったが、機会をとらえて、さらに踏み込んだ提案を行ったのである（『昨夢紀事』一―三〇・四七・五四〜五六頁)。阿部は、持論への符合を喜び、鋭意、公儀内部の説得に努めた。その結果、七月三日、徳川公儀は、斉昭に対し、「海岸防禦筋御用に付、此節御用も有之《これあり》候間、暫《しばら》く之内、隔日程にも御登城可被成《なさるべく》候」と達したのである。

この時、徳川斉昭は五三歳であった。決して若くはないが、気力は横溢《おういつ》していた。その得意思うべしである。彼の登用は有志の大名や知識人にも歓迎された。斉昭の登用論は松平慶永以外にもあり、当時国元にいた島津斉彬《なりあきら》も、後に提出した徳川公儀への対外策答申の中で、海防の総裁を置いて斉昭をこれに充てるよう主張し(『島津斉彬文書』下―六五九頁)、尾張の徳川慶勝《よしかつ》はさらに政務一般への参与も提唱したという。知識人の間でも斉昭への期待は高く、横井小楠《しょうなん》や安井息軒《そっけん》らは彼を家祥の後見につけよと主張したが、中には、梅田雲浜《うんぴん》のように、勅命で海防を委任せよと論ずる者もあった。斉昭の登用決定は上下様々の「有志」のこのような希望を満たす措置であったから、ペリーにより国法を蹂躙《じゅうりん》された後も、徳川公儀に輿望《よぼう》をつなぐ点で少なからぬ貢献をした。しかし、その一方では、以下にみるように、徳川公儀の対外策に強い拘束を課し、その正統性への疑念を強める素地を作ることにもなったのである。

**対策評議の開始**　ペリーの再来に備えた対策の評議は、その浦賀退去の後、直ちに始まった。老中は一四日に国書が着くと、国書とペリーの将軍あて書簡のうち漢文版を筒井政憲《まさのり》に展読させて大意を把握し、その翌日、学問所と天文方の関係者に和解《わげ》(日本語への翻訳)を命じた。この時、阿部ら公儀首脳の中では、ペリー再来時の対策が基本線ですでに形をなしつつあった。一四日夕刻、阿部は海防掛の勘定奉行《かんじょう》川路聖謨《かわじとしあきら》と西丸留守居《にしのまるるすい》筒井政憲を徳川斉昭の下に遣わし、次のように方針を説明して、諒解を取り付けようとしたのである（『新伊勢物語』二五六～二五七頁）。

この日、川路と筒井は斉昭に、まずアメリカに対する限定交易論を述べた。有司の間でも種々意見はあるが、詰まるところは、「公辺初諸大名備向手薄く、且《かつ》二〇〇余年の太平にて武衰へ、アメリカは万国に勝れたる強国にて蘭人抔《など》も恐れ居候程の義」、すなわち軍事力の差は明白であるから、「なまじゐ打払《うちはらい》候て負候へば御国体を汚し、不容易《よういならず》候へば」戦争は避けねばならない、したがって「蘭人へ被遣《つかわされ》候品を半分わけて交易御済せ可然《しかるべし》」というのである。これに対し、斉昭は次のように反対した。交易を一旦許せば先方はもっと難題を持ち込むだろう、オランダ人への輸出品を分ければ、オランダ人も差し支えるし、アメリカ人も引き合わず、いずれ要求を積み増すに違いない、たとえ長崎で交易を始めても結局江戸に来るようになり、ついには戦争となるだろう、これまでと違って日本の「事情存候上戦争に相成り候へば今よりも六ヶ敷、何に致し候ても祖宗《そそう》の御厳禁故、交易御済せは不宜《よろしからず》候」。

そこで、両人は第二案を示した。とにかく武備の不足は覆いがたいから、「俗に申、ぶらかすと云如く、五年も十年も願出を済せるともなく断るともなくいたし、其中此度こそ厳重に致し、其うえにて御断に相成可然」というものである。「ぶらかす」というのは耳の遠かった斉昭の聞き違いで、あるいは江川英龍《ひでたつ》が斉昭説への反対論で書いたように、川路らは「ぐらかす」と言ったのかもしれないが、決定的な回答を引き延ばし、時間稼ぎをして武備を整えた上で、交易を拒むという趣旨であったことは間違いない。この回答延引論に対し、斉昭は、「五年も十年も……御備御手厚に相成る迄ぶらかし候義、しかと御見留有之《これあり》、出来候義に候はば、其義存意無之《これなし》」と答えた。「御内地の騒もなく、人へも疵付不申《きずつけもうさず》」この策は、「異船来り候へば大騒致し、帰候へば御備向忘れ候事さへ無之《これなく》候はば、……時にとりての御計策に候へば、無已《やむなく》候」というのである。

このように、斉昭は、阿部の使者の提示した第一案、限定交易論を退け、第二案の回答延引論を止むなき選択として受け入れた。彼の狙いは交易の阻止にあり、「少々たり共交易御済せの義は、祖宗の御厳禁故、拙者へ御相談にては宜敷《よろしき》とは不申上《もうしあげず》」と念を押している。徳川公儀の苦境は理解するが、自分は交易に反対である。自分に相談せぬならともかく、相談を持ちかけられたらこう答えるほかはない、というのである。この言い方は意外に柔らかであるが、おそらく、幕政参与を要求しているこの時、強硬論を吐いては、海防掛その他、限定交易論に傾いている有司の多くを敵に回しかねないと考えたのであろう。有司の多くは迷惑を感じたに違いないが、それを押して阿部が斉昭の海防参与就任を進めたところを見ると、阿部自身の本音もまた、回答延引にあったのではないかと推察される。

公儀首脳は、六月二三日、前日の家慶の死という取り込みの最中に、外国使節への対応策について正式の評議を開始した。その際、彼らはペリーに通告した通り、長崎の商館長を通じて回答を送ろうと図る一方、内容面では回答延引策をとり、口実に将軍の死去を使おうと考えた。これは徳川斉昭の発案で、家祥の服喪、さらに代替わりの大礼のため、祖法の変更に関わる評議が当分行えなくなったという国内事情を陳述しようというのである。林家《りんけ》は国内の弱みをさらけ出してはならぬと反対したが、海防掛は趣旨に賛同し、その結果、筒井が起案した回答を新任の長崎奉行水野忠徳《ただのり》が長崎に持参して、九月二五日、ドンケル・クルティウスに手交《しゅこう》した。ペリーは翌年正月、琉球《りゅうきゅう》でこの書の写しに接したが、もとより聴く耳を持たなかった（水戸・二二〜二五頁、『幕末維新外交史料集成』二―四三九頁）。

その一方、徳川公儀は、この通告が無効の場合の対策もあらかじめ考慮した。同じ日、老中は三奉行・大目付・目付・海防掛に対し、（一）内海の防備が整わぬうちにペリーが再来した場合、（二）内海に深く侵入した場合、（三）他の西洋諸国がアメリカ国書の受領を聞きつけて使節をよこした場合の三つの場合について対策の評議を命じたのである（外国一―二四六号）。このうち（三）は、翌七月にロシアから使節が到来したため直ちに問題となった。用意周到といわねばならない。

さらに、徳川公儀は、六月二六日、布衣《ほい》以上の有司、および全大名に対してアメリカ国書とペリーの書簡を示し、その意見を諮問するという挙に出た（三谷博3）。その提唱者が誰であったかは分からないが、一八四六（弘化《こうか》三）年と一八四九（嘉永《かえい》二）年に江戸近海の警備関係者に諮問した先例はあるものの、それを大幅に拡張し、広く世論を問う姿勢を示した画期的な処置であったことは確かである。これに刺激されて、徳川公儀の下僚や知識人、さらに江戸の町人に至るまでが建白《けんぱく》を献じた。当時の建白書は、総計八〇〇通近くに上った（『湯蛮彙議《てきばんいぎ》』）。

徳川公儀の諮問は、少なくとも六月二六日、二七日、七月一日の三日間にわけて、断続的に行われた。初日は評定所《ひょうじょうしょ》一座などの公儀中枢の有司、三番頭《さんばんがしら》、および溜詰《たまりづめ》大名、次の日は大廊下《おおろうか》の徳川三家と浦賀警備の大名に諮問し、七月一日には、喪を伏せて家祥が代行した月次の御礼の後、全大名に居残りを命じ、四グループに分けて、老中列座の上、アメリカ国書とペリーの書簡の和解を渡し、意見を上申するよう求めたのである。高家《こうけ》や一般の有司への諮問がいつだったかは定かではない。

この順序は主に将軍と臣下の伝統的な儀礼関係を示すものであるが、少なくとも七種類に上った諮問の文面からは、より実質的な関係、すなわち公儀首脳が何を期待していたかが読み取れる。一般の大名に与えられた老中の口達は次の通りであった（外国一―二六一号）。

浦賀表え渡来之亜墨利加《アメリカ》船より差出候書翰和解之写、弐冊相達候。此度之儀は国家之御一大事に有之、実に不容易《よういならざる》筋に候間、右書簡之趣意得と被遂熟覧《じゅくらんをとげられ》、銘々存寄之品も有之候はゞ、仮令《たとい》忌諱に触候而も不苦《くるしからず》候間、聊《いささかも》心底を不残《のこさず》、十分に可被申聞《もうしきけらるべく》候

また、

此度亜墨利加船持参之書翰、於浦賀表請取候儀は、全く一時之権道に有之候間、右に不相泥《あいなずまず》、存寄之趣可被申聞候事

アメリカの要求をすべて公開した上、「国家之御一大事」ゆえにあえて諮問するから、率直に見解を述べて欲しいと求めたのである。追加の口達は要求拒絶論を表明しやすくして公儀への不満が鬱積《うっせき》しないよう配慮したものであろう。

これ以外の諮問は、それぞれ特徴に富んだものであった。最も詳しいのは公儀中枢の有司あてで、浦賀警備の大名あてもこれに準じている。いずれも海防の不備を明示した上で、長期的配慮に基づいた具体策を求めたものである。逆に、溜詰や奏者番《そうじゃばん》にはたった一行の簡略な諮問しか下されなかった。

また、将軍の親衛隊長たる三番頭は有司と異なって一般の大名と同じ文面で済まされている。江戸防備の主力とされたのは大大名で、三番頭は将軍の側近を警備する役割しか期待されなかったためであろう。他方、徳川三家は特異な地位を占めている。「通商之儀は……御許容之可否に依而《よりて》は、外夷之者え被為《たいせられ》対候而御失体而已《のみ》には無之《これなく》、大小名之存候手前も有之《これあり》」と、国外・国内双方への威信の問題に特に言及したのである。対外的な対策よりは国内の押えに関する支援を期待されたと解してよいであろうか。以上を要するに、この史上初めての大規模な諮問に際しては、徳川公儀は、儀礼上の関係と実質的な関係を明瞭に区別し、政策決定の上では、家格よりは大名・旗本それぞれに割り振った対外関係上の役を重視したのである。

**回答延引論と内戦外和論**　さて、徳川公儀中枢の有司は、七月下旬から翌月にかけて答申を提出した。それによると、海防掛の中では意見が分かれ、勘定方は限定交易論をとったが、大小目付は明春は国務多端を理由に回答を与えず、海防整備を急いで出来るだけ早期に手切れに及ぶべきだと主張した（外国三―一九七号）。海防掛以外では、三奉行は来春の米使再来までには内海の防備は整わぬと見、穏便を主とし、かつ国威を失わぬことを旨として、次のような計策を述べた。漂流民の保護は既定のことだが、交易・開港・和親のいずれも受け入れがたい。まず国法を押し立てて穏やかに断わるべきだが、先方は承伏せず、手詰めの談判となるだろう。その際は、武備充実までの引き延ばし策として、アメリカが他の西洋諸国に日本との独占的交易権を承諾させ、それをオランダを通じて長崎に報告すれば、交易に応じようと答えてはどうか（外国一―三〇二、三〇三号）。避戦を旨としつつも、相手側に実現不可能な条件を要求し、譲歩を避けようという案である。海防掛以外の大小目付は、要求拒絶を建前としながら、穏やかに交渉し、国内事情を述べて、回答をしばらく待つよう諭すべしとした（外国二―七号）。一方、外交の最前線にいた浦賀奉行戸田氏栄《うじひで》は、この機会に、通商の域を超えて通信まで実現すべきである考え、上府して公儀首脳に切言《せつげん》しようと画策している（『南浦書信』）。浦賀奉行は、江戸湾口の防備の不十分を痛感しており、前の同役浅野長祥《ながよし》と同じく、本格的な海防強化と積極的な開国を同時に始めようという見解を持っていたのである。

他方、武官の意見を見ると、書院番頭《しょいんばんがしら》一同は、通信通商の拒否を主張しつつ、武備のため一、二年の猶予を得るため、オランダを通じて回答延引を通告せよと提案した。これは徳川公儀が実際に行ったことであるが、その他に、溜詰や国持《くにもち》の大大名との提携関係を深め、京都に奏聞せよという目新しい提言も含まれている（外国一―三三〇号）。武官の中には、逆に、要求を拒絶し、承伏せねば打ち払えと主張する者もあった。大坂在番の大番頭《おおばんがしら》二名、先手《さきて》鉄砲頭野間忠五郎《のまちゅうごろう》らである（外国一―三二九号、二―八七号）。後者は、拒絶の口実に天皇の反対を利用せよと述べる点でも異色であった。以上を通観すると、徳川公儀内の多数意見は、アメリカの要求を拒絶したいが、武備不十分ゆえ、明春には回答回避で臨みたいというものだったようである。末端の意見には強硬論もあったが、中枢部では、先にペリーの攘斥《じょうせき》を考えた海防掛大小目付も回答延引論に傾いていた。

このような状況に対し、海防参与に任命された徳川斉昭は、敢然と挑戦した。七月八日、一〇ヵ条の覚書を幕閣に提出し、一〇日にはこれを敷衍《ふえん》した『海防愚存』と題する長文の上書を差し出して、幕閣の使者との間で合意に達したはずの回答延引策を棚上げし、より強硬な持論の採用を迫ったのである（水戸上編乾―四五頁以下）。それは、国内に対して「大号令」を布告し、今にも戦争を始めるような姿勢を見せながら、対外関係上は穏和にことを収めるという趣旨であったため、今日、「内戦外和」策と呼ばれている。

すなわち、その冒頭には「和・戦之二字御決着、廟算《びようさん》一定、始終御動《おんゆるぎ》無之義、第一之急務と存候事」とあり、第二条には「廟議、戦之二字へ御決着に相成候上は、国持初、銘々津々浦々に迄《まで》も大号令被仰出《おおせいだされ》、武家は勿論、百姓町人迄も覚悟相極、神国惣体之心力一致為致《いたさせ》候義、可為肝要《かんようたるべき》事」としている。かつて会沢正志斎《あいざわせいしさい》が『新論』で主張したように、攘夷令をしき、国民全体を「死地」に置こうというのである。ただし、それは表向きだけのことであった。彼は第二条の末尾に次のような留保を付している。

八日にも御話申候如く、太平打続候得ば、当世之世態にては戦は難く、和は易く候得ば、戦に御決に相成り候得ば夫程《それほど》の事はなく、和を主と遊ばし、万々一戦に相成候節は、当時の有様に而は如何とも被遊《あそばされ》候様無之候得《これなくそうらえ》ば、去る八日御話候は海防掛計りの極密に被成《なされ》、於公辺《こうへんにおいて》も此度は実に御打払之思召《おぼしめし》にて御号令被遊度《あそばされたく》、臍《ほぞ》之下に和之事有之候而は、又自然と他に漏聞へ候故、拙策御用に相成候事にも候はゞ、和之一字は封じて海防掛而已《のみ》之あづかりに致し度事に候。右故本文にも和之一字は一切不認《したためず》候。

攘夷の布告は万一戦争が生じたとき総崩れとなるのを予防し、国防再建を促すことが目的であって、西洋諸国との外交交渉には避戦を旨として臨むというのである。ここには術策を重んずる水戸学の特徴がよく出ているといえよう。しかし、国家の大事に際し、公然と表裏相反する政策をとるのは妥当だろうか。確かに、この術策は国内の危機感の高揚には十二分の効果を現わしたが、それは周知のように、当の徳川政権の正統性を犠牲に供することにもなったのである。

斉昭の『海防愚存』は、内戦外和の主張に続き、海防対策として、槍剣術の奨励、オランダからの軍艦・蒸気船・大小砲の購入、銃砲の増備と訓練、士民兵の取立などを提言している。海防論としては以前からの議論を集大成したもので、新味はないが、攘夷論の主唱者でも、軍備強化に際しては、固有の伝統の活用や復古だけでなく、西洋技術の動員も重視した点に注意せねばならない。

徳川斉昭が内戦外和論を主張し始めた頃、徳川公儀で指導的位置にあった海防掛の勘定方も、回答延引策から逸脱し始めていた。ロシアの使節が長崎を訪れたという知らせが到着したのを機会に、再び限定交易論を唱え始めたのである。

## 二　ロシア使節の到来と回答延引策の採用

**ロシア使節の到来と限定交易論**　ロシアは、アメリカが日本に開国使節を送るという情報を得ると、一八五二（嘉永五）年五月、中国と日本へ使節を送ることを決定した。使節には九年前にこの計画を提案した海軍中将・侍従将軍プチャーチン（Evfimii Vasilievich Putyatin）が選ばれた。その使命は中国から商船の寄港許可を獲得すること、および日本と通商条約の交渉に入ることであったが、日本との交渉に当たっては、アメリカを意識しながら、「日本人に対する悪意ある態度を差し控え、望ましいものを交渉と平和的手段の方法によってのみ達成するように努力すること」が特に命じられた（和田春樹・一四頁）。プチャーチンは九月、皇帝ニコライ一世の日本皇帝あて書簡を携えて、ペテルブルク沖合いのクロンシュタット港を出発した。彼には四隻の艦隊が託されるはずであったが、彼は旗艦の帆走艦パルラーダに先だってイギリスへ赴き、ここで蒸気スクーナーを購入して軍艦に改造し、ヴォストーク（東洋）と名づけた。

ここで旗艦の到着を待ったが、パルラーダは途中で嵐にあって修理が必要となったため、イギリス出発は一八五三年一月となった。老朽艦パルラーダは喜望峰《きぼうほう》でも修理を要したので、日本到着はあとから出発したペリーの後塵を拝することとなった。外務大臣ネッセルローデ（Karl Basilievich Nesselrode）は、当初、小笠原で艦隊を集結させた後に、江戸に赴くよう命じていたが、プチャーチンが出発した後、交渉の方式を日本が受け入れやすい形に変更した。ペリーに同乗を拒否されたシーボルトを雇い入れ、その助言に従ったのである。日本が正式の窓口と宣言している長崎をまず訪問し、元首間の国書の交付は避けて、老中あての外務大臣書翰を長崎奉行への説明書とともに差し出し、ロシア側の意図の諒解を求め、その上で使節の江戸出府の許可を求めようという方策である。この変更に際しては、通商だけでなく、国境の確定も重要な交渉課題として追加された。この訓令は、同年八月、出発前に打ち合わせた連絡地、小笠原でプチャーチンに伝達された。彼は当初、すでに江戸にいるは

図14　プチャーチン肖像

ずのペリー艦隊と合流して日本に当たろうと道を急いでいたが、この訓令に接して長崎に行き先を転じた。長崎沖に着いたのは、八月二一日、日本の暦で七月一七日であった。

翌日、「ろしあ国の船」と書いた小旗をつけた四隻の艦隊が入港すると、長崎奉行大沢定宅は来意を質《ただ》し、直ちに江戸にこれを報じた（外国一—二九六号）。その急報が江戸に着いたのは、二七日のことである。老中は、翌日、有司に評議を命じた上、奉行に対し、国書を受領し、回答はオランダ商館長を通じて行うから、直ちに退帆せよと伝えるように訓令した（外国二—一三・一四号）。アメリカ問題を機にあらかじめこのような場合の対策を評議していたため、直ちに決定できたのである。しかし、プチャーチンは訓令が長崎に届く前に、回答が予想より遅れているとして、江戸に回航する意向を示した。彼は長崎・江戸間の所用日数が早飛脚《はやびきやく》の場合に片道七日、商売飛脚の場合には五日という事実を知っていたのである（外国二—一五七頁）。その急報が老中の下に届いたのは、八月四日、増《ぞう》上寺《じょうじ》で将軍家慶の葬儀が行われていた最中のことであった（水戸上編乾—一五六頁）。徳川公儀は直ちに退帆要求を撤回する旨の訓令を発したが（外国二—一三・一四号）、これを機に、有司の間ではにわかに限定交易許容論が有力となった。

これをまず提唱したのは筒井政憲である。西洋諸国と日本の軍事力の差をあらためて指摘し、交易拒絶や打ち払いの論を否定して、時期を国力再興までと限り、対象をアメリカ・ロシアの二国に絞って交易を許し、それによって他国を拒もうと述べたのである。また、ペリー来航後、勘定吟味役《ぎんみやく》兼帯に引き上げられていた代官江川英龍は、対露限定交易論を主張した。斉昭の側近藤田東湖《とうこ》に説明したところでは、「魯西《ロシア》人丁寧に持込候だけ必しりばり強く可有之《これあるべく》、右を御断り被遊《あそばされ》候へば亜墨《アメリカ》と両方に相成、神国は腹背敵を受、不容易《よういならず》候間、魯西と相結び通商御許容、さる代り断然として亜墨をば御拒ぎ可然《しかるべく》、右は世界の大勢の上より愚考仕《つかまつり》候」ということであった（水戸上編乾―一五八頁）。これは、筒井の主張よりは開放度を限定した案であったが、避戦を優先し、西洋諸国間の対立を利用して譲歩を抑制しようとする点で、発想を同じくするものであった。江川が徳川公儀における西洋砲術の数少ない熟達者の一人で、海防強化を一身に担っていたためか、この主張は海防掛の勘定方のみならず、阿部ら有力者の支持も得るようになった。

このような動きに対し、徳川斉昭は、真っ向から反対した。これより先、八月三日に一三箇条の建白を行って、再び攘夷の大号令の布告を主張していた彼は、阿部に書簡を送って筒井の主張に反駁《はんばく》する一方、六日には、家祥への将軍宣下《せんげ》が済んだら辞職したいと申し出たのである（同上、七二～七七頁）。斉昭の辞職は危機の最中に世の徳川公儀への信望を失わせることが確実であったから、阿部は極力慰留に努めた。八日、懸案の大号令について斉昭に案文の試草を依頼する一方、自らも筆を取って原案をつくり、斉昭の加筆を仰いだのである。斉昭案はいま不明であるが、阿部案の骨子はのち一一月一日に発令されたものとほぼ同じ回答延引策であった。斉昭は、文勢を強めた上で、これをほぼ承認した。「此号令表発の上は交易は先思召切《おぼしめしきり》之外無之《これなし》」、すなわち限定交易論を阻止し、徳川公儀を貿易拒絶にコミットさせるのが主眼だったからである（同上、八一頁）。

しかし、阿部が一〇日、斉昭の建議書を評議にかけたところ、有司の間から強い反対論が沸き起こった。特に、海防掛の勘定奉行・吟味役は、三日の斉昭意見書に対する反対論を江川に起草させ、提出した（外国二―四号）。その主旨は、やはり避戦政策の優先が不可避なことを述べ、ロシアのみに対して限定的な交易を試行しようというものであるが、先の三奉行意見と同様に、ロシアが他国の渡来を防ぐと保証した場合にのみ許すという条件をつけていた。ともかく、こうして、斉昭の登用とロシア使節の到来とを機に、徳川公儀内部では、再び、通商の可否をめぐって論争が始まったのである。阿部は、ロシア国書の内容が当面は分からず、将軍の代替わりの行事も重なっていたので、この問題を一旦棚上げした。

**ロシア対応策と大号令**　大号令問題が再び評議にかけられたのは、一ヵ月後、九月一三日のことであった（水戸上編乾―八二頁、外国二―一六一号）。評議の席上で筒井が阿部の原案を読み、各々に大号令の公布についてその可否を問うたのであるが、答申が揃う前、一五日にロシアの国書が江戸に到着したため、ロシア対応策との兼ね合いで、この議論は展開することとなった。

八月一九日、プチャーチンが長崎奉行に差出した外務大臣ネッセルローデの老中あて書簡は、大略次のようであった。御前大臣プチャーチンを全権として貴国に派遣したのは、一つには世界情勢の変化の中で日本の命運を懸念するためであり、また両国間の問題を解決して和睦を樹立するためである。

後者については第一に両国の境界を定め、第二にはロシア船に対して入港と交易を許されたい。両国は隣国であるから、「相互に親交するは自然の理義にて、其高大なる事、固《もと》より他の遠国へ交わるとは格別に相勝るべき訳有之《これある》は御明察可被下《くださるべく》候」。これに添えた書簡で、プチャーチンは国境画定の重要性を訴え、そのために江戸出府および老中との面談を求めた（外国二―四九・五〇号）。

プチャーチンは、当初、日本側の主張に従って江戸からの返事を待ったが、かつてのレザーノフのごとく交渉が延引するのを恐れて、八月二四日と九月一日の二度にわたり、催促を行った。オランダ商館長を介した回答を拒むのは勿論、江戸への回航も示唆したのである（外国二―五九・七四号、一〇三号）。いずれの催促も飛脚便で江戸に送られたため、宿次の国書より先に到着している。このため、ロシア国書が到着すると、徳川公儀は漢文版の和訳を急ぎ、二二日から評議を始めた。翌日には、長崎奉行に国書の写しと和解を送付し、往復にロシア側の見込みより日数がかかることを説明して、使節を引き留めておくように命じている（外国二―一三五・一三六・一三七号）。

このロシア国書への対応策は、大号令問題と密接な関わりを持ったが、後者については意見が分かれ、なかなか進展しなかった。大小目付が海防掛と否とを問わず賛成する一方、海防掛の勘定方・三奉行（公事方を含む）・江川英龍はいずれも反対した。また、筒井政憲と大目付の深谷《ふかや》盛房《もりふさ》は号令の公布自体には反対しなかったが、無謀の打ち払いを諫め、平穏の処置をとるように主張した（水戸上編乾―八二〜八七頁）。反対論の内、江川は、徳川斉昭の『海防愚存』への反論も上書し、戦争が勃発したら二、三年では済まず、始めたばかりの武備の再建にも五、六年はかかると述べ、避戦の必要を力説した。そして、以前、海防掛の勘定方と連署して提案した対露限定交易論から条件をはずし、申し込みがあり次第ロシアとは交易を始めるべしと主張し始めた（外国二―一六〇・一六一号）。また、筒井は、大号令を発する場合には、重い手続きを取る必要がある、まず朝廷に奏聞して進止を取り、次いで将軍が全大名を召集して親征の決心を示すことが必要だと述べた。これは、対外政策を徳川公儀のみで決め、布告するという慣行に反する主張である。斉昭の大号令案を前例のない煩雑な手続きを持ち出して阻止しようとしたものかと思われるが、しかし、この提言は短期的策略を越えた意味を持つようになった。対外危機の処理において国内の幅広い合意が必要という考えは以前から伏流し、公儀の対外策諮問はそれに応えたものであったが、朝廷の同意を全国的決定の重要な階梯《かいてい》に加えるというアイデアは予想外の効果を持った。五年後に実行され、徳川に破滅的な結果をもたらした朝廷への事前奏聞は、ここに淵源を持つのではないかと思われる。

大号令問題が停滞する一方、ロシアに関する評議は進捗《しんちょく》をみた。通商はともかく、国境問題に関する交渉は不可避だったからであろう。阿部は、一〇月五日、正式に回答する意向を告げてその案を有司の評議に付し、さらに同八日、長崎に応接使を派遣することを決定して、これに大目付格筒井政憲・勘定奉行川路聖謨・目付荒尾成允《なりまさ》および儒者古賀《こが》謹一郎《きんいちろう》（茶渓《さけい》）を任命した（外国三―九号、一五・一六号）。プチャーチンを江戸に迎えず、代わりに応接使を派遣することにしたのは、かねて宣言した国法を立て、国内外の人々が新たな外交関係が発生したと考えたり、交渉が不利になるのを防ぐためであった。また、プチャーチンの望みどおりに老中を派遣しなかったのは、ペリーの場合と同じく、儀礼上で優位に立つためではなかったかと思われる。ともかく、江戸には、老中全員が阿部政権の柱石たる勘定奉行松平近直《ちかなお》とともに留まって、プチャーチンやペリーの来航に備え、長崎への全権としては、公儀有司の中で最も経験と交渉力に富む人々を送ることにしたのである。なお、応接使のうち、荒尾の祖父成章《しげあきら》は文化《ぶんか》年間の対露危機の際に松前奉行として第一線にあった人で、避戦のための対露限定通商論を提案したことがあった。古賀は侗庵《とうあん》の長男で、オランダ語も学んでおり、対外策諮問に対しては、日本側から外国へ使節を派遣し、いずれは渡海による交易を始めるべきであると上書していた（外国三—一九七号）。誰の人選か分からないが、表向はともかく、いずれは開国への転換を進めようとする布陣であり、斉昭の志向と正反対であったことは間違いない。

ところで、ロシアへの回答案は、老中の指示により林大学頭が起草した。『水戸藩史料』によると、儒者古賀謹一郎と安積《あさか》祐助（艮斎《ごんさい》）が別々に書いたものを元にしたという（一八四頁）。こうして評議に提出された案は、ロシアの好意に好意をもって応じようと述べた上、国境画定については現地調査その他煩雑な手続きを要することを理由に時期尚早であるとし、交易についても今は決定できないというものであった。貿易は祖宗の厳禁ではあるが、世界の情勢が大きく転換して「貿易之風駸々《しんしん》日に長」じ、「誠に古例を取りて今を律するあたはず」という現況も認めるにやぶさかでない。しかし、ロシアに交易を認めたら他国にも認めざるを得ず、それは我が国力の耐えるところでないし、数百年の制度を短期間で改めるのも困難だと述べている。末尾には「我が君主新たに位を嗣ぎ、百度維新す。かくの如き重大の事項、必ずやこれを京師に奏し、これを海内の牧伯に諭示し、これを百工群民に布告して、協同商議、衆、遺言無くしてのち議定し、議定してのち従事す。顧ふに勢ひ三五年之時月を費さざるを得ず」とある（外国三―一五号）。これは、ロシアの憤激を和らげるため将来における貿易開始を示唆しつつ、実際には回答延引を図ろうという案であるが、その手段として国内の合意形成の手続きを挙げている。先の筒井と同じく、朝廷への奏聞を第一に挙げているのは重要であろう。評定所一座はこの文面を批判し、牧伯への諭示以下を虚飾に過ぎるとして改め、また朝廷への奏聞云々も煩雑な注文がつくかも知れぬとして除くように求めたが、原則上は奏聞を排除したわけではなかった（外国三―一六号）。元は回答延引の手段だったのであろうが、国制の根幹に関わる公的文書の作製にあたってこのような提案がなされ、それが実現したことは、後に重い意味を持つことになる。

　このような原案が評議されている最中、長崎での応接掛に選ばれた筒井と川路は、再び避戦を旨とした対露限定交易論を提唱し始めた。連名の上書で、「漢高祖《こうそ》・唐太宗《たいそう》之手段を御用、一旦穏之御処置に相成り……御武力之御充実を御待被成《なされ》候思召相決不申《もうさず》候而は両人罷越《まかりこし》候は実に無益之義」、「深く御国之御為を奉存《ぞんじたてまつり》候へば一身を潔く仕度《つかまつりたし》とてけなげなることを申上、御代替御間も不被為在《あらせられず》候間……猥《みだり》之儀を仕、行末御後悔被遊《あそばされ》、天下之騒動を引出し候様之儀有之《これあり》候而はいかにも恐入候義にて、近く清朝之林則徐《りんそくじょ》など国威を示し、一時勢はけなげに相見候へ共、忽《たちまち》国家之破滅を引出し候見合も有之」と述べ、斉昭の反論を受けると、さらに上書して、ロシアが他の西洋諸国の交易要求を抑える保証をした場合、オランダなみの交易に応じようとの提案をしたのである。彼らは、その際、かつて松平定信《さだのぶ》がラクスマン応接掛に与えた書類を捜し出して添付し、限定交易論を正当化した（水戸上編乾一一六六〜一七三頁）。

こうして再び有司首脳と斉昭との政策対立が始まった。阿部は、一四日にまた大号令を評議にかけ、元の文面を大小目付の意見に沿って修正した原案を下したが、三奉行と勘定吟味役は連署してこれに反論した。以前は微妙な意見の差を見せていた海防掛の勘定方と評定所一座が連合して対抗したのである。後者は大号令はアメリカのみでなくロシアへの回答とも齟齬《そご》しないようにせねばならず、ロシアへの対応策は未決なのだから、大号令にはただ「寛猛御取扱御治定《ごじじょう》、追而可被仰出候《おっておおせいださるべく》」と記すようにと求めた（同上、八八頁）。その真意は斉昭の狙っている交易封じ込めを阻むことにあったと思われる。これに対し、斉昭は、一九日、老中・若年寄《わかどしより》に対して、正式に参与辞退の内意を表明した。表向きは、二三日に家祥あらため家定への将軍宣下が内定しているから、それが終わったら参与は不要になると説明しているが、無論、真意は公儀を困惑させて持論を通すことにあった（同上、九〇頁）。ロシアへの回答についても、翌日、筒井・川路に対して、再度、詰問の意見を送っている（同上、一七四頁）。その結果、両名は二四日に至って交易許容論の発言を控えるよう同意した。そこで、阿部は、二五日、自ら大号令の文案を修正して斉昭の意見を問い、その賛成を得て、斉昭の辞職願いの却下に成功した。こうして、一一月一日、家定就職の最初の定例式日に公布された大号令は、かつての案通り、「来年渡来いたし候共、御聞届之有無は不申聞《もうしきけず》」と、通商許容の可能性を排除したものとなったのである（同上、九四頁）。全文は次の通りであった。

亜墨利加合衆国より差出候書翰の義に付、夫々被致建議《それぞれけんぎいたされ》候趣、各遂熟覧《じゆくらんをとげ》、集議参考之上、達御聴《ごちょうにたつし》候処、諸説異同ハ有之候得共、詰り和戦之二字に帰宿いたし候。然る処面々被致建議候通り、当時近海を始め防禦筋未《いまだ》御全備に不相成《あいならず》候に付、渠《かれ》申立置候書翰之通り、弥《いよいよ》来年致渡来《とらいいたし》候共《とも》、御聞届之有無ハ不申聞、可成丈《なるべきだけ》此方よりハ平穏に為取計《とりはからわせ》可申候得共、彼より及乱暴《らんぼうにおよび》候義、有之間敷《これあるまじく》とも難申《もうしがたく》、其節に不覚悟有之候而ハ御国辱にも相成候儀に付、防禦筋実用之御備精々心掛、面々忠憤を忍ひ、義勇を蓄へ、彼の動静を熟察いたし、万一彼より兵端を相開き候ハヾ、一同奮発毫髪《ごうはつ》も御国体を不汚《けがさざる》様、上下を挙而《あげて》心力を尽し、忠勤を可相励《あいはげむべし》との上意に候。

## 三　回答延引策の成功

**ロシア使節の外交環境**　新将軍徳川家定の一一月一日の宣言は、ペリーの再来に際し、正式の回答を与えず、引き延ばしを図るというものであった。それは、徳川斉昭の思惑どおり、通商受諾の可能性を封じ、同時に、当面は国内の徳川公儀への支持も確保した。攘夷論者や避戦論者、さらに現状の変更を恐れる保守主義者のいずれもが、あえて公儀批判に出ることはなかったのである。この政策は、ペリーよりも先、まず長崎滞在中のプチャーチンに適用されて、一旦は成功を収めることとなった。

七月中旬に長崎に入港したロシア艦隊は、あらかじめ定めていた方針に従って、日本側に対し、極めて丁重な態度をとった。威あって猛からずというこの姿勢は、長崎奉行所の下役人をはじめ、日本側からかなりの好意をかちえた。ロシア側は知らなかったが、幕府内の対露限定交易論も一つにはそこに根拠を置いていたのである。その反面、プチャーチンは、かつてのレザーノフと異なって、交渉のため日本に腰を落ち着けうる状態になかった。八月下旬、上海に情報と食糧の調達に派遣していた船が帰着し、トルコとの関係が悪化して、英仏を巻きこんだ戦争に発展する恐れが生じたと伝えたからである。日本側は交渉の全過程を通じて、このプチャーチンの窮境にまったく気づかなかった。先に到来した年一回のオランダの定期船以外に西洋の情報源を持たず、中国船も太平天国の乱の影響で来航しなくなっていたからである（川路日記・一〇八頁）。しかし、プチャーチンの足場の不安定さはやはり日本側に有利に働くことになった。

プチャーチンは、長崎入港直後、蒸気船を樺太《からふと》からアムール河口に派遣して、国境問題の現地における進展状況を調査させた（以下ロシア側については、和田春樹と秋月俊幸による）。本国からの連絡によると、皇帝は、日本人の来住する樺太南部をロシア領にするため、プチャーチンの派遣と同時に、アムール河口付近をロシア領化するため積極的に活動していた軍人ネヴェリスコイに軍隊を与えて、派遣した。ネヴェリスコイはアニワ湾の中心地クシュンコタンにあった日本人集落の傍らに砦を築いてその足掛りとした。派遣された蒸気船の艦長リムスキー・コルサコフ（有名な作曲家の兄）はネヴェリスコイと行き違って会えなかったが、「アムール川沿いとサハリンにおいてわが国の権力が確立される」との印象を持って帰ってきた。しかし、プチャーチンは、その間に上海からの情報によって計画を変えていた。再度船を上海に送り、もし戦争が始りそうだとの情報を得たら、江戸から何らかの回答を得次第、全艦隊で上海に行き、補給・修理の上、太平洋を渡ってサンフランシスコに難を避けることにしたのである。老朽艦パルラーダの率いる艦隊には練達のイギリス海軍と戦闘する能力がない。そうである以上、日本との交渉は一旦棚上げして、中立国であり、独立戦争以来イギリスと犬猿の中にあったアメリカに逃げこむのが得策と考えたのである。このため、リムスキー・コルサコフが帰ってくると、プチャーチンは老中あての書翰を奉行所に差し出し、一〇月二三日、行き先を告げずに出港した。長崎に戻った時、日本側の全権が到着していない場合は江戸に直行すると言い置いてである。

上海に着いたプチャーチンは、そこでイギリス艦隊がアメリカ西海岸を遊弋《ゆうよく》しているとの報に接し、三度計画を変えて、長崎経由でアムール河口に向い、そこで越冬することにした。香港にいたペリーに手紙を送り、日本に対する共同行動の提案も行ったが、日本開国の先頭を切る意欲に燃えていたペリーはこれを断っている。日本暦の一一月下旬、クリミア戦争勃発の第一報をえたプチャーチンは、石炭をペリーから譲り受けるや否や、上海を出発した。長崎に帰着したのは、一二月五日であった。

**長崎　日本側の緊張**　これより先、ロシア応接掛を命じられた筒井政憲・川路聖謨・荒尾成允・古賀謹一郎らは、一〇月末から次々に江戸を出発した（以下、主に川路日記による）。一一月一日の将軍の政策公表を待たなかったのは、幕府がプチャーチンの動きをいかに気にしていたかを示している。本来なら応接掛自身が携行すべきロシア国書への返書を後から別便で送ったのも同様であろう。方針の決定が遅れたため、しかるべき威儀を備えた国書とその包箱の製作が間に合わなかったのである。しかし、応接掛の人数は膨大で、急行することはできなかった。幕府は応接掛に日本全権にふさわしい威厳を添えるため、一〇万石の大名なみの供連を付けるよう命じた。彼らはそれぞれが臨時の家来を雇い入れ、例えば川路は、徳川斉昭の依頼で、その中に原任蔵《にんぞう》や日下部《くさかべ》伊三次《いそうじ》を加えていた。原は藤田東湖の甥で、のちに市之進と名を変えて将軍徳川慶喜《よしのぶ》の股肱《ここう》となった人、日下部は事情あって水戸藩に寄寓していた元薩摩藩士で、のち、水戸藩への降勅に関係して安政《あんせい》の大獄《たいごく》のきっかけを作ることになる人である。また、川路の一行の中には、天文方出役の美作《みまさか》藩士箕作阮甫《みつくりげんぽ》、および彼の推薦で加えられた伊予大洲《おおず》藩士武田斐三郎《あやさぶろう》の姿もあった。箕作は公儀の命により特に同行を命じられていた。長崎のオランダ通詞が行ったロシア国書等の翻訳は極めて杜撰《ずさん》で、ロシアの提出した漢文版も同様に不正確なものであったから、公儀はその意の判読に苦しんでいた。長崎の交渉には万全を期す必要があったから、蘭学の技量に定評のあった箕作を起用したのであろう。こうして大所帯となった応接掛は、当時の基準からすればできるだけ切り詰めた旅程を組んだ。大名の参勤《さんきん》や幕府有司の旅行に付きものだった知人との面会や物見遊山はできる限り断る方針を立てて、長崎に旅だったのである。極寒の季節、首席全権の筒井政憲は七六歳の高齢であった。

図15　川路聖謨肖像
（東京大学史料編纂所蔵）

　プチャーチンは長崎に帰着した時、日本側全権は当然到着していると期待していた。しかし、この時、全権団はまだ佐賀以東にあった。プチャーチンは早速、長崎奉行に江戸に回航するとねじ込み、奉行は日延べ交渉をする一方で、寒中の遠路に遅れぎみだった応接掛に急行を要請した。川路を先頭に彼らが長崎に着いたのは、当初の予定どおり八日から一〇日にかけてのことであった。

最初の会見は一四日にセットされた。この日、応接掛は長崎奉行二名とともに、出島を眼下に見る西役所にプチャーチン一行を迎えたが、彼らは極度の緊張状態にあった。川路の到着直後、一〇月末にプチャーチンが書き置いた老中あて書翰が江戸から再転送されて来たが、そこに国境問題に関して国書より厳しい主張が記されていたからである（外国三―二〇号）。すなわち、同書翰は千島《ちしま》は全体が古来ロシア領であり、エトロフ島もその内にあるが、いまエトロフにはアイヌ・日本人・ロシア人が混住しているから帰属について協議せねばならないとし、樺太については、国書ではその帰属を協議事項にしていたにもかかわらず、「此三ヶ月来魯西亜之所領とし、且許多《あまた》之軍兵を置きて是に備ふ」と記していたのである。この書翰には、さらに通商の勧めを繰り返した上、「江戸近傍の南地」と蝦《え》夷地《ぞち》の二ヵ所の開港および商則の定立を要求していた。応接掛にとって後者はこと新しい問題ではなかったが、危惧の的は国境問題がもはや一刻の猶予も許されなくなった事実であった。

プチャーチン書翰は応接掛のロシアに対する疑念を深めた。そこで、彼らは一四日の会見以前にはロシア艦への招待を断り、西役所での初対面後、筒井・川路の二正使が答礼に招待されたときにも、誰が行くべきかをめぐって大いに議論した（川路日記・四九、六五頁）。ロシア艦に行くと人質にとられ、要求の受諾を強要されるのではないかと恐れたのである。おそらく、かつてフェイトン号がオランダ商館員を拘束した史実を思い浮べていたのであろう。寄合の席に現れた警備当番の福岡城主黒田斉溥《なりひろ》は、ロシア艦隊がいつでも出帆可能な態勢を整えていることを指摘して、かかる疑念を増幅し、その際にはかねて用意している焼き討ち船、および切り込み隊を載せた船を提供しようと申し出た。彼らは英仏の参戦を恐れていつでも出港できる態勢を取らねばならなかったロシア側の事情を知る由もなかったのである。この申出に対し、川路は万一の場合には応接掛もろとも焼き捨ててほしいと応じたが、斉溥の退座した後、考え直した。「公儀へ大国の敵を新にこしらえ」てはならぬと考えて、斉溥に断わりを入れ、応接掛一同に対しては、ロシア艦へは自分一人が行き、万一拘束された場合はロシアの首都まで行って皇帝を説得しようとの決意を披瀝《ひれき》したのである。これを聴くと、勘定組頭の中村為弥、筒井、そして古賀は、いずれも我も我もと露艦行きを志願した。寄合は悲壮かつ悲観的な気分に満たされたのであるが、彼らはしばらくして冷静さを取り戻した。まずプチャーチンの態度を試みようと考え、書翰を出して、招待の際には国事の交渉をせぬよう約束せよと要求したのである。プチャーチンはこれを受け入れた。また通詞の森山栄之助はロシア側の様子に異常は見えぬと証言した。このため、応接掛の危惧はようやく収まったのである。

一二月一七日、筒井と川路は旗艦パルラーダに赴いた。万一を考えて、将軍の朱印《しゅいん》、全権委任の印を長崎奉行に預けた上のことであった。しかし、筒井の手記によると、プチャーチンは高齢の筒井に敬意を表するためわざわざ舷側《げんそく》のランチに降りて出迎え、自ら手を取って艦上に案内したという。「其の礼譲の誠実に出でて、毫《いささか》も虚薄の情なき事、為に感涙をたれて、嘆賞するに堪えたり」（筒井政憲手記、川路日記・七五頁)。この招待は、一事が万事この調子であった。予想外の懇切なもてなしに加え、豪勢な料理と美酒が出されると、警戒に閉ざされていた応接掛の心は打ち解け始めた。談笑も始って、例えば、川路が「妻は江戸にて一、二を争う美人也。夫《それ》を置きて来りたる故か、おりおり思いだし候。忘るる法はあるまじきや」と語ると、一座は爆笑に包まれた。ただし、この発言の裏にはしたたかな外交的計算があった。川路は交渉を短期間で終えたいという日本側の意思を間接的な形でほのめかしたのである。ともかく、筒井・川路両全権はこのロシア艦訪問を通じて、「詞《ことば》通ぜねど、三十日も一所に居るならば、大抵には参るべし。人情、少しも変らず候」と実感するようになった。相手が社交上手だけに交渉はやさしくないと覚悟したが、それが平和裏に展開することは確信するようになったのである。陸で待つ奉行たちの心配を察し、帰途についたのは、すでに暮れ時であった。

**談判の展開と中断**　翌一二月一八日、応接掛は再びプチャーチンを西役所に招き、ロシア国書への回答を手交した。彼らの江戸出立後に宿次で送られた返書が、一四日の初対面のあと、ようやく到着し、回答可能となったのである。本書は密封されていたが、交渉の基礎とするためプチャーチンにはその写し(漢文)が交付された。ロシア側は長崎通詞に頼んで蘭訳させている。この返翰はロシア国書が宰相の署名であったのに対応して、老中連署の形式を取っており、内容は先に見た草案と同様であった。国境に関しては、辺藩(松前藩を指す)に命じて詳しい調査を行い、その上で大官を遣わしてロシア官人と会同商議しようと、交渉の先送りを主張し、通商に関しても国内手続の繁雑を指摘して、決定には三、五年の日月を要すると述べ、その委曲を説明するために長崎に全権二名を派遣すると記していたのである。

ロシア側に検討期間を与えた後、二〇日から全権同士の交渉が始った。用語はオランダ語を用い、日本側は西吉兵衛と森山栄之助、ロシア側は副官ポシェットが担当した。ゴンチャロフによると、このうち、西はあまりにも発言を簡略化するので双方とも意思疎通に困難を感じたという。森山は逆に「通弁殊《こと》の外《ほか》達者にて、蘭書を訳すること、手紙を書くがごとし」（川路日記・五〇頁）と評されて、以後、重用されることとなった。

さて、日本側の交渉記録によると（外国三―一三七号）、初日のこの日、ロシア側はまず筒井と川路が全権を委任されていることを確認した上、全権ならば国境問題について老中返書の内容を越え、ここ長崎で商議決定する権を持つはずだと述べ、通商に関しても「古例を取りて今事を律すること能《あた》はず」という文言を捉えて、日本は通商許容に政策を転換したのではないかと質した。これに対し、日本側は前者については議論だけならば可能と答え、後者については老中返書どおり、代替りその他の国内事情を述べて回答延引を止むを得ぬとした。原則を認めながら、目前の故障を理由に引き伸ばしを図る日本側の立場は真に苦しいものであったから、ここまではプチャーチンが優勢であったと言ってよいであろう。

しかし、川路はここで反撃に出た。鍵はロシア国書の文言である。ロシア国書は隣国日本に対する懇親の意を述べている。日本側はロシアが他国と異なって隣国であるがゆえに大官が自ら長崎まで出張し、艦隊を訪問して贈答にも及んだ。プチャーチンもこの誠意に応えて日本側の余儀ない事情を洞察してほしいというのである。その上で川路は全権はあくまでも政府の趣意を基本にして細目の交渉に当たるものであって、プチャーチンの言うような政府と異なる決定をする権はもたないと述べた。これに対し、プチャーチンは原則同意を表した上、具体的な条件の商議を提議した。すると、川路は直ちにロシア国書の文言とプチャーチン書翰との矛盾を突く戦術に出た。エトロフ島の帰属については、かつてゴロヴニーン釈放の際、その先のウルップ島を両国の境界とする契約をし、以来エトロフには日本の番所を置いて来た。元来千島はカムチャツカまで日本の所領であり、蝦夷人のみが居住してきた。また樺太も南部は日本の所領であってこれまでも番所を置いてきた。それなのにこれらの事実を否定しようとする使節の主張はいかにも攻撃的であり、不審である。「貴国政府之書翰にも無之《これなき》儀を使節よりは色々と弁を加え、申聞けらるる趣も有之《これあり》候は、政府之意にあらざるべし。……右様の心得方《かた》に有之候はば、通信通商之儀は論判にも及び難く、是等よりして我国人心之憤怒を生ずべし」。談判を整えたいなら先のプチャーチン書翰を取り下げてはどうであろうか（外国三―三九〇頁）。プチャーチンはこれに対し、エトロフ問題を後日の議とし、樺太に軍隊を派遣したのは現地民がロシアの統治を望んだからであり、日本の属地に手出しする意図はなく、ともかく境界を定めたいと述べた。彼にとってエトロフは交渉の瀬踏みの手段にすぎず、主眼は無論、現実に占拠が進んでいる樺太にあったのである。川路はこれに対し、国書にはロシアは領土獲得の野心がないとある、ならば樺太からまず軍を撤すべきであると詰った。プチャーチンは、政府書翰との齟齬は他国による占拠の試みを防ごうとして生じたのであり、国境が決まれば早々に引き払うと弁明した。川路はこの言葉を得ると、直ちに書面にして確約することを要求した。プチャーチンはこれに同意を与えたが、返す刀で交渉の早期開始を促し、樺太南部は日本、中・北部はロシア領となろうとの見通しを述べた上、日本側の主張するように三、五年も待っていたならばロシア人は土地に定着して引き払えなくなると指摘し、今回直ちに現地に赴いてそこで協定を結びたいと主張したのである。第一回の交渉はここでほぼ終了し、開港・通商等の談判は次回に送られた。

日本側はこの初度の交渉を大成功と評価した。軍事的にまったく劣位にある中で、樺太全島の軍事占領の定着やエトロフの奪取を回避できる見通しが付いたのだから無理もない。川路はその日記にこう記している。

左衛門義、魯西亜は虎狼の国と世に申候、然りや、信義の国也や、いかに。道理を守らば、わがことに随い候えとて、理をつくし候て申諭し候処、大いに承伏いたし候て、エトロフへ立入る間敷、樺太を手ざし《（ママ）》いたし申さず、差出し置き候軍兵を引払い申すべき旨、これを申す。すらすらと参り申すべき体也。（七九頁）

事前の危惧があまりに強かったせいか、有頂天すぎる感はあるが、国境問題についてはこの第一回の交渉で見通しがほぼ付いたのは確かである。

その後、両国の全権の間には、二二日から二八日にかけて四回の交渉がもたれた。この間、基本的には双方の押問答が続いたが、若干の点では進展が見られた。まず樺太については、交渉の前段階として双方が調査隊を派遣することが合意され、彼我の衝突を防ぐため日本の調査隊が携行すべき証明書をプチャーチンが発給した。これに対し、通商については、日本側は終始受け太刀であり、ひたすら言を設けて回答の延期を図るのみであった。筒井・川路両人とも本音は対露限定交易論であったから、ロシア側の世界情勢と貿易利益そして軍事力の懸隔を振りかざした主張を前にしたとき、その胸中はさぞや苦しかったのではないかと思われる。彼らは第四回交渉では、通信通商に関して帰府後老中に政策転換を進言することを約し、その意味の書面をプチャーチンに交付する方針を明らかにせざるを得なかった（外国三—一五六号）。

しかし、日本側の譲歩はここまでが限界であった。以後は手切れを覚悟でその主張を覚書にしてロシアに与え、交渉は露艦に中村為弥を派遣して行うこととしたのである。年が明けて正月元旦には、日本側の覚書と引き換えにロシア側から渡されていた日露条約案を返却することを決定し、翌日これを決行した（外国四—三号）。条約案には正式の条約が締結されぬ限りエトロフを日本領と認めぬとあり、応接掛はこれをあくまで拒もうとする強硬姿勢を明らかにしたのである。彼らは領土に関する譲歩は必ず国内の強硬論を勢いづけ、西洋諸国との戦争回避を不可能にすると信じていた。ロシア側は中村の粘りにあって、一旦形式的に返却を受け入れたが、直ちに同じものを老中あての封書として再交付し、これに応接掛あての覚書を添えた。ロシア側もこの時には交渉妥結を諦めて、再渡を期すようになっており、両国全権はすでに次回の交渉を視野に置き始めていたのである。日本側はこれに再び前回と同じ覚書をもって応えることにし、正月四日、別れの宴に招待されたのを機に中村からこれを渡すことに成功した。そして、それと同時に領土問題はともかく通信通商問題では妥協の余地があると示すことにし、同じ席で川路は、プチャーチンに通信通商を他国に許す場合はロシアにも許し、その内容も同様にするという約束を与えた。談判終盤の緊張に満ちた交渉はこうして終ったのである。日本側の招宴を済ませたプチャーチンは、正月八日、春のうちに日本へ再渡するとの覚書を残し、中立国の地マニラに向かって出帆した。彼の手には六日に日本全権の与えた覚書があった。

此の末我が邦に於てもし通商差許しにも相成り候はば、貴国を以てはじめとなすべし。此の末我が邦もし外国々と通商いたし候時もあらば、貴国は土壌相接するの国ゆへ、交易並びに其の外とも、外国同様に取扱ふべき心得に候。（外国四—一五号）

# 第八　限定的開国の受容と条約の多義性―アメリカ―

徳川公儀の回答延引策は、足場の弱かったロシア使節には通用したが、江戸湾にさらに多数の軍艦を率いて再来したペリーには効果がなかった。公儀は和親条約を結んで、下田と箱館の開港を認めた。公式の通商と通信の成立は回避しえたものの、条約を結び、開港して、オランダ以外の西洋国家と恒常的な関係を結ぶ羽目に追い込まれたのである。

## 一　開港＝限定的開国の受容

**ペリーの再来**　日本・琉球から中国南部に一旦引き上げていたペリーは、プチャーチン艦隊の上海寄港を知ると、一刻も早く日本を再訪しようと考えるようになった。彼は台風の季節をマカオで過ごし、増派された軍艦を指揮下に収めたり、艦船の修理や乗組員の休養、そして広州の警備にあたったりして日を過ごしていた。しかし、マカオにいたフランス艦が行き先を告げずに出港すると、日本へ向かったのではないかと疑心をかきたてられ、さらにロシア艦隊の行動を耳にすると、いてもたってもいられなくなった。彼は日本との本格交渉に必要な大統領からの贈物が到着するのを千秋の思いで待ち、それが届くやいなや、一八五四年一月中旬（嘉永《かえい》六年一二月中旬）、冬季の極東海域の危険を百も承知で艦隊に出発を命じた（ペリー日記・二六〇頁）。艦隊は都合一〇隻に増強されていた。ペリーは、前回同様、まず琉球を訪れ、集結基地化の進行状況を確認し、王宮を押しかけ訪問して政府に威圧を加えた。その上で、集結地と定めた江戸湾の内部、金沢沖へ向かったのである。

ペリーから先発を命じられていた帆船三隻が伊豆付近に姿を現したのは、日本暦で嘉永七（安政《あんせい》元年正月一〇日頃であった。冬季の烈風の最中であったから操船は困難を極めたらしく、なかなか陸に近づけなかった上、一四日、マセドニアンは鎌倉湾を江戸湾口と間違えて陸に接近しすぎたため、暗礁に乗りあげた。翌日、後発の蒸気艦隊がこれを発見し、その助けを借りて離礁に成功したが、その間、付近の住民は救助のため手を尽し、マセドニアンが投棄した積荷も後にみな返したという。庶民の素朴な好意もさることながら、役人がそれを指揮したことを考えると、公儀の避戦方針が末端までよく浸透していたことがうかがわれる。艦隊は浦賀沖に回って停泊し、一六日、三隻の蒸気船がそれぞれ帆船を曳航《えいこう》して、ペリーの言うアメリカン・アンカリジ、小柴《こしば》沖へ進入した。そこには運送船サウザンプトンがすでに到着して待っていた。

**日本側の準備**　アメリカ艦隊が再訪したのは、公儀が江戸近海への異国船到来対策を立てている最中であった。前年一一月、ロシアへの方針を決めた後、公儀はまず江戸内海の警備体制を改めた。品川沖の諸台場《だいば》の新築に伴って、従来海口を固めていた彦根・会津・忍《おし》・川越の四家を江戸城近くの羽田・大森や台場の担当に引き上げ、海口には代わりに萩・柳川《やながわ》・岡山・熊本、また本牧《ほんもく》警衛に鳥取といった国持《くにもち》大名を動員することにしたのである。一二月二三日にはまた在府の大大名に対して緊急時の応援の備えを命じている。他方、老中は一二月九日に、評定所《ひょうじょうしょ》一座・海防掛《かいぼうがかり》・大小目付《めつけ》に浦賀にペリーが再来した場合の対策評議を命じ、一六日には浦賀の異船応接掛として大目付井戸弘道《ひろみち》、町奉行井戸覚弘《さとひろ》、目付鵜殿長鋭《うどのながとし》、同堀利煕《としひろ》らを任命し、翌日、応接地を鎌倉とする案を検討し始めた。月末には海防掛の老中に阿部・牧野に加えて松平乗全《のりやす》・松平忠優《ただやす》の二人を加えている。さらに、二六日には江戸市中に対して町触れを出し、防備の手はずも整い、半鐘も鳴らさないことにしたので、昨年のように騒ぎ立てないよう指示し、翌日には万一の際の海岸立ち退きについて内密の布達《ふたつ》を行った（以下は、外国、水戸上編乾、ペリー日記、随行記、および安政元年正月から日米条約締結までは特に維新史料二による）。

　正月中も年中行事を縫って準備が続けられた。ペリー到来後の一一日には浦賀応接の首席として大《だい》学頭《がくのかみ》林煒《あきら》を加え、次いで堀の代わりに大学頭支配下の儒者松崎満太郎を起用した（外国二―六三一・六三九・六四七頁）。一三日には海口警衛の四家に穏便な態度で臨むよう指示を下し、一五日にはアメリカ艦隊の到着について確認が取れたので、応接掛のうち井戸弘道を除く四名に浦賀派遣の暇《いとま》を下した（一七日に朱印を下付、順次出発）。江戸市中に対しても再び町触れを出し、市中取締掛の巡回を始めて、人心の動揺と物価高騰を抑える処置をとり、翌日には在府大大名に対して羽田・大森以内の海岸警備の部署を発令している。

**交渉地点の交渉**　さて、アメリカ艦隊が小柴沖に集結すると、浦賀奉行所の役人が旗艦サスケハナに漕ぎ寄せ、乗船を要求した。しかし、ペリーはこれを拒み、パウハタンで参謀長アダムズと交渉するよう指示した。このたびも自らの姿を隠して権威を演出する政略を貫いたのである。パウハタンに来た役人は、日本政府はすでに応接掛を任命し、鎌倉で交渉に入る予定であると告げたが、ペリーはこれを直ちに拒否させ、日本側が予定された譲歩として浦賀を持ち出し、そこに艦隊を戻すように要求すると、これもはねつけさせた。浦賀は停泊に危険であり、使節は逆に江戸に行く義務を負っている、江戸と現在地の間ならともかく、浦賀に戻ることはありえないというのである（ペリー日記）。

この交渉地をめぐる駆引きは、双方で交渉全体の流れを左右するものと認識され、翌日以降も粘り強く繰り返された。ペリーは、二四日、その意向を応接掛に公式表明するため軍艦一隻にアダムズを乗せて海口の浦賀に派遣した。用意された仮設応接所で応接掛に対面して書翰を交付し、アメリカ政府から江戸参府を命じられており、かつ皇帝に贈物を献上・展示したり、顕官《けんかん》に蒸気艦を見せるには、できるだけ江戸に近いほうが良いと伝えさせたのである。その一方、彼は二七日、測量隊を江戸に向かって遣わし、艦隊の主力にもこれを追わせた。蒸気艦は大師《だいし》河原《かわら》沖まで、測量艇は品川沖まで進出したのである。その効果は的面であった。浦賀より内部にいるアメリカとの交渉に困惑し、江戸に裁量権の委譲を申請していた応接掛は、二八日、神奈川付近に応接地を移す決心をした。ペリーは部下に現地見分をさせてからこれに応じ、二月一日、横浜で交渉に入り、その間は江戸訪問を延期する旨、表明した。交渉の序幕はペリーの全面勝利となったのである。

**初度の会見と日本側の評議**　応接地が決まると、日本側は会場の設営に大童となった。浦賀から建

図16　条約交渉

物の移築が済んで、最初の会見が行われたのは二月一〇日、艦隊の到着から一月近くが経っていた（維新史料二の三―七三七頁以下）。この日、ペリーは儀容を整えて横浜に上陸し、仮設の応接所で林大学頭以下の応接掛四人と対面した。この時には、通訳に長崎での交渉を終えて駆けつけた森山栄之助が加わった。彼はかつてラナルド・マクドナルドに英語を学んでおり、アメリカ側はこれで意思疎通が容易になったと記録しているが、交渉自体はより手慣れたオランダ語を通じて行われた（随行記・ペリー日記）。初対面の挨拶の後、別室に移って交渉に入り、大学頭は大統領国書に対する返書のオランダ訳を渡してその要旨を述べ（返書自体は応接掛の署名後、翌日交付）、ペリーの側はまず死亡したミシシッピの海兵隊員の埋葬問題を取り上げて瀬踏みを行ったのち、渡来の趣旨と要求を明らかにし、かねて用意の条約草案など四通を提出した。次いで、林以外の応接掛によって饗応が行われ、それで初度の会見は終わった。

さて、日本側がペリー再来に備えて用意した政策はどんなものであったか。その出発点は無論、前年一一月一日の老中達しで表明された回答延引策であった。しかし、再来したペリーの前回を上回る兵力と強硬態度は、公儀の内部で、避戦と通信通商の拒否のうち、避戦を優先しようとの判断を優勢にした。アメリカ国書の三要求のうち、あらかじめ漂流民の保護は許諾する予定であったが、それ以外にも寄港地の開港、さらに通信・通商まで譲歩してはとの意見が、有力となったのである。

ペリーの到来と林の加入以前、浦賀応接掛はロシアとアメリカに対する交渉方針につき老中に伺いを立てていた（維新史料二の一―六四七頁）。これはプチャーチンが万一浦賀に回航した場合に備えたもので、ペリーへの対策も記していたが、ペリー再来後の正月一七日、応接掛が全権を委任された際、そのまま老中の承認を得た（同上、六六三頁）。それは、漂流民保護は通信等の有無にかかわらず当然許諾するが、通商開始は積年の法の変革ゆえ急いでも三、五年はかかるとして引き延ばし、その間、異心をなだめるために長崎に限って薪水《しんすい》を供給する、アメリカ側が通商等に固執する場合は改めて指示を仰ぐ、というものであった。

しかし、阿部はその後、この程度の譲歩では使節の顔は立たず、交渉はまとまらないと考えた。そこで、彼は徳川斉昭《なりあき》に小笠原を貯炭所として貸与してはどうかと提案している（維新史料二の二―一九四頁以下）。斉昭は腹心の藤田東湖《とうこ》と協議の上、一時はこれを真剣に考慮し、小笠原より八丈島が適当ではないかと考えたが、結局、ロシアとの交渉結果や他国との関連を考慮して、回答引き延ばし論に戻った。他方、応接掛はペリーとの応接地交渉の難航、とくに江戸進出への固執に鑑みて、通商まで譲歩せねばならないと考え始めた（同上、四八八頁）。事実上戦備のない江戸への艦隊侵入は何としてでも阻止せねばならなかったからである。彼らは二七日、江戸に「亜墨利加人え通商之試み御許容、其後魯西亜《ロシア》人其外英吉利《イギリス》・仏蘭察《フランス》等共、同様之御答ニ無之而《これなくて》は、迚《とて》も談判は相整申間敷《まじく》」と書き送った。ペリーが内海を遡航し始めたのはその直後である。

このため、公儀は二八日夕刻、斉昭のほか溜詰《たまりづめ》・同格にも急登城を命じて評議を行った（同上、五七九頁以下）。この時、溜詰大名は井伊直弼《なおすけ》以下すべて交易許容論であったが、斉昭はあくまでも漂流民救恤《きゅうじゅつ》以外は認めぬよう主張し、アメリカにはまず発砲や上陸がいかなる報復を招くかもしれぬと警告せよと述べた（同上、五九三・五九九頁、同二の三―八七二頁）。斉昭はさらに翌日、ペリーが江戸訪問を強行するに至った場合の策を進言した。談判が整わず、先方から開戦した場合は陸上の接戦に持ち込むという方針を、あらかじめ大名一統に布告しておき、その上でペリーを大師河原に上陸させて応接する、その際には長崎で石炭を供給するか、三年後に期限付きで「出《で》交易《こうえき》」を始めるか、いずれかを選ぶように迫ろうと提案したのである（同二の二―六〇三頁）。

ここにいう出交易とは日本船を海外に派遣して貿易するもので、従来長崎で行って来たような外国船を迎えて行う入《いり》交易とはまったく異なる意味を付与されていた。東湖の説明によると、斉昭は「出交も内交も五十歩百歩と可申《もうすべく》候へ共、是は雲泥、権在我《われにあり》候故、止るも自由なり。一体の勢、他日どうで鎖国ニ而は押ぬき候而は御持張六ケ《むつか》敷《しく》」と考えていたという（同二の三―二三七頁。同上、八一頁も参照）。斉昭はこれを「押出し交易」、さらに「大交易」とも呼んだ（同上、八七七頁）。日本の港を開く場合は、後から退去を命ずると深刻な紛争が起きかねないが、日本人が海外に出かける場合は止めるのは簡単である。しかし、この案には長期的な観点も籠められていた。外から強制された開国は断乎拒絶すべきだが、国内情勢を秘匿《ひとく》しながら海外の情勢を直接把握できる形の開国、かつ志気高揚や海防充実に結び付く形での開国は構わないし、むしろ望ましい。斉昭は表向き貿易反対の強硬論を唱えていたが、心中では海外進出型なら将来の開国は可と考えていたのである。とはいえ、彼の思考は合理性に貫かれていたとは言えない。当時の覚書には、町奉行支配の狐使いを応接掛の蔭におき、ペリーの胸中を察し取って、対策を立てたいという文言も記されている。策を施すため相手の心底を探るというのは、策に懲《こ》りすぎとはいえ、理解可能であるが、その手段に至ってはどうであろうか。

公儀は二月四日、林と井戸を江戸に召喚して最終的な評議に入った。老中はアメリカ側の様子を応接掛から直接聴取した上、斉昭と協議したが、阿部は沈黙を守り、海防月番松平忠優が総意を代表して和議を強調し、斉昭との応酬に当たった（同上、一四五・八七二頁）。孤立した斉昭は翌日自邸に引き籠もった。ペリーの勢いを挫《くじ》く方策がまったく論じられなかったからという。老中が出交易論を一顧だにしなかったのも一因だったのかもしれない。この斉昭の抵抗は、幕議を漂流民の保護と石炭の供給を認める一方、通信・通商に関しては回答延引を図るという当初の線に引き戻した。六日、斉昭はこれを聴いて承認を与え、応接掛は神奈川へ出発した。一〇日、ペリーに交付された応接掛書翰は、君主交代のおりに祖法は改めがたいとしつつも、原則上で石炭・薪水・食料の供給と難破船員の救恤を認め、その供給・送還にあたる正式の開港地は五年後に決定し、それまでは長崎で来年正月よりこれを行う、今回はそのための細目を協議したいという内容であった（同上、七五一頁）。

**ペリー側の方針**　一方、ペリーは初度の会見に当たり、まず日本の漂流民取り扱いを話題とし、威圧を加えた（同上、七四三頁以下）。日本側の公式記録によると、こうである。日本は他国の難船を救わず、漂着した民を拘禁《こうきん》するのみならず、自国の漂流民も受け取らずに見捨てている。「不仁の至り」であり、日本沿岸を航行する米国船の増加が予想される現在、捨て置きがたい。今後も改めぬつもりなら日本は「寇讎《こうしゅう》之国」というべく、「寇讎」ならば戦争を以てしても雌雄を決する覚悟であり、準備は十分できている。我が国は近年メキシコと戦って国都を陥れたが、貴国も同じ運命を辿るかもしれない。アメリカ側は七日の下交渉で、日本が要求を入れぬ場合、二〇日以内に日本近海とカリフォルニアと合わせて一〇〇隻の軍艦を集結して戦争に及ぶだろうと豪語していたが（同上、四〇二頁）、ペリー自身の口からも脅迫を繰り返したのである。林全権が反論したように、ペリーが非難した問題は、「禁獄」に関する部分を除き、大部分は「伝聞の誤り」に基づく「事実相違」の言であった。中国語の通訳、ウェルズ・ウィリアムズはペリーの威嚇《いかく》的態度を皮肉っているが（随行記・二一四頁）、日本側は道徳的側面でも防戦に努めねばならなかったのである。アメリカ外交は、しばしば、軍事的威嚇のみならず、「人道」を振りかざして相手側を道徳的に糾弾《きゅうだん》する点に特徴があると指摘される。一九世紀半ば、初めてアメリカ人と出会った日本人は、この外交スタイルを無意識のうちに印象的な事実として記録したのであった。

さて、この日、ペリーが交付した条約案は米清条約を日本に合わせて書き換えたもので、そのほとんどが貿易と米国人居留にかかわる規則・税則や法的問題で占められていた（維新史料二の三―七七三頁）。しかし、この日、ペリーが同時に渡した覚書は、要求事項について、難破した自国民の権利保護、ついで避泊港の確保の順に記述し、貿易は最後に回している。貿易の必要も、アメリカ側の要求としてでなく、もっぱら日本側の利益を強調する形で書いている（ペリー日記・三二四頁）。実際、ペリーは、日本側の記録によると、会見の席上、日本側の開港提案を可としつつ、なぜ日本が交易を避けるのか特に質したが、林の一通りの説明を受けただけで、「交易は国之利益には候へ共、人命に相拘り候と申には無之《これなく》候へは、最早《もはや》此上交易之儀は強《しい》て相願申間敷候」と述べたという（維新史料二の三―七四五頁）。軍事的威圧の成功や最初の剣幕からすると、意外な発言である。日本側の避戦優先方針やその後の交渉経過をみると、要求しさえすれば通商は実現できたのではなかろうか。しかし、彼は、鎖国日本を列国交通の中に引き出すこと、その功業をアメリカと自己が担うことを第一の目的にし、その中でアメリカ人航海者の権利を確保することを第二の目的としていた。通商は当初からその後の問題とみなしていたのである。条約を結んで第一の目的を達成するには、日本人が最も嫌っている通商要求に固執しない方が良い。そこで、彼は通商要求をちらつかせながら、他の面で最大限の譲歩を引き出す方針をとった。ペリーは一三日、大統領国書への回答に対し、請書《うけしょ》を提出した。そこでは、さらなる軍事的威圧の可能性に触れ、将来中国と日本で大いに通商が拡大するだろうという予想を述べて、日本側に条約を結び、多数の港を開放するよう要求したものの、自らが提出した通商条約案には言及しなかったのである（維新史料二の四―九九頁以下、ペリー日記・四四九頁、随行記・二一四頁）。

**第二・三回の交渉**　この態度は、一五日の電信・蒸気機関車模型をはじめとする献上品の授受・展示の儀式後、一九日に行われた第二回の交渉で明らかとなった。ペリーは自らの条約草案にまったく触れず、一三日の書翰に対して日本側が交付した草案に基づいて交渉を始めたのである（維新史料二の四―四〇八頁、ペリー日記・三三二頁、随行記・二二七〜二三四頁）。日本側の条約草案は、先の回答を初度の会見結果に鑑みて敷衍《ふえん》したもので、来年正月から長崎で欠乏品を代金を取って供給し始め、五年後にもう一港を開く、難破船員はその二港から送還する、漂着地や長崎での自由行動は認めず、長崎の町への出入は認めない、琉球は遠隔地ゆえ談判の限りでなく、松前は大名領ゆえ即決しがたいから来春返答するとしていた（維新史料二の四―一〇五頁）。これに対し、ペリーは、もっぱら開港地の増加と早期開港、およびそこにおける拘束の緩和を要求した。日本側の記録によると、神奈川はじめ「日本東南にて五、六ヶ所、北海にて二、三ヶ所」と吹っ掛けたそうであるが、ペリーが本国政府への報告のため記した覚書では、将来は五港が望ましいとしつつ、さしあたり本土で浦賀か鹿児島のいずれか、そして蝦夷《えぞ》と琉球に各一港、合計三港を要求したという。ペリーは長崎を開港要求から外していたが、その理由も両者の記録で異なっていて、ペリー側が長崎を外国人拘束の象徴として記しているのに対し、日本側は長崎が太平洋横断の航路を外れている点が問題だったと記録している。このペリーの主張に対し、日本側は本土については下田を提案し、ペリーが蝦夷については松前と直接交渉すると述べると、六日後に回答すると約束した。日本側は琉球については態度を変えなかったが、ペリーはすでに事実上の開港に成功していたためか、この問題に深入りしていない。日本側全権は、この時点で下田と蝦夷の二港を開くことを決意し、それを受諾すれば通商開始は回避できると観測して、老中からこの方針変更の承認を得るため、林と井戸を一時江戸に帰すことにした（同上、四一四〜四一六頁）。

譲歩限度を変更しようとの提案は徳川斉昭を激怒させた。彼はアメリカ側の吹っ掛けにおとなしく屈伏すべきでなく、あくまでも当初の方針に固執すべきであると主張した。阿部に対して、軟論提唱の役を買って出た井戸を罷免《ひめん》し、ロシアへの「ぶらかし」に成功した川路《かわじ》に交替させて、下田開港の提案を撤回させるべしと提案し、さらにアメリカとの交渉要領も提出している（同上、四八四〜四九一頁）。しかし、老中はじめ再び登城を命じられた溜詰大名はいずれも全権の方針を支持し、斉昭の提案を斥《しりぞ》けた。ペリーの江戸接近や要求の積み増し、それを機とする戦争の勃発を恐れ、かつ艦隊の長期滞在にもしびれを切らしていた彼らは、開港地の変更・増加や規制緩和を呑めば通商だけは回避でき、ペリーも立ち去ると期待したのである（同上、五八五〜五九三頁）。ただ、公儀の内部ではかかる譲歩への不満と屈辱が鬱積《うっせき》し、そのはけ口として当初アメリカの応接を担当した香山栄左衛門《かやまえいざえもん》とその上司戸田氏栄《うじひで》の責任が追及され始めることとなった（外国一―五二頁）。

神奈川へ帰った林と井戸は、二五日、ペリーに書面を送って箱館の開港方針を伝え、翌日、日本側の答礼行事の間に開かれた第三回の会談で、下田と箱館の開港方針を確認し、ペリーの応諾を得た（維新史料二の五―五五〜五八頁）。ペリーは先に下田開港の提案を受けると、直ちに調査のため二艦を派遣していたが、のちにその報告を受けて、正式に下田開港に同意した。彼が神奈川や浦賀に固執せず、陸の孤島下田を受け入れたことは、彼が日本との貿易を重視していなかった事実を雄弁に物語っている。実際、彼は本国への報告書で、下田の選択理由を中継港ないし避泊港としての価値において説明している。「カリフォルニアとシナとの間を往復している蒸気艦船やその他の船舶にとって、また日本海域のこの地方を巡航している捕鯨船舶にとっての停留地としてこの港が占める位置は、これ以上を望めないほど良好であった」（ペリー日記・三三八、三八六頁）。

**最終局面の混乱　領事駐在問題**　来るべき条約の大枠はこうして定まった。しかし、その後の交渉は、日本側に老中の期待を越える大幅な譲歩を強いることになった。パウハタン艦上に開かれたアメリカ側の招宴の翌日、二月晦日《みそか》に第四回の交渉が行われ、これが最後の正式交渉となったが、ペリーは日本側の用意した書面（維新史料二の五―三八九頁）によらず、自分の用意した蘭文条約案をポートマンに読み上げさせ、それを森山に訳させて、これを基礎として商議に入った（同上、三八二頁以下、四一一頁）。その際、彼が要求したのは、下田の即時開港・領事の下田駐在・米人の上陸許可・遊歩地域の設定・欠乏品購入の自由などであった。日本側はその多くを制限を加えた上で受け入れたが、ただ、領事の駐在に関しては、双方の見解は食い違ったままになった。アメリカ側の記録によると、日本は一八ヵ月後に実行という留保を施した上で同意したことになっているが、日本側はあくまでもこれを拒んだと記録している（遠征記。維新史料二の五―四一二頁所収、同上、三七八〜三八八頁）。日本側史料のうち、林大学頭の『墨夷応接録』や『続通信全覧』所収の公式記録は、後に見るように作為が混じっているが、交渉の現場にいた徒目付《かちめつけ》平山謙二郎《こうじろう》（省斎《せいさい》）のメモは当日の記録だけにかなり信頼し得る。その平山の記録によると、二月三〇日の場合、アメリカ側は、領事について「必ず後年置候はねば不相成《あいならざる》様可相成《あいなるべし》」としながら「まづ其の儘可差置《ままさしおくべし》」と述べ、アメリカ人に手厚い処遇をするから官吏駐在は不要という日本側の主張を本国政府に伝えると約束しつつ、「政府勘弁之上、置可申《もうすべき》旨相成とも、十八ヶ月之中は限而其儀無之候」と発言したことになっている（同上三八八頁）。しかし、アメリカ側の記録では、この日、林全権は、一八ヵ月後に下田に領事を置くことに同意したと記されている（遠征記）。

どうしてこのような食い違いが生じたのだろうか。おそらくは、森山栄之助の通訳のせいではないかと思われる。彼は三〇日にアメリカの提出した蘭文条約案を、その場で日本語に直して読み上げるほどの技量の持ち主であったが、この日の交渉の最終局面では、領事駐在問題を継続交渉に委ねようという日本全権の言葉をアメリカ側に通訳せず、逆に日本側に対してはペリーの断固たる意向を将来の予想のように訳したようである。米国官吏の駐在は、二七日に彼や平山が下交渉のためパウハタンを訪ねた時、ペリーから提起された案件であったが（随行記・二四七頁、遠征記、維新史料二の五―二一三～二一六頁所収、同上、六五頁）、「通信」関係の成立に限りなく近いこの問題は、第四回会談で林が述べたように、「於政府《せいふにおいて》、迚《とて》も相許可申《もうすべき》儀に無之《これなき》」（同上、三八一頁）ことであった。森山は談判決了を目的に開かれた会議で両者の強い意志に挟み打ちされた時、これを糊塗《こと》する道を選んだのである。

森山の始めた作偽は交渉妥結まで続けられ、交渉関係者全員を加担者に巻きこんだ。三月一日午後、三日の調印式を前に具体的な条文を作成するため、平山と浦賀奉行与力合原《ごうはらい》猪三郎《さぶろう》・山本文之助および森山がパウハタンに派遣された。この時、一切を取り仕切ったのは町人身分の森山であった。彼は日暮れまで続いたこの折衝で、下田での遊歩範囲をはじめアメリカ側が示した草案に「やたらに異議をはさんだ」（随行記・二五〇頁）。しかし、領事の駐在に関しては、平山もこの日、アメリカ側の主張通り、はっきりと「十八月ノ後、両官府ノ一ニテ無余儀《よぎなき》筋有らは官吏を置ベシ」との合意を交わしたと記している（維新史料二の五―四六二頁）。思うに、森山が細かい異議を立て続けたのは、この大きな過失を糊塗するためだったのではなかろうか。その他、この日には、「外国人ニ許候丈合衆国え許候事」と、最恵国《さいけいこく》待遇の一方的付与も決められている。

その晩、日本全権の間で何が話されたのか、史料がない。ただ、平山は領事駐在を認めたと記したその箇所にこう記している。「天下之大事、象胥《しょうしょ》（通訳の小役人）一人之舌に決す。その危ふきことほ累卵のごとし。官吏環視してしかも一辞を容《い》ること能《あた》はず」。この後には、一回り年若の合原に対し、「蕃語」を習得して応接掛の名に恥じぬようになれと慫慂《しょうよう》する言葉が続くのであるが、ここには現場にいながら重要事項の決定を見逃さざるを得なかった悔しさが滲み出ているように思われる。翌二日、条約のオランダ語版が日米双方の間で確定された。二項目の附属文書が取り交わされ、その一つは領事問題だったというが、その中身は分からない（随行記・二五二頁）。しかし、夜に入って、日本側は森山の代わりに名村五八郎を蘭語通訳として、平山たちをパウハタンに送った。条約の漢文版を漢学者の平山とウィリアムズ、羅森との間で校合《きょうごう》・確定するためである。この漢文版は先に合意を見たオランダ語版をもとに作製されたものであった。彼らは校合にあたり下田の遊歩規定に関する蘭文版との違いを修正したが、この時、ウィリアムズらは領事駐在に関する規定が次のように書き改められているのを見過ごしている。「もし両国の政府、均《ひと》しく已《や》むを得ざるの事情あらば、或はまさに合衆国総領事を下田に置くべし」（維新史料二の五―五二八頁）。この文面では、領事駐在には日本側の同意成り行き上、全権林大学頭も加担者に巻きこんだのであった。

条約の正文とし、日本語版はそれからの翻訳として報告したのである。森山の始めた作偽は、交渉のはアメリカ側だけでなく、公儀の老中も欺こうとした。交渉に使ったオランダ語版でなく、漢文版をが必要になり、実際上は拒否できることになる。これは明らかに日本側の欺瞞《ぎまん》行為である。日本全権

**条約調印**　嘉永七（安政元）年三月三日、西暦の一八五四年三月三一日、日本とアメリカの最初の条約が結ばれた。午後一時過ぎ、ペリーは上陸して横浜の仮応接所に入った。現在の大桟橋の付根の付近、横浜開港資料館のあたりである。双方は早速、条約書のコピーを交換した。日本側は日本語版三通と漢文版・蘭文版各一通、アメリカは英文版三通と漢文版・蘭文版各一通を用意していた。西洋の慣習では同一文に双方が署名するのがしきたりであったが、日本側はこれを拒み、四人の全権はあらかじめ署名し花押《かおう》を記した日本語版を渡し、ペリーはその場で英文版に署名して日本側に渡した。次いで蘭文版が照合され、森山の署名したものとポートマンが署名したものとが交換され、同様に漢文版も松崎満太郎とウィリアムズが署名したものが交わされた（随行記・二五三頁）。これらはいずれも英語ではコピーと呼ばれ、同一の内容をもつ等価な条約文のはずであったが、実際は少なくとも二つのヴァージョンを含んでいた。日本側の記録には、オランダ語版の和解《わげ》（日本語訳）が遺されているが、これを英語版と対照すると、領事の駐在が一方の意志だけで可能という点で同一内容である。しかし、日本側がアメリカに渡した日本語版は、このオランダ語版からの和解ではなかった。漢文版の和解であって、領事の駐在には両国の合意が必要と記してあったのである（遠征記第二巻の石版、随行

記・二五八頁参照)。「通信」の有無にかかわる重要な点で、和親条約には二つのヴァージョンが作成されたのである。

条約交換の後、若干の交渉が行われた。下田と箱館の開港に備えて施行細則を定める必要があったのである。この件はペリーが江戸湾を退去して、下田と箱館を一覧した上、下田で協議することとなり、その談判が済むと、ペリーは親睦の印として大学頭にアメリカ国旗を贈呈した。その後、宴会が始まり、日本側全権はいつもながらすぐ酩酊《めいてい》したが、ペリーが帰国の前に江戸にできるだけ近づいてみたいと言い出すと、押し問答が始まり、夕暮れ時になってそのまま散会となった(維新史料二の五一五一九～五二六頁、六五〇～六五六頁、ペリー日記・三五三頁)。

**下田と箱館**　日米和親条約はおよそこのようにして結ばれたのであるが、その内容と意味は次節で検討することにして、以下では簡単にペリーの帰国までの行動を追っておこう。

ペリーは江戸湾を直ちには退去しなかった。条約締結の四日後、アダムズ参謀長に条約一通と報告書を託してカリフォルニアに直行させたが、自身は日本側全権に発言したとおり、江戸にさらに接近しようとした。今回は交渉の手段としてでなく、好奇心を満足させ、かつ将来の関係拡大に備えるためであった。羽田沖まで来た時、日本側全権の立場も考えて船を帰したが、日本側が困惑したのは言うまでもない。彼が約束どおり下田に向かったのは、条約調印後一八日目のことであった。

下田はペリー艦隊に限り即時開港と決められていたが、日本側の現地当局者との調整後、三月二五日には士官全員に日本到来後初めての上陸許可が下りた。二八日には、深夜に瓜中万二《くわのうち》・市木公太《こうだ》と自称する二人の日本青年がパウハタンに来て、密航を願ったが、ペリーは締結したばかりの条約を無効にせぬためこれを断わらせた。この有名なエピソードについては吉田松陰《しょういん》伝にすべて譲る（徳富蘇峰『吉田松陰』、玖村敏雄『吉田松陰』、『吉田松陰全集』一。随行記二八四～二九〇、三〇〇、三〇五頁。参照、林煒『墨夷応接録』、外国付録之一―五七四頁、外国六―一四号）。ただ、松陰によると、応対したウィリアムズは早口の日本語を話したが、聴き取り能力はあまりなく、思うところが伝わらなかったという。もし海外密航に成功していた場合、松陰はどのように変わっただろうか。私見では、後年の弟子たちのように、急進的な開国論者になって帰国したのではないかと思われる。言葉と立場とタイミングの食い違いは、ペリーと松陰をパウハタン艦上の至近距離ですれ違わせた。松陰はこのめぐり合わせのため、国内に居続けることとなり、長州の急進攘夷《じょうい》運動の震源地となって、日本の内政に強烈なインパクトを与えることになる。

しかし、下田に停泊したアメリカ人たちの関心は別のところにあった。港は安全か、下田の散歩は自由にできるか、楽しいか、住民は好意的か、異国の産物がうまく手に入るか、買い物に使う通貨の交換率はどうなるか。最後の点は、これから恒常的な関係が始まるため、重要視されたが、当面は日本側の言う通りの交換率を適用し、本格的な交渉は箱館から戻ってから行うこととされた。

四月一七日、ペリーは箱館に向かって出発し、二一日に到着した。前もってゴロヴニーンの本を読んでいた彼は、箱館が良港であると信じていたが、港の地勢は予想以上に良く、ジブラルタルに似ていると書いている。人口が六〇〇〇ないし八〇〇〇あって下田より格段に大きく、本土との水産物の交易で繁栄していることも喜びの種であった（ペリー日記・三九三頁）。ここで、ペリーは松前藩の役人と会見し、条約を見せて、開港時の上陸地の選定を行った。松前藩の代表は友好的で、土産物の買い付けも有利な交換率でふんだんに行えたので、艦隊の一行は上機嫌で下田に帰った（随行記）。

五月一二日、下田に帰着したペリーは、早速、林大学頭以下の日本代表と細目協定の交渉に入った。この時、日本側の提案で、漢文が交渉言語からはずされている。条約本文の交渉で重大な食い違いが生じたのに鑑みて老中がとった所置であった（外国六—一九四頁）。ここでまず問題となったのは箱館での遊歩範囲であったが、下田の七里より狭い五里で妥結した。通貨の交換率については、日本側は下田奉行組頭以下、勘定所の専門家を交えた交渉団、アメリカ側は主計官二人を出して交渉した。結果だけ記すと、両者は最終合意に達せず、暫定的に、日本側が提案した方式で下田で供給された石炭を含む必需品と土産物の決済を行うことになった。それは、銀貨と銀貨の交換を基本に据え、洋銀一ドルと銀一六匁すなわち一分銀約一枚とを交換するものである。二二日付で調印された「条約附録」にこれは書き込まれなかったが、この為替レートはハリスとの間に日米協約が結ばれるまで維持された（外国六—三三七号から三四八号、五八三号から五九三号、ペリー日記・四〇七頁、随行記・三四五〜三五七頁。参照、三上隆三・山本有造）。

## 二　琉米開港通商条約の締結

**那　覇**　「条約附録」の調印で、日本本土でのペリーの使命は完遂された。宴会や買い物で最後の日本を楽しんだアメリカ艦隊は、嘉永七年六月二日（一八五四年六月二六日）、風待ちを余儀なくされたマセドニアンとサプライをしんがりに下田から姿を消した。しかし、これで任務がすべて終わったわけではない。ペリーは、先にサラトガを本国に送り、箱館からはヴァンダリアを日本海航路の調査を兼ねて上海に向かわせたが、今回は帆船二隻を石炭調査のため台湾に送る一方、自身はふたたびミシシッピに移り、パウハタンほか一隻とともに奄美群島の東海岸を調査しつつ南下して、那覇に入港した。公儀との間では決着のつかなかった琉球の正式開港を確保するためだったのは、言うまでもない（随行記、外国六―四四四号～四五七号、四七二号～四七七号、四八三号～四八九号）。

那覇に着いたペリーを待ち構えていたのは、先着したレキシントンの乗組水兵が殺害された事件であった。日本海域で最初の重大衝突である。ペリーはアメリカ人の安全を確保するため強硬な態度で事件の究明と犯人処罰を要求し、その後、条約の草案を提出した。これに対し、琉球政府は当初事故説を唱え、ことを曖昧なままに済ませようとした。事件の真相は、水兵が琉球女性に暴行を働いたため、その子が水兵を打ち殺し、それを全村民がかばったというものであった。ペリーが強硬だったため、政府は事態の解明・審理まで踏み込み、結局代人の主犯と累犯若干を仕立てて流刑にする方針を打ち出したが、真相を知ったペリーは、官吏の予想に反してあっさりとこれを受け入れた。

その後、条約の交渉が行われ、およそ次のような内容が取り決められた。一八五四年七月一一日、咸豊《かんぽう》四年六月一七日のことである。一、アメリカ人への琉球全土の開放と自由貿易。二、琉球各港におけるアメリカ船への薪水供給。三、アメリカ難破船の救恤。四、不法行為を行ったアメリカ人のアメリカ船長への引き渡し。その他、墓地、水先案内人、薪水の代金の規定など。条約文は英語と中国語の二種各三通が作られ、ペリーと琉球国中山府《ちゅうざんふ》総理大臣尚宏勲・布政大夫《ふせいたいふ》馬良才がともに署名して、一通ずつ交換した（随行記・四〇六頁以下、四一一頁、外国六—二七四号）。

日米条約より開放的であるが、琉球のアメリカに対する義務のみが規定され、逆がほとんどない点は同じである。日本同様、琉球側にアメリカと積極的に関わろうという意志がなかった以上、当然の結果といえよう。この条約交渉に当たって琉球政府が懸念《けねん》したのは、むしろ、大清にことわりなく、独立に対等の資格で他国と条約を結んで良いのかということであった。年号の使い方、および交渉や条約文に日本語を一切用いなかった事実に明らかなように、琉球政府はあくまでも中華帝国の藩属国として行動することを望んでいたからである。この問題は草案の冒頭の文章をぼかすことにより解消された。他方、琉球を実効支配する薩摩《さつま》や日本への配慮は表面には出されず、日本側もまた、この条約の締結について、見て見ぬふりをした。日本は琉球の帰属の曖昧さを利用して、国内外への体面を保とうとしたのである（横山伊徳）。

**その後のペリー**　ペリーは西暦七月一七日、那覇を発って、香港に向かった。琉球でも日本人が一人、船に泳ぎついて同行を願ったが、ペリーはこの場合も拒絶している（遠征記・下一八一九頁）。他方、彼は、一八四八（嘉永元）年以来琉球に滞在していたイギリス人宣教師ベッテルハイムを、交代要員モアトン夫妻の到来に伴い、連れ帰った。香港に着いたペリーは、艦隊の指揮権を部下に譲り、イギリスの郵船で帰国の途に就いた。ニューヨークに着いたのは、一八五五年一月一一日。アメリカを発ってから一年と一一ヵ月が過ぎていた（Wiley, 458）。

ペリーは遠征に出た時、五六歳。頑健な質とはいえ老境に差しかかっていた。二度目の江戸内海での外交交渉が始まるのが遅れたのは、あながち日本側の事情にのみよるのではなく、彼が厳冬の航海後、しばらく病に伏していたためである。しかし、同行者のいずれもが記すように、彼は天候にも政治的にも幸運に恵まれ、そのおかげで使命の達成に成功した。彼は晩年をこの大規模な遠征事業の記録を議会にあてて提出することに費やした。同行者の報告を集め、フランシス・ホークスに委嘱《いしょく》して、一八五六年にまず第一巻として遠征経過の巻を刊行し、第三巻天文観測記を一八五七年、第二巻博物記を一八五八年に出版して、その直後に死去した（ペリー日記、訳者解説）。この遠征記三巻は、近代西洋の地理書の伝統に従った、美しい、大きな書物である。

## 三　条約の多義性

日米和親条約は、原則上は通信・通商関係を定めず、日本が相手国の船舶に対して特定の港の利用を許した開港条約であった。以下では、日米条約の内容を立ち入って検討し、同じ年にイギリスやロシアとの間に結ばれた条約の吟味に備えよう。これらの開港条約には、異文化が突然出会う時につきまといがちな誤解と理解の多義性が明瞭に見てとれる。

**日米和親条約**　日米和親条約は、翌一八五五年二月二一日（安政二年正月五日）、アメリカと日本の批《ひ》准書《じゅんしょ》が交換され、正式に発効した。下田にアダムズが再来し、アメリカ上院が批准し、大統領と国務長官の署名した英語版と、「大君《たいくん》」の命によって老中の連署した日本語版が下田で交換されたのである（外国九―四号〜五九号、遠征記・下―八三九〜八四六頁）。

まず条約の日本語版の全文を引いておこう。その正文は一部しか遺《のこ》っていない。日本側が手元に残した日本語版一通、ペリーが日本側に渡した英語版一通、およびアメリカの批准した英語版一通は、一八五九（安政六）年の江戸城の火災によって焼失した。しかし、幸いに、将軍が批准した日本語版正文はアメリカに保管され、また批准前の日本語版一通はホークスの編んだ遠征記の第二巻末尾に石版にして載せられている。この後者をできるだけ忠実に写そう（句読点を打ち、仮名を現行の二書体に整理したほかは、原文書どおり）。なお、この条約の表題は、日本語版の冒頭には「約条」、漢文版では「条約」と記されているが、英語版にはない。アメリカでは調印の場所にちなんで神奈川条約――本当は横浜条約であるべきだが――と通称されたようである。日本側では、明治一〇年前後に編集された『続通信全覧　類輯之部五』は「彼理《ペリー》条約」とか「米利堅《メリケン》国修好条約」と呼んだが、「日米和親条約」と呼ばれるようになったのは、『幕末外国関係文書之五』（一九一四〈大正三〉年刊行）で「日本国亜米利加《アメリカ》合衆国和親条約」と命名されて以後のようである。

約條

亜墨利加合衆國と帝國日本両國の人民、誠実、不朽の親睦を取結ひ、両國人民の交親を旨とし、向後可守《きょうごまもるべき》ヶ条相立候為、合衆國より全權マテュ・カルブレト・ヘルリ（人名）を日本に差越し、日本君主よりハ全權林大學頭、井戸對馬《つしま》守、伊澤美作《みまさか》守、鵜殿民部少輔を差遣し、勅諭を信して、雙方《そうほう》左之通取極候。

第一ヶ条

一、日本と合衆國とハ、其人民永世不朽の和親を取結ひ、場所・人柄の差別無之事。

第二ヶ条

一、伊豆下田・松前地箱館の両港ハ、日本政府に於て、亜墨利加船薪水・食料・石炭・欠乏の品を、日本人ニ而調候丈は給候ため、渡来之儀差免《ゆる》し候。尤《もっとも》下田港は約條書面調印之上、即時相開き、箱館は来年三月より相始候事。

第三ヶ条

一、給すべき品物、直段《ねだん》書之儀ハ日本役人より相渡可申、右代料は金・銀・銭を以て可相辨《あいべんずべく》候事。

一、合衆國の船、日本海濱漂着之時扶助致し、其漂民を下田又ハ箱館に護送致し、本國の者受取可申《もうすべく》、所持の品物も同様ニ可致《いたすべく》候。尤漂民諸雑費は両國互ニ同様之事故、不及《つぐのうにおよばず》償候事。

第四ヶ条

一、漂着或ハ渡来之人民取扱之儀は、他國同様緩優に有之、閉籠《とじこめ》候儀致間敷、乍併《しかしながら》正直の法度《はっと》ニは伏従いたし候事。

第五ヶ条

一、合衆國の漂民其他の者とも、当分下田・箱館逗留中、長崎に於て唐・和蘭《オランダ》人同様閉籠め、窮屈の取扱無之、下田港内の小島周り凡七里の内ハ勝手ニ徘徊いたし、箱館港之儀ハ追て取極《とりきめ》候事。

第六ヶ条

一、必要の品物其外、可相叶《あいかなうべき》事は雙方談判之上取極候事。

第七ヶ条

一、合衆國の船右両港に渡来之時、金・銀・銭并《ならびに》品物を以て、入用之品相調《ととのえ》候を差免《ゆる》し候。尤日本政府の規定に相従可申、且《かつ》合衆國の船より差出候品物を日本人不好《このまず》して差返候時は、受取可申事。

第八ヶ条

一、薪水・食料・石炭并欠乏の品、求る時ニは其地之役人にて取扱すべく、私ニ取引すへからさる事。

第九ヶ条

一、日本政府、外國人え当節亜墨利加人え不差免《さしゆるさず》候廉《かど》、相免し候節は、亜墨利加人えも同様差免可申、右に付談判猶豫《ゆうよ》不致《いたさず》候事。
第十ヶ条
一、合衆國の船、若《もし》難風に逢さる時、下田・箱館港の外、猥《みだり》に渡来不致候事。
第十一ヶ条
一、両國政府ニ於て無據《よんどころなき》儀有之候模様ニより、合衆國官吏のもの下田に差置候儀も可有之《これあるべく》、尤約定調印より十八ヶ月後ニ無之候而は不及其儀《そのぎにおよばず》候事。
第十二ヶ条
一、今般の約條相定候上ハ、両國之者堅相守可申、尤合衆國主ニ於て、長公會大臣と評議一定之後、書を日本大君ニ致し、此事今より後十八ヶ月を過、君上許容之約條取替し候事。
右之條、日本・亜墨利加両國の全權、調印せしむる者也。
嘉永七年三月三日

林　大學頭　花押
井戸對馬守　花押
伊澤美作守　花押
鵜殿民部少輔　花押

先に述べたように、同じ条約でありながら二つのヴァージョンがあったほどであるから、その意味内容の解釈も日米の間でずれが生じた。また、それぞれ国の中でも立場によって解釈は異なり、さら

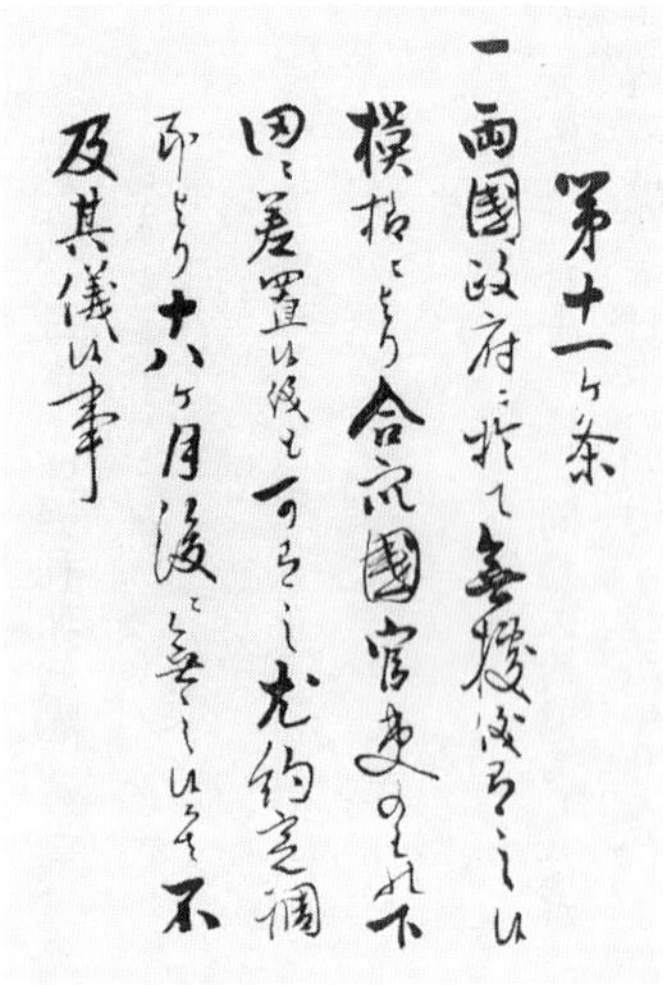
第十一ヶ条
一 両国政府ニ於て無拠儀有之候
模様ニより合衆国官吏のもの下
田ニ差置候儀も可有之尤約定調
印より十八ヶ月後ニ無之候而ハ不
及其儀候事

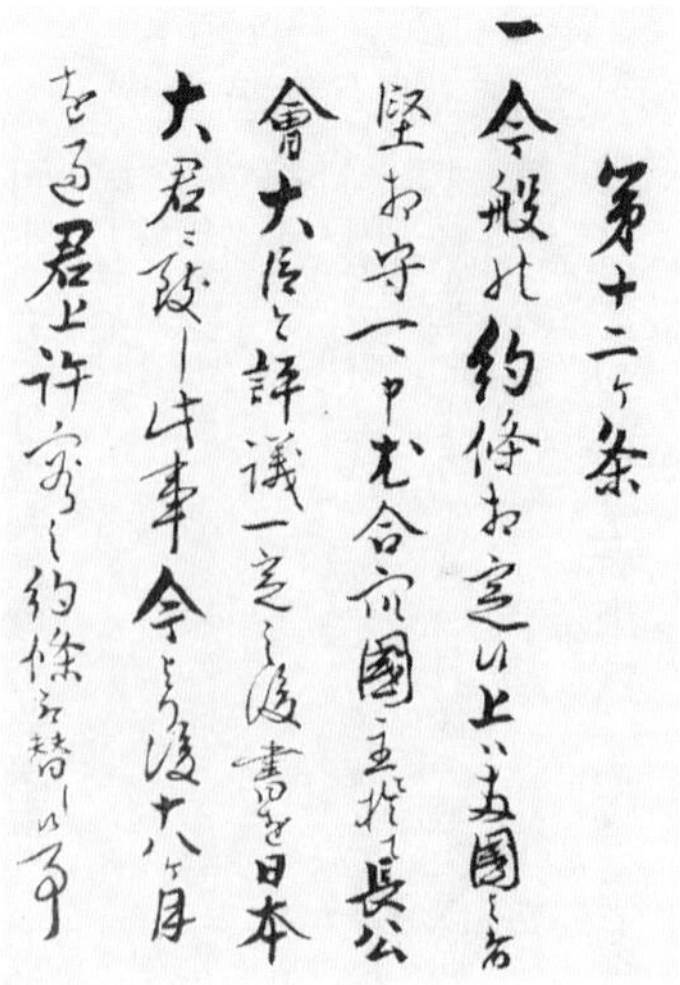
第十二ヶ条
一 今般之約条相定候上ハ両国之者
堅相守可申尤合衆国主ニ於て長公
會大臣と評議一定之後書を日本
大君ニ致し此事今より後十八ヶ月
を過 君上許容之約条取替し候事

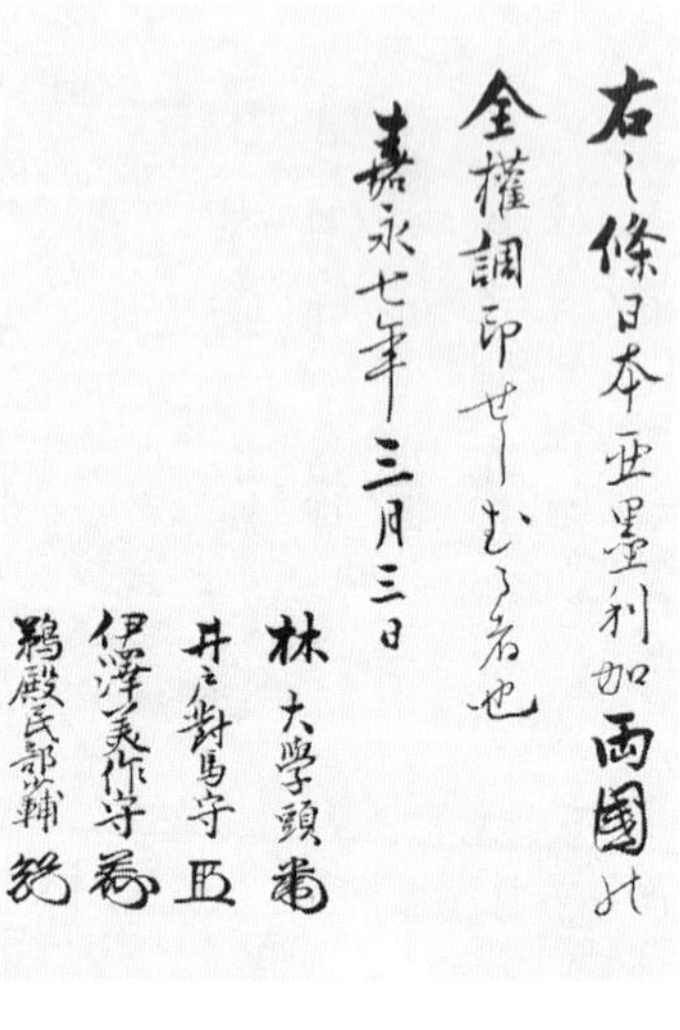
右之條日本亜墨利加両国之
全権調印せしむる者也
嘉永七年三月三日
林 大学頭
井戸対馬守
伊沢美作守
鵜殿民部少輔

図 17　日米和親条約
(第 11 条，第 12 条，署名)

に一旦公定された解釈であっても運用の過程では変えられていった。以下では、これらの点に留意しながら、この条約が当初どのようなものと理解されていたかを見て行こう。

**アメリカ側の解釈**　まず、アメリカ側である。ペリーは条約締結の直後、旗艦パウハタン上で本国政府への報告書をしたためたが、そこでは次のように条約を評価した。

この契約は、偶然にか意図的にか、この帝国に来ることになったすべてのアメリカ人に、保護と厚遇とを保障している。この契約はまた、合衆国の船舶に避難所と食糧品とを与え、かつこの二世紀の間にいかなる外国人にも決して譲り渡されなかった特権を、アメリカ市民に与えることを規定している。合衆国政府は、今まですべての対外関係を完全に排除する権利を主張してきた国民と友好的で独立した関係を開く最初の国となるという栄誉を充分に主張できる。オランダ人や中国人が長崎で享受してきた例外的地位は、そのような観点から見るべきである。（ペリー日記・三四六頁。原文により訂正）

彼はまたこうも記した。日本人は「この遠征に資金を供給したわが国民のうち最も楽観的な人々が期待していたよりも、もっと幅広い譲歩を余儀なくされた」（三五七頁）。彼はさらに、彼が開港地に選んだ下田と箱館をこれ以上望めぬほどの良港として自賛している。

これらの記述からは、彼が日本を「鎖国」と規定し、その開放自体を世界史的な偉業と見なしていたこと、また具体的なレヴェルでは、アメリカ船への開港とアメリカ国民に対する保護の約束を高く評価する反面、通商を軽視していたことがうかがえる。彼はその艦隊が日本政府を十分に威圧したことを知っており、その気になればさらに圧迫を加え得ることも心得ていた。条約締結後、江戸に向かって艦隊を進めた時の記述にこう書いている。「まったく確かなことがひとつある。それは、非常に喫水《きっすい》の浅い、最大口径の大砲数門を載せた蒸気艦船二、三隻で江戸の町は破壊しつくすことができる、ということである」(三八二頁)。その認識にもかかわらず、また、日本側に対して繰り返し、日本は将来世界の通商網の中に入らざるをえなくなるだろうと述べたにもかかわらず、彼は日本に通商を強要しなかったのである。

しかし、帰国後の彼は条約の意義を専ら通商への可能性を切り開いたことに求めた。開港の成功を聞いたアメリカ国民は、すぐに日本との通商に関心を寄せ始め、中国航路のための避泊港設定という当初の課題は忘れ去られたのである。彼がホークスに委託して編纂した議会あて公式報告書は、したがって次のような弁解口調で終始している(遠征記、三八〇〜三九〇頁)。「他のすべての文明国民と異なって、日本は自発的に、永続的な孤立状態を維持してきた。ほかの世界との交通を望みもせず、求めもせず、逆にそうなるのを極力避けようとした」。ゆえに、すでに通商関係を持つ国と通商条約を商議する場合と、「通商自体が禁止されており、法律に違反する国家」と新たに条約を結ぶ場合とは、事情がまるで異なる。「過去の歴史において、文明国と正式の条約を結んだことはまったくなかった……国民に対し、二大商業国間、たとえばイギリスと合衆国の間に結ばれるような協約の締結を期待するのは、まったく馬鹿げたことだろう」。モデルとしては米中通商条約が考えられ、事実、ペリーはそれを日本人に示した。しかし、日本人は「中国人を多少軽蔑していて」、中国人と違って貿易の利益を知らず、これを危険視してもいたので、極度に慎重な交渉者である日本人と交渉しても実現の見込みは乏しかった。ホークスは、日本人がいかに外国人の入国を嫌っているかを、重ねて強調する。「全条約中に『駐在（reside）』という言葉は領事の駐在を規定した第十一条に一度使われているだけである」。日本側では、領事駐在は「通信」と関連する別の角度から問題視したのであるが、ホークスはその点には触れず、日本の排他性、したがって通商規定の困難という文脈で取り上げるのである。したがって、ホークスは和親条約の意味を次のように述べる。

条約全体を見ると、日本人の目的は、わが国と中国の間にあるものと同じような広範かつ密接な交通を実施する前に、わが国との交流の実験を試みることだったということが分かる。これが、そのときの日本人が企図したもののすべてだが、まさにこの程度の譲歩を引出したことでも、わが交渉当事者にとっては大成功を収めたことになるのである（同、三八七頁）。

そして、その譲歩には実は将来の通商への手掛りが盛り込まれている。あるいは、日本人自身がそのように仕組んだという。「条約の文言と独特な構文の中に、通商に関する規定を将来さらに広げることを、はっきりと示唆している」。第六および第七条がそれである。彼は、両条で使われたgoodsという言葉に着目する。日本人は、交渉に際して、merchandiseという用語を避け、goodsを選んだ。彼らは前者の意味を知らなかったので、意味を良く知っている「商品」という言葉に置き換えた、これは彼らの通商への興味を示している、というのである。実際は、日本側は前者相当のオランダ語が露骨に商取り引きの意味を表すと理解し、それを避けるため「もの」という必ずしも交易品を意味しない語を選んだのである。また、第六条の shall be という語も、ホークスは通商条約の交渉を将来に行おうという約束だと理解する。さらに、第七条に日本人が強いて入れた temporarily という語も、将来本格的な条約を結ぶ意志を示唆すると説明するのである（Hawks, p. 451）。これらはいずれも日本側が到底同意しそうもない解釈である。ただ、最恵国待遇だけは、確かに疑問の余地のない通商権獲得の道であった。「第九条。これは最も重要な条項である。なぜならば、この使命の成功を聞けば、イギリス人、フランス人、ロシア人もわれわれの例にならうことは疑いないからである。そして、通商条約が成就するまでに、各国民がいくばくかの追加利益を得るであろうと考えるのが適切であろう。第九条はアメリカ人に、さらに協議することなく、これらの利益すべてを与えるであろう」（同、三八七頁）。

以上のように、ペリーの帰国後に編纂された公式の報告書は、専ら通商問題を中心に条約の意義を述べ、通商条約による日本の完全な開放への第一歩として位置づけた。初代の下田領事としてハリスが選ばれた時、その主な使命が、条約締結時にペリーが説明したような来日アメリカ人の取り締まりや日本人との紛争処理でなく、日本との正式の国交と通商を始めるため新たな条約を締結することとなったのも、もっともである。

**日本側の解釈**　他方、日本側全権は、三月五日、老中に対し、要旨次のような報告書を書き送った（外国五―四七九～四八五頁）。

一、条約はアメリカ側の草案を削除・補填して作成した。

一、アメリカ国書に対する回答や将軍の返翰はなしで済ませた。
一、漂流民は他国同様に、獄に収容するような窮屈な扱いをしないことにした。
一、人命尊重のため食物・薪水その他欠乏の品および石炭を下すことにし、その対価を謝礼と意味づけて受け取ることにした。
一、開港地はアメリカの要求を抑え、下田・箱館の二港とした。長崎は先方が拒否した。
一、開港地付近の上陸・遊歩を認めた。
一、使節の江戸出府要求は抑えた。
一、「交易は全く利益を互いに謀り候ためにて、人命にあつかり不申《もうさざる》次第故」、今回は回答できぬと主張したところ、アメリカ側は要求しなくなった。
一、使節の面目を立てるため、下田の開港は即時とすることを認めた。
一、国威を立てることに努力し、成功した。国書の返翰を与えず、条約を応接掛のみの連判で済ませ、使節の出府を阻止し、先方から米国旗や大砲の贈与と戦時に加勢するとの発言を引き出し、条約書の彼我連判を拒否した。
一、遺憾ながら、アメリカ側は調印後に寄せた書翰で、日本の国法は将来通用しなくなるだろうと予言した。
一、「追而《おって》吏人差置不申而は難相叶《あいかないがたき》之時に至り」、条約の内容は増補されるだろう。
一、「此度応接之趣意は、彼之兵端を開かんと存候機先をはつし、寛柔を以て教諭仕《つかまつり》、何事も静穏に相済、且御国辱ニ相ならざる様に申談し取扱仕候」。

林大学頭以下の日本全権の基本的態度は末文に明らかであるが、調印以前の老中の指示に沿い、譲歩を最小限に抑え、アメリカ人の上陸・遊歩、下田の即時開放程度に留めることに成功したと主張したと解してよいだろう。「通信」「通商」という枠組でこれを解釈すれば、入港の船に人道上の立場から欠乏品の供給はするが、利益獲得を目的とする通商は定めなかった、また将軍の国書を与えず、下田への官吏駐在も将来の協議事項に回したから、通信関係の成立の回避にも成功した、通信・通商関係は成立せず、ただ二港をアメリカ船の避泊港に開いただけである、ということになる。

しかし、老中はこの説明に満足しなかった。全権が条約本書と称する漢文版とその和解を照合して、様々の問題点を見いだしたからである（同上、五—四六〇〜四七〇頁。徳川斉昭の批判は、維新史料二の五—五四一〜五四五頁）。老中は応接掛の報告に対し、三月中に逐条的な質問を行ったが、その第一点は和解の「和親」の文字であった。「取り方に而甚《はなはだ》重き事」、すなわち解釈によっては「通信」の条約となるからである。応接掛はこれに対し、「和親」の文字は単に蘭文を訳して相当の漢字を充てたまでで、先方は喧嘩口論をせぬようにという意味で用いており、決して通使・贈答の意味は含まれないと答えた。英語版でもこの点は相違ない。両国の関係者は全員、元首同士の遣使や国書の往復といった正式の国交が日本とアメリカの間に開かれたとは認識していなかったのである。ただし、下田への官吏駐在に関しては、大きな食い違いがあった。老中はこの時点でオランダ語版和解との相違に気づいていなかったため、応接掛に一八ヵ月後に諾否の意志表明をする必要があるか否かを問い、その通りとの答えを得て、領事駐在は拒否できると考え、安心していた。しかし、アメリカ側は、英語版を根拠に、領事の駐在を既定事項と見なし、そうである以上、たとえ全権公使のような正規の外交代表の往復や駐在がなくても、低レヴェルの外交関係はできたと認識していたのである。

老中が突いた第二の主要問題は、アメリカ船への物資供給が通商に紛らわしいということであった。応接掛は薪水・石炭の供給に関し、「謝儀として差出候は勝手次第」とアメリカに述べたと上申したが、条約文には「価を定め金銀と取替」とあって、「趣意大いに相違」するではないか。また、第二条があるにもかかわらず、第七条を設けたのは蛇足である。その中に「必需諸物」(漢文版)を供給するとあるのはアメリカに要求拡大の端緒を与える恐れがあり、両国の協議を規定した第六条とも矛盾するのではないか。

これに対し、応接掛は、欠乏品の対価の問題に関しては、彼我の解釈が並行線をたどったと述べ、さらに対価受け取りに際しては「交易」と紛れないよう留意したと弁明した。薪水食料の代わりに品物を受け取っては長崎の唐・オランダ貿易に似てくるが、金銀のみを受け取るならばそうはならない。かつ、もし対価をとらないと「満世界に航海の事弥《いよいよ》盛ニ成来」る現況では、政府の財政はもたなくなるであろう、と。後者は日本はいずれ世界の交易網に参加せざるをえなくなると考えて老中を諷したと見ることも可能であるが、前者は詭弁《きべん》に近い。第七条に品物での受け取りを定めているからなおさらである。しかし、彼らはそこに気に入らぬ時は返品できるとも書きこんでいた。ごく限定的とはいえ、新規の外国と財の交換を始めざるをえなくなった時、彼らは、かつて新井白石が問題視した

「無用の物」の輸入と金銀銅の輸出という組み合わせを回避し、逆のパターン、すなわち欠乏品供給による金銀銅の輸入とそれによる「国益」増進を図ったのである。このような配慮は、経済面からの条約非難を予防するには必要だったであろう。しかし、徳川斉昭のように経済と別の観点から通商拒否を主張する論者には到底説得力がなかったのは明らかである。他方、応接掛は、第六・七条の問題については、「御疑御尤」としながら、六条は「何事ニ不依双方談判決定の上是をなすへきと申候意」であり、むしろ要求拡大の「堤防」であると弁明した。特に七条は、物資の供給に「少々手心の甘ミを附」、それによりアメリカが将来交易を要求し始めた時、改めて条約する必要なしと断る手段であると述べている。これは交渉の最終段階に生じた混乱を糊塗したものであるが、応接掛は老中に対しては、将来の通商条約締結に対する予防線を敷いたという点を強調したのである。先に見たように、アメリカ側が逆の解釈をしていたのは言うまでもない。

**開港趣旨の確定と公表**　老中の詰問は遊歩地域の範囲にも向けられたが、応接掛はこれに対しても譲歩を最小限に抑えたと答え、通信・通商の回避を強調した。老中もまた当初はこの認識を受け入れている。それはロシア使節への応接指針に明らかである。公儀は先に一旦長崎を退去したロシア使節の再来に対し即応しうる態勢をとり、アメリカへの対応と整合性のあるものとする方針をとった。一八五四（安政元）年四月七日、筒井政憲《まさのり》・川路聖謨《としあきら》の両ロシア応接掛に対して下された指令はおよそ次のようである。ロシアに開く港は長崎および下田・箱館とし、大坂はあくまで断る。開港地では「薪水・食料その外欠乏之品」を渡すが、その代わりに「無益之玩物」のみ受け取っては「国内疲弊」

となるので「謝物」として金銀を受け取ろう。漂流民の撫恤《ぶじゅつ》や船の修復もそこで許す。「北地」の境界については、すでに調査団が出発し、来年には決定されるはずなので、「通信通商」はその後に談判を始めることとする（外国五―三七二頁）。

この認識と政策は、公儀の中枢部のみならず、大目付・目付を通じて一般の大名や旗本に対しても公表された。四月九日のことである（外国六―七三頁）。

此度渡来之亜墨利加船内海《ないかい》退帆致し候。然る処、右滞船中彼是自儘《じまま》之所業等有之候より意外之兵端を相開キ候儀も難計《はかりがたく》候ニ付、夫々《それぞれ》御固被仰出《おおせいだされ》候得共、船軍之御備向もいまた御整ニ不相成《あいならざる》折柄、無余儀《よぎなく》平穏之御処置ニ被成置《なしおかれ》、彼方志願之内、漂民撫恤、并《ならびに》航海来往之砌《みぎり》、薪水食料石炭等船中闕乏之品々被下度《くだされたし》との儀、御聞届相成候処、場所御取極無之候得は何国之浦方えも勝手ニ渡来、不取締ニ付、豆州下田湊・松前之箱館ニおゐて被下候《くだされそうろう》積ニ候。当今不容易《よういならざる》御時節ニ付、兼而《かねて》被仰出も有之候通、質素節倹を相守、此上水陸之軍事一際相励、若《もし》非常之儀も有之候ハヽ、速《すみやか》ニ本邦之御武威相立候様可被心掛《こころがけらるべく》候。

昨年一一月一日の達しとは齟齬する内容であるが、アメリカへの譲歩は最小限に留め、漂流民の撫恤と開港のみを許したと告げたのである。しかし、この時、老中はすでに、大学頭たちが漢文版やその和解に記された以上の重大な譲歩をしていたことに気づいていたのではないかと思われる。三月二九日以前と推定される指令書に漢文を交渉用語から外すという条がある（同上、一六頁）。これは、条約の内容が蘭文版和解と漢文版でかなり相違しているという認識のもとに下された決定ではないだろうか。とすると、老中は当時すでに、英語版の条約に下田へのアメリカ官吏駐在が盛り込まれた事実を知っていたに違いない。

**政治責任の処理**　老中首座阿部正弘《まさひろ》は、四月一〇日、同役に対し辞表を提出した（『阿部正弘事蹟』二、六〇五〜六一六頁）。彼は条約以前、二月二六日に、アメリカ応接掛の林と井戸が譲歩案を携えて神奈川に帰任した後、ひそかに辞表をしたためていた。徳川斉昭に辞意を漏らし、慰留されたためこの時は公表を思い留まったが、四月九日に開港決定を公表した後、実行に移したのである。その趣意は、一八四四（弘化元）年のオランダ勧告以来、今日の事態は予見できたにもかかわらず、海防を怠ったため屈辱的な譲歩を余儀なくされた、その責任は老中筆頭の自分にあり、このまま在勤しては組織としての公儀全体の権威に関わる、そこで辞職を願い、かつて加増された一万石を返上する、というものであった。

彼は元来、ペリー艦隊が完全に日本を退去した後に、辞職願いを出す予定だったというが、時期を早めてこの時を選んだのはなぜだろうか。あるいは官吏駐在条項の齟齬が発覚し、予定以上に譲歩が大きくなる可能性に気づいたのも理由の一つだったかもしれない。しかし、もう一つ、別の可能性も考えられる。公儀中枢が阿部の政治指導の継続を不可避とし、たまたまその恰好の名目が手に入ったという可能性である。彼が辞表を提出すると、老中たちは一致して慰留に努めた。阿部のライヴァルは以前に排除されており、当時の同役はいずれも経験が浅かったから、未曾有の危機に阿部に代わって政局を担う自信がなかったのであろう。何より、公方《くぼう》自身が阿部に頼りきりであった。将軍職に就任して半年に満たない家定《いえさだ》は、老中松平乗全が辞職願いを取り次いだとき、「唯今相引き候テハオレガ困る」と述べたという。たまたまこの月、京都御所が焼失して、再建の必要が生じた。公儀財政を担当する勝手掛《かってがかり》は長年にわたり阿部一人が勤めて来たから、彼以外には海防のさらなる強化と御所の再建という突発的要請を処理できる人材がいなかった。辞表の提出が御所焼失の情報を入手した後だったとすれば、良い機会を摑《つか》んだものといえよう。真相がどうあったにせよ、阿部は公儀中枢の一致した信任を新たに獲得し、一二日には早くも出勤を決意した。徳川斉昭は条約締結に抗議して自邸引き籠りを続けていたが、阿部の進退問題に関しては沈黙を守っていた。

政府首脳の責任問題はこのように形ばかりで落着した。が、末端では不運な人物も出た。ペリーの初度の渡来に際して第一線で応接にあたった浦賀奉行与力香山栄左衛門がその人である。彼は奉行戸田氏栄の命により単独で交渉を担ったため同僚の与力から嫉視《しっし》され、ペリーの二度目の渡来に際しては専ら懐柔役を割り振られていたが、二月に応接掛の本交渉が始まった頃には軟弱外交の端緒を作った人物として公儀内外から非難の声を浴びせられるようになった。彼は、外交交渉の現場から外され、阿部の辞職騒動の後には、江戸城の富士見宝蔵《ほうぞう》番に移されたのである。形式上は与力かられっきとした徳川家人《けにん》になったのだから栄転であるが、実際には俸禄《ほうろく》の下回るまったくの閑職への左遷であった。彼はその後長く忘れられた人物となる（外国一—四七頁以下、維新史料二の四—五九三頁以下）。彼の上司として避戦政策の徹底を図った浦賀奉行戸田氏栄も、ペリー渡来一年後の六月四日には西丸留守居《にしのまるるすい》に左遷された。浦賀奉行を六年も勤め、その間に江戸海口の防備不十分と抜本改革を訴え続けていた彼は、初度のペリー渡来後にはあえて積極開国論の提唱に踏み切っていたが、軟弱論の巨頭と見なされて責任を取らされたのである（『南浦書信』）。その無念はいかばかりであったろうか。これに対し、ロシアとアメリカの交渉の通訳を事実上一人で担った森山栄之助は、その後も外交交渉の第一線に立ち続けた。半年後にはロシア使節との再応接にあたり、徳川家人の普請役《ふしんやく》に抜擢されている。かつてロシアのゴンチャロフは、森山は力量が認められるにつれて傲慢となり、上司不在の場の振舞いは目に余るようになったと記したが、その背後には彼のあり余る才能と犬のようにはいつくばって通訳せねばならない身分との大きなギャップがあった。当時の長崎オランダ通詞の中には彼に匹敵する技量の持ち主がなかったので、公儀は侍身分に取立てた上で彼への依存を続けたのである。下田への官吏駐在許容という失敗は、厳重に秘匿された。大学頭の率いる対米全権団は森山とともに問題を隠蔽《いんぺい》し、責任を回避したのであった。

# 第九　開港条約と国境問題―イギリスとロシア―

日米和親条約調印後の日本近海は、にわかに西洋国際政治の荒波に洗われ始めた。ロシアとトルコの戦争が英仏の後者への味方・参戦によって拡大し、プチャーチン艦隊の派遣先であった日本にも、その余波が及んだのである。かつてナポレオン戦争の時代にも、イギリス軍艦フェイトンがフランス支配下のオランダ船を捜索するため長崎に来たことがあったが、今回の事態は一過性のものには終わらなかった。交戦当事国の軍艦二〇隻近くが二年余にわたって日本近海を遊弋《ゆうよく》し、それをきっかけとして、アメリカ以外の西洋国家も日本との条約関係に入り、開かれたばかりの港に頻繁に出入りし始めたのである。

## 一　日英協約―誤解による開港―

**クリミア戦争と露・英**　プチャーチンが長崎での交渉中に英仏との開戦に神経を尖らせていたのは、先に述べた（以下、和田春樹による）。英仏がロシアに宣戦を布告したのは、彼が長崎を退去した後、一八五四年三月二七日のことであったが、極東にはその知らせはなかなか届かなかった。彼は艦隊の一部を繰り返し上海に派遣してヨーロッパ情報の収集に努める一方、一旦マニラまで南下して北洋の氷が解けるのを待ち、その後、北上して間宮《まみや》海峡中の大陸側にあるイムペラートル湾に腰を落ち着けた。六月のことである。彼は英仏と比べて海軍力が劣勢なことを考えて、ロシア政府が樺太《からふと》南部のアニワ湾クシュンコタンに派遣していた守備隊をイムペラートル湾に撤収させ、また旗艦を老朽艦パルラーダから本国から南米経由で新着したディヤーナに移した。彼はこうして守備態勢を固め、一〇月までここで過ごした。パルラーダは損傷が激しく、翌年放棄・焼却されることになった。

他方、イギリスは、クリミア戦争の勃発の結果、海軍の提督を日本に送ることとなった。かねて香港総督・貿易監督官ジョン・バウリングは日本との通商交渉を計画していたが、太平天国の乱の上海波及もあいまって、予定を延期した。その代わり、中国方面艦隊の指令官ジェイムズ・スターリング(James Stirling)が、極東海域におけるロシア艦隊への対抗、具体的にはプチャーチン艦隊やその軍事拠点の奪取や滅却、あるいは行動の抑制にあたる使命を帯びて、日本を訪れることになったのである(W・G・ビーズリ『大英帝国と日本の開国』五章、藤井貞文「日英約条の研究」)。オランダの別段風説書《べつだんふうせつがき》によると、当時中国方面にいたイギリス艦船は八隻ということであったが(外国七―五八頁)、彼はうち四隻の艦隊を率い、一八五四年九月七日(安政元年閏七月一五日)、長崎に姿を現した。彼の目的はプチャーチン艦隊の捜索と日本の戦争に対する態度の探索にあり、日本との条約締結は任務外であった。しかし、予期に反し、かつ外交権を持たなかったにもかかわらず、彼は長崎で日米条約を若干縮めた内容の条約を結ぶこととなったのである。

スターリングは入港直後、長崎奉行に英国女王の対露宣戦詔書を提出し、同時に日本がクリミア戦争の交戦当事国の日本港湾の使用に対してどのような態度をとるかを質《ただ》す書翰を送った。ロシア艦隊の港湾使用を妨げるためイギリスとその同盟国の艦隊が今後頻繁に日本を訪れるはずであるが、日本に危害を加えずにこの目的を達成するには、「交戦国双方の艦船が日本の港に入ることにつき、日本政府がどのような見解と意志を持つかを知ることが、絶対的に必要である」(Blue Book より拙訳)というのである。これは西洋近代に成立した戦時国際法にしたがって、第三国に交戦国双方に対する態度表明を求めたものに他ならない。これに対する普通の回答は中立の立場の表明であろう。それは西洋知識の有無と関係がない。利害関係が特にない場合、人は紛争が身辺におよぶと当事者双方から等距離に立ち、かつできるだけ関係を薄めようとするのが普通だからである。特に、当時の日本は、できるだけ西洋との関係を最小限に留めて、鎖国の原則を守ろうとしていた。その立場からは、ロシアおよび英仏の艦船の日本入港をともに禁ずるというのが合理的な回答だったはずである。しかし、日本は、この熾烈《しれつ》な戦争の最中にあって、交戦当事国のイギリス・ロシア双方とわざわざ条約を結び、港を開くという挙に出たのであった。

**イギリスへの誤解**　この原因は、一つには、異言語間の意思疎通の困難、具体的には英語からの誤訳にあった。スターリングは、ペリーと異なって中国語とオランダ語の通訳をいずれも連れてこず、その代わりに中国で乗せた日本人漂流民音吉《おときち》を通訳に使うことにし、日本語の文書も用意させていた。しかし、音吉は漢字の読み書きができず、文書による交渉には役立たなかった。外交交渉には文書が不可欠であったから、日本側は、出島商館長ドンケル・クルティウスに依頼してまず英語の文書をオランダ語に翻訳させ、それをオランダ大通詞《おおつうじ》西吉兵衛らが日本語訳するという手順を踏むことにし、イギリス側は日本のオランダ通詞の書いた蘭文を自ら英訳するという方法を用いることになった（フォス『幕末出島未公開文書』九〇～一〇〇頁。ビーズリ・一二五頁）。その結果、先の彼の質問は、次のような日本文となって長崎奉行に提出された。「日本於御奉行所《ごぶぎょうしょにおいて》御勘考被下《くだされ》、御当国港等に此度の一件一身《いちみ》の者罷出《まかりいで》候儀、御免許御座候様所希《ねがうところ》候。……当長崎港は勿論、日本国領の港及ひ其他の場所ニ罷出候儀相叶《あいかない》候様心願ニ御座候」（外国七―二二六頁）。第三国としての態度表明の要求が入港あるいは開港の要求に化けたのである。

なぜそうなったのだろうか。実は、イギリスのブルー・ブック所収のスターリング書翰と『幕末外国関係文書』所収の和解《わげ》との間には、内容にかなりの相違がある。和解の前半部分にはクリミア戦争の背景解説とロシアへの非難が記されているが、ブルー・ブックにはその件がない。これはイギリス外務省がブルー・ブックに転載する際に削ったと解すれば、一応説明可能である（藤井貞文）。しかし、両者は後半の日本への要求についても食い違っている。これはイギリス側の作為とは思えない。当時のヨーロッパ国際政治の実情からすれば、ブルー・ブックの記載するスターリングの行動はごく当然のものであったからである。したがって、この矛盾は日本側、具体的には翻訳者のクルティウスまたは西から生じたと考えざるをえない。そこで、まずクルティウスについて検討してみよう。彼は上司に送った報告書で、この件について簡単に触れている。それは、政府の指示に従って中立の立場を守り、「日本が世界各国に門戸を開くように働きかけるとともに、今までよりもいっそう慎重を期し、そしてもし必要ならば、まったく傍観することにしています」というものであった（フォス・一一一頁）。スターリングは翻訳の正確さを確認するため日本側からこの書翰のオランダ語訳を入手したが、何の苦情も残していない（外国七—三四〇頁）。したがって、クルティウスによる作為の可能性はかなり乏しいと見て良いだろう。他方、西の翻訳にはかなりの問題があった。前年のプチャーチン応接の際、初期に通訳を担当したのは彼であった。が、ロシアのゴンチャロフによると、そのやり方は話の内容を断片化して、ニュアンスをすべて除いたり、厳しい発言を勝手に和らげたり、無視するというものであり、プチャーチンは意思疎通に困って彼を通訳から外そうと考えたという。長崎に日本全権が到着すると、日本側の交渉主任が川路聖謨《かわじとしあきら》となり、その通訳は森山栄之助が担当したので、問題は解消した（『日本渡航記』三一二頁）。しかし、スターリングが渡来した時、森山はペリー応接のため関東に派遣されたままであった。長崎の通訳は大通詞の西が主役とならざるを得なかったのである。

しかし、この誤訳は単に技術の巧拙から生じたようには思えない。西をはじめとするオランダ通詞、そして奉行をはじめ公儀の有司には、イギリスへの恐怖、および西洋はひたすら日本との通商を望んでいるという先入観とがあった。長崎の日本人はかつてのフェイトン号事件を忘れていなかった。長崎で港湾規則を無視して傍若無人に振る舞い、その結果、奉行の自刃と佐賀藩士数名の処罰をもたらしたこの事件は、対外関係の当局者に西洋人とくにイギリスの狂暴さの証拠として記憶されていた。ペリーに随行した中国語通訳ウェルズ・ウィリアムズによると、和親条約の調印直前、日本側の交渉担当者はこの事件に特に言及したが、応接の場が下田に移った後、アメリカ側がフェイトンの艦長だったペリューが今は提督に昇進して広東にいると伝えると、大いに驚愕《きょうがく》したという（随行記・二四七、三六九頁）。道徳的にいかがわしい口実の下に開戦し、相手に私的利害を押し付けたアヘン戦争もこの悪印象を強化していた。このように長く恐怖の対象だったその国の艦隊がついに姿を現わしたのである。戦争回避のため何でもしようと考えても無理はない。しかも、この直前に到着したオランダ軍艦スムビンは、最新の香港情報として、イギリス政府が翌年に使節を日本に派遣することを決めたと伝えていた（外国七—一四五頁）。時期遅れの情報であったが、日本側にそれを知る由はない。したがって、スターリングが現れた時、日本側が当初、彼の真意は他国同様、日本の開港、さらに通商の強要にあると思い込むのは自然だったのである。

**日本側の条約締結方針**　ともかく、時の長崎奉行水野忠徳《ただのり》は、西の翻訳したこの翻訳文を前提に対策を立てた。先年のロシア・アメリカ問題の場合、ことが新規に属し、対外政策の基本を変更するか否かが問題となったので、政策立案は専ら江戸で行われたが、この対英問題については、すでに日米条約が結ばれて幕府の基本方針が通達されていたため、通常の決定手続きが取られた。出先の直接当局者たる水野が原案を作成して、それをスターリング書翰とともに江戸に送り、老中や関係有司の評議を経て、方針を定めたのである。その水野の原案は、スターリングの要求を対露戦争のため日本の港の開放を求めるものと把握した上、先にロシアに友好的な扱いを約束した以上、その敵国のイギリスを近づけないのが信義だが、「当節之御時勢、何《いず》れの国に而《て》も願意之趣手強ク御拒ミ難被成《なされがたし》」というのが実情だから、イギリスにも制限を付した上で開港せざるをえないというものであった（閏七月一七日。同上、八五号）。ここでは、イギリスに対する入港拒否の可能性が視野の外に置かれる一方、ロシアとの関係悪化の可能性もさほど問題視されていない。水野が腐心したのは、戦時の外交よりも、むしろ鎖国の原則を維持するためイギリスへの譲歩をできるだけ切り詰めることであった。具体的には、長崎のほか箱館を開港地の候補に挙げ、それでもイギリスを満足させ得ない場合、他にどの港を選ぶか、幕閣に指令を求めたのである。

これに対し、江戸の有司、すなわち評定所《ひょうじょうしょ》一座・浦賀奉行・下田奉行・林大学頭《だいがくのかみ》・海防掛《かいぼうがかり》・大小目付《めつけ》は連名で次のような評議書を答申した。ロシアからの敵視を避けるためイギリスの要求を拒絶するのが望ましいが、むやみに断っては「かさつ之聞へ有之《これあり》候英吉利《イギリス》之事故ニ不法乱暴可及《およぶべき》哉《や》も難計《はかりがた》」い、そこで、戦争のためでなく、平時の近海航行の節に入港するという趣意ならば、長崎・箱館の開港を認め、それでも足りぬ場合は下田もこれに追加してはどうだろうか。老中はこの答申に同意し、その趣旨通りの指令を長崎に送った。水野が長崎から上申を発してから一二日後であったから、当時としては極めてすばやい対応であった（同上、二五〇～二五三頁）。

江戸から応接の全権と指針を与えられた水野は、八月一三日、スターリングを西役所に迎え、交渉に入った（同上、一三四号）。日本側記録によると、スターリングは、渡来の目的は日本付近でロシア船と遭遇したら戦争することだが、日本に危害を加えるつもりはない、長崎でロシア船と戦争したら「御国法相背き不宜《よろしからず》候儘《まま》、是等も相伺申度候」と発言したという。イギリスのブルー・ブックの記述とこの控え目な言葉はよく符合する。しかし、水野はこれが入港拒否の回答を可能にする言葉であることに気づかず、かねてスターリングの目的と認識し、対策を準備しておいた日本への入港許可を前提に、話をその条件中「肝要の処」に進めた。日本の沖合いで戦争するのは勝手だが、港内で戦争するのは不可と述べたのである。これに対し、スターリングは、日本側の記録では、港内での戦争不可は当然だが、「戦争之時にはヲロシアの船にてもイキリスの船にても、湊に入、用向相弁し候事は当然に御座候」と答えたと記されている。彼の趣意は交戦国の双方について第三国たる日本の利用を制限しようとする点にあったから、再び正反対に訳されたのである。水野は、双方の意志がうまく通じていないことに気づいていたが、かまわず既定方針通りに進み、入港の条件を提示した。長崎ほか一ヵ所への入港と薪水《しんすい》食料材木等の補給を認める、沖合いの戦争は良いが港内は許さない、というものである。この日の会談はイギリスがこれに対して要求書を提出し、それを出発点に条約を商議決定するという約束をもって終わった。

クルティウスによると、この会談では、英語の発言を音吉が日本語に通訳し、その日本語をオランダ通詞が訳し直すという二重手間が取られたそうである（フォス・九六頁）。音吉が身分や方言のため公儀の高官と直接言葉を交わせなかったためだろうか。しかし、この奇妙な手続きは、先のスターリング書翰の誤訳を西が隠蔽《いんぺい》し続けるにも好都合であった。水野は老中の指令にしたがって、繰り返しスターリングの目的を尋ね、彼から真意に近い答えも得たのであるが、肝心の局面で正反対の日本語訳を聞かされて、誤解を修正する機会を失ったのである。この日の会談を終えるにあたり、双方は交渉を書面を中心に進めるという点で合意した。彼らは意思疎通の難しさを音吉のせいと考え、真の問題が書面の翻訳にあったことに気づかなかったのである。

翌日、イギリスから条約案が提出され、クルティウス、次いで西の手で翻訳された。それはまたしても誤訳であった。イギリス側の記録では、長崎ほか二ヵ所にイギリスをはじめ条約締結国の軍艦の入港を認めるとした上、特に戦時利用の制限、すなわち軍艦の修理や軍需品の補給あるいは捕獲品の持ちこみを許さず、滞在も一四日に限定するという制限の規定に重きがおかれている。しかし、その和解では否定詞が除かれ、戦時の利用のため入港を許すという逆の文面にされたのである（ビーズリ・一二二頁。外国七―一三七号）。日本側はこれを元に対案を用意し、一八日の第二回会談に臨んだ。しかし、その日、交渉の通訳を勤めるはずだった大通詞西吉兵衛は現れなかった。自宅でこと切れているのが発見されたのである。死因は分からない。が、誰に対してもたえず腰を屈めて愛想笑いを浮かべていた彼、かつてプチャーチン一行にオランダ語なぞ学ぶのではなかったとこぼした西にとって、イギリスとの交渉が重荷だったことだけは確かである（『日本渡航記』三〇九、二八四頁、フォス・九七頁）。その後の通訳は志筑《しづき》龍太や荒木熊八ら小《こ》通詞や通詞見習いが勤めることになった。

**日英協約の拘束性**　水野とスターリングは八月一八日と二三日の両日会談し、条約をまとめ上げた。今日、イギリス側の呼称をもとに日英協約と呼ばれるこの条約の文面は、日本語版では次のとおりであった（外国七―一五一号）。

約文

此度、大貎利太泥亜《ブリタニア》王国之軍船ウキンチェストル之総督ヤーメス、スティルリンギに相会し、長崎奉行水野筑後《ちくご》守、御目付永井岩之丞、大日本帝国政府之命を請《うけ》、薪水食料等船中必要之品を弁《べん》し、又は破船修理之為め、肥前《ひぜん》之長崎と松前の箱館との両港に貎利太泥亜国之船を寄ることを差免《ゆる》す。

一、長崎は今より其用を弁し、箱館は此港退帆之日より五十日を経て、船を寄すへし。尤《もっとも》、其地々々の法度《はっと》に従ふへし。

一、難風に逢ひ、船損せすして、右両港之外へ猥《みだり》に渡来不相成《あいならざる》事。

一、此後渡来之船、若《もし》日本の法度を犯す事あれハ、右両港に来るを禁す。船中乗組之者法を犯さは、其船将屹度《きっと》其罪を糺《ただ》さるへし。

一、此度《このたび》約する両港之外、今より後外国へ差免す事あらハ、其国同様、貎利太泥亜船民をも可取扱《とりあつかうべき》事。

一、右之通、決定之上ハ、尚大日本国帝と大貎利太泥亜国女王と承諾之旨、委任貴臣の書面、今より十二ヶ月中に長崎に於《おい》て取替可申《もうすべき》事。

一、右之条件、政府の命によりて定むる上ハ、此後渡来之船将かはるとも、此約はかゆる事なし。

嘉永七甲寅年八月二十三日、於長崎鎮府、定之《これをさだむ》。

水野筑後守
永井岩之丞

この文面は英語版とかなりの相違があった。まず、英語版では、日本語版で箇条書きの前に記されている、「此度」に始まる薪水給与または破船修理のために長崎・松前へのイギリス船寄港を許可するとの中心的規定が第一条とされており、したがって条約は一条増えて全七ヵ条となっている。内容面では、第四条の最恵国待遇は開放する場所とそこでの権利の両面に適用される一方、「オランダ人と中国人がすでに日本と結んでいる関係によって得ている特権」すなわち通商権が除外され、第六条の「船将」が「高官」一般と記されているという相違がある（ビーズリ・二〇五〜二〇六頁）。英語版の蘭訳和解は、第一条と第六条が日本語版同様であるほかは、おおむね英語版に沿ったものである（外国七―四四二〜四四五頁）。

この日英両版の相違は、見ようによっては、重要度において日米条約における官吏駐在規定の問題に劣らない。特に、最恵国待遇の条項は将来における通商の許諾を左右するもので、日本の外交政策の根幹に関わるものであった。この点に関する日本語版の規定は曖昧であるが、素直に読むと最恵国待遇は開港場所の選定のみに適用されるように見える。そう考えると、日本側がオランダ人や中国人の通商権について明文化する必要を感じなかったのはよく分かる。これに対し、英語版は最恵国待遇の適用対象をイギリス人の権利一般と規定し、開港地の選定に限定していない。これを見ると、望みさえすれば、スターリングは通商権の除外も規定せずに済ませられたのではなかろうか。しかし、事実は彼は自ら進んで通商権の除外を書き入れたのである。

英語版はなぜわざわざ自己限定したのであろうか。すぐ想像されるのは、オランダの介入、すなわち出島商館長クルティウスの関与していた可能性である。確かに彼はオランダ以外の西洋国家が先んじて通商条約を結ぶことを警戒していた。しかし、彼が日英交渉に介入する機会はごく限られたものであった。クルティウスが条約の最終草案を見たのは、日本側の依頼によってオランダ語版をチェックした時であるが、それはスターリングが自らオランダ人と中国人の特権除外を草案に認めた後のことだったのである（ビーズリ・一二五頁、フォス・九八〜九九頁）。

では、なぜスターリングは、このような拘束的な協約に調印したのであろうか。まず指摘すべきは、軍人たる彼の頭がロシアとの戦争問題で一杯だったことである。彼は交渉の中途で日本側の誤解をそのまま受け入れて条約を締結する決心をしたが、その際には、日本の港を作戦行動の上で有利に利用することのみを考えていた。彼は最恵国待遇を要求したが、それは必ずしも他国が通商権を得た場合に均霑《きんてん》するのが目的だったわけではない。日本側はこれに対し、イギリス船が国法を犯した場合の日本港湾からの排除、および条約の永久固定を主張した（外国七—三八八、四〇八〜四一〇、四一四〜四一七頁）。交渉の結果は両者の妥協であって、日本側が最恵国待遇に同意する一方、スターリングは日本側の好意を獲得するため、オランダ人と中国人が現有する通商特権を明確に除外する規定を書き込み、日本港湾の閉鎖に関する規定も受け入れたのである（ビーズリ）。二三日の最終会談に際しては、席上でさらに譲歩し、条約不変更の条文の追加も受け入れた。この点は不可解としか言い様がないが、あるいは長崎を離れてロシア艦隊の捜索に戻るのを焦っていたのかもしれない。

このような日英協約は、当然ながら、本国や中国在住のイギリス人には極めて不評であった。日本との条約交渉に当たるはずだった香港総督バウリングは、この協約は以後の日本との交渉を著しく困難にするものとして、スターリングを厳しく批判し、本国の貿易省も条約が通商を定めず、しかも最後の条文が将来におけるそれを妨げているとみて、遺憾の意を表明したのである。しかし、イギリス外務省は協約の変更は可能であると判断し、協約の批准《ひじゅん》を決定した。その結果、翌安政二年八月二九日（一八五五年一〇月九日）、スターリングは批准書を携えて長崎を再訪し、両国は批准書の交換を終えたのである。

**批准書交換の際の攻防**　再渡したスターリングは協約の内容を実質的に拡大しようと試みた。細則を設けて、協約および日本側の設定した港湾規則を次のように改めるよう要求したのである。一、長崎入港が風波の荒い外港までに制限されていたのを内港までに改める。二、上陸を許可する。病院・墓地の場所をきめる。三、非開港地入港の禁止を軍艦に対しては解除する。四、入港艦船に対し、日本政府は不必要な束縛を加えない。五、イギリス側が些少《さしょう》な犯罪を犯しても、鎖港処置は取らない。六、最恵国待遇におけるオランダ・中国の特権除外を協約締結の時点までに限定する。彼は、前年末の日露条約締結によって下田が自動的にイギリスにも開港されたと主張したが、それに加えて長崎の開放度を高めようとし、さらに日本が他国と条約を結んだら、その権利も入手しようと図ったのである。当時、日本はオランダとの条約交渉を開始していた。そこには当然通商条項が盛り込まれるはずであったから、もし六が認められたら、イギリスは通商権も手に入れるはずであった。

しかし、日本側はこの請求を拒んだ。批准書交換に備えて特に交代を遅らせ、二人同時に在任した長崎奉行荒尾成允《なりまさ》と川村修就《ながたか》、および在勤目付永井尚志《なおむね》は、これに頑強に抵抗した。この年、長崎にはクリミア戦争のため英仏の艦船が頻繁に出入し、中立国オランダのそれを加えると、常時一〇隻内外の西洋艦船が長崎湾に停泊していた。八月末までには、イギリス艦一一隻、フランス艦二隻が集結したが（フォス。ビーズリ・一三六頁）、彼らはペリー艦隊をはるかに上回るこの大兵力を前にして、執拗《しつよう》に抵抗したのである。彼らは、スターリングが蒸気艦を強引に内港に乗り入れ、談判で決裂の意を示すと、一と五および墓地の問題については譲歩したが、それ以外は継続交渉に付すことに成功したのである。一年後の安政三年八月、スターリングの後任のシーモア（Michael Seymour）が長崎を訪れ、交渉を行ったが、長崎奉行らは上陸制限の点で若干の譲歩を行ったものの、通商に関わる最恵国待遇の問題は、またしても先送りにして済ませた（ビーズリ・一五八〜一六二頁）。その際、彼らは江戸の老中に対しては積極的観点から通商開始を進言していたのであるが、対外的には鎖国政策をできるだけ維持するという従来の外交指針を忠実に守ったのである。当時もっとも恐るべき国と目されたイギリスが体よくあしらわれたのは、ペリーの場合と比べ、奇異の観がなくもない。首都江戸と地理的条件が異なるとはいえ、一旦与《くみ》しやすしと判断されたら、いかに実力を持っていても、それを行使しない限り効き目がないという傾向の典型的な事例といったらよいであろうか。

## 二　日露和親条約―開港と国境交渉―

**プチャーチン再来**　日英協約の締結後、再び日露条約の交渉が始まった。長崎を一旦退去したプチャーチンは、英仏との開戦を知った後、アムール河口に赴いて東シベリヤ総督ムラヴィヨフと会見した（ロシア側の行動は真鍋重忠と和田春樹による）。彼らは、北太平洋の根拠地カムチャツカ、および新たに領土に組み込むことに決めたアムール下流域（樺太と沿海地域を含む）を防衛する方策を立て、その上でプチャーチンは新造艦ディヤーナ一隻に乗り換え、再び日本との交渉に乗り出すことにしたのである。彼はまず箱館を訪れ、次いで先に提出した条約案で開港を希望していた大坂に向かった。彼は箱館で日米条約が締結されたことを聞いて、通商も許容されたと推測し、日本との交渉の重点を通商におくことにした。その観点からすると、近世日本経済の中心地であった大坂をまず訪問するのは当然の行動であった。

これに対し、日本側は、九月一八日（日本暦、以下、断りなき限り同様）にディヤーナが大坂湾に姿を現すと大いに慌てた。開港地を日米・日英条約で定めた範囲に限定する方針を採り、大坂を想定外にしていたため、通詞はじめ何の用意もしていなかったからである。無論、京都が近く、夷狄《いてき》に接近されては朝廷の反応が心配という事情もあった。プチャーチンはバッテラを降ろして安治川口《あじがわぐち》の役人と接触を試みたが、町奉行らの役人は川筋への進入を阻止し、長崎か下田に回航するように求めた。プチャーチンは、オランダ語のできる副将ポシェットと漢文のできるゴシケーヴィッチを伴っていたが、日本側に通詞がいなかったため、手真似で意思を通ずるほかなかった。通報を受けた公儀は、交渉地に下田を選び、筒井政憲《まさのり》・川路聖謨の両全権をここに送る意志を大坂に伝えたが、プチャーチンはこれに応じ、下田に向かうことにした。途中、日本側からイギリス艦四隻の姿を見たという情報を得ている。一〇月一四日、下田に着いたが、早速、日本側の制止を押して上陸し、岬に見張り所を置いて、備えとした。英仏との開戦後、長崎の時より、その立脚地は弱くなっていたのである。

**日本側の蝦夷地調査**　一方、公儀はロシアに対してはあらかじめアメリカと同じ条件で対処しようと決めていた。したがって、開港と通信・通商はさほどの問題とならず、関心はもっぱら国境交渉に集中した。

プチャーチンと日本側全権は、国境問題は樺太で両国の使節が出会い、現地で交渉に当ろうと約束していた。公儀は、樺太を含む蝦夷地の状況を直接に知る必要もあったから、三月下旬、目付堀利熙《としひろ》と勘定吟味役《かんじょうぎんみやく》村垣範正《のりまさ》を現地に派遣した。堀は前の大学頭林述斎《じゅつさい》の外孫で、学問吟味にも及第した人であり、同じ述斎外孫の岩瀬忠震《ただなり》とならぶ、当時有数の秀才であった（土居良三）。村垣はかつて文化《ぶんか》年間の蝦夷地経営の際、松前奉行を勤めた定行《さだゆき》の孫であった。この頃に長崎奉行に登用された荒尾成允、川村修就も、同じく御庭番《おにわばん》の家筋で祖父が松前奉行を勤めた人々である（小松重男）。幕閣は、危機現前の時、学問上の秀才を登用するだけでなく、蝦夷地問題の経験をもつ家筋の人材にも注目したわけである。一つには、これらの家々に江戸城中では火災で失われた書類や伝承が遺されていると期待したためではないだろうか。村垣は、この年、樺太・蝦夷地から江戸に帰ると直ちに下田に派遣され、そこで津波の被害に遭ったにもかかわらず、江戸と連絡するため往復もしている。実務能力にも定評があったが、その胆力と体力は尋常でない。のちに最初のアメリカ遣使の際、副使に選ばれたのもよく分かると言えよう（村垣日記〈外国、付録之二所収〉）。

彼らは、「本蝦夷地」（現在の北海道）の北端の宗谷で、ポシェットの日本側全権あての書翰を入手した（以下、秋月俊幸、真鍋重忠による）。氷が溶けて、「北蝦夷地」（樺太）のクシュンコタンに渡った松前藩の役人が、そこを訪れたポシェットから渡され、持ち帰ったものである。そこには、前年にネヴェリスコイが建設し、軍人数十名を越冬させていたクシュンコタンのムラヴィヨフ哨所《しょうしょ》を撤収し、かつプチャーチンが申し込んでいたクシュンコタンでの会見も撤回するというメッセージが記されていた。ロシア側は、英仏艦隊との交戦に備え、兵力を間宮海峡の西側のイムペラートル湾に集中することに決めていたのである。確かに、堀と村垣が樺太に渡ってクシュンコタンに着いたとき、ムラヴィヨフ哨所はもぬけの殻であった。その後、二人は樺太の西岸を北上し、マオカで分かれて、村垣は蝦夷本島の東海岸の調査に向かい、堀はライチシカまで北上した後、樺太で最も狭い地峡《ちきょう》を通って東岸のマーヌイへ抜け、その後、やはり本島の東海岸を通って、箱館に帰着した。その間、支配勘定の上川伝一郎は西岸をポロコタンまで北上し、さらに松前の役人に海峡東岸の入口ナツコまで視察させている（外国七―補遺二〇～二二号）。

堀・村垣のうち、村垣は報告のため九月中旬に江戸に向かい、竹内保徳《やすのり》とともに箱館奉行に任命された堀は箱館に残留した。堀は同月下旬、村垣と連名の調査報告書を完成している（外国七―二四七、八―五一・五二号）。彼らは現地調査以前、正月に松前並《ならびに》蝦夷地御用に任命された際、本蝦夷地の開拓防備を重視して北蝦夷地を放棄するように進言していたが、このたびも基本態度は変わっていない。彼らがまず注目したのは本蝦夷地の運命であって、現状ではロシアなどに占領されても不思議でないと見、その防備のため、松前家に城付《しろつき》領若干を残した上で公儀の直轄地にせよと提言している。次いで、もし北蝦夷地に国境を設けるなら、次のような案が適当であろうと具申した。一つは、従来から松前藩の支配下にあるアイヌの居住地域を日本領とする案で、西岸はポロコタン、東岸はフヌプまでを領土とするものである。樺太には元来三つの種族が住んでいた（秋月俊幸・五頁）。最大の人口を持つのは南部に居住するアイヌで、一九世紀中葉で約二六〇〇人、本蝦夷地宗谷のアイヌと往来し、夏期は松前藩の役人に組織されて漁業に従事していた。中部以北からアムール河口にかけてはニヴフ（大陸ではギリヤークと呼んだ。アイヌは西部居住者をスメレンクル、東部居住者をニクブンと呼んでいた）が約一五〇〇人おり、交易活動を生業としていた。また、ウィルタ（アイヌはオロッコと呼んだ）も約二〇〇人いて、トナカイによる遊牧生活をしていた。ニヴフやウィルタはそれまで日本人ともロシア人とも関係を持っていなかった。したがって、堀と村垣は居住集団の有無という観点ではアイヌとの関係だけを手掛りに領域を考えたのである。しかし、アイヌの居住する北限のポロコタンは樺太の中部にあり、従来は松前の手の及ばなかった土地であって、ロシアと争ってまでアイヌの服属を確保しうる見込みはなかった。そこで、両名は、領域支配を確保するには自然の地勢を利用した方が適当と判断し、西岸はコタンウトルの山々、東岸はトッソの懸崖《けんがい》を境界候補として挙げ、北方のアイヌをその手前に移住させた上、クシュンナイとマーヌイを結ぶ地峡付近に会所《かいしょ》や陣屋《じんや》を置いて、アイヌの撫育《ぶいく》と守備に当たろうと提案した。ただし、彼らは、これでも領土として確保するには不十分と考えていた。そこで、本蝦夷地確保の緊急性も考慮して、もっとも現実的な策としては、今回は国境を定めぬ方がよいと進言したのである。

**下田の交渉と津波**　プチャーチン再渡の知らせを聞いて、老中はロシア応接掛の筒井と川路に交渉を継続させることにした。両名は、出発に先立って、一〇月七日に意見を具申している。その一つは、英仏と交戦中のロシアの扱いに関するものであった。徳川斉昭《なりあき》がプチャーチンが日本の庇護《ひご》や援兵を求めてきた場合の処置を問うたのに対し、国地での交戦回避には相手国の説得以外に手段がないとし、援兵は断り、庇護は武装解除を受け入れた場合に限ると答えている。条約交渉については、日米条約に準拠するという公儀の方針を確認し、国境に関しては、エトロフ確保の見込みはあるが、樺太は難題だと言う。ロシアが侵略性の高い大国である以上、やすやすと全島を与えると後害が怖いが、さりとて全島の領有を主張する根拠はなく、境界の設定も難しいと言うのである。かつて長崎では、西洋の地図を根拠に北緯五〇度での分界を主張したが、根拠としては弱く、堀・村垣の報告を入手する以前は、西洋の地図や日本人著作を調査する程度しか手掛りがなかったのである。徳川斉昭はこのため、家臣の豊田小太郎に『千島誌《ちしまし》』を編集させ、これを公儀に献上して参考に供している。

さて、日本側全権のうち、川路は一〇月一八日に江戸を立ち、二一日に下田に着いた。他の掛がこれに続いたが、その中には一〇日に江戸に帰着したばかりの村垣の姿もあった。全権がプチャーチンと対面したのは一一月一日、最初の交渉は同三日である。下田派遣が決まってから出発するまでに約一〇日、着いてから面会までに一〇日を費やしている。あまりにも遅々たる進行であるが、これは樺太問題に関する日本側内部での合意形成の困難、および日本側が体面を重んじ、かつプチャーチンの弱みを突こうとしたため生じたことだったようである。プチャーチンがしびれを切らして江戸内海に入る可能性もあったが、彼が下田回航を受け入れた時点で、それはよほどの場合しかないと読んでいたのであろう。

一一月三日の第一回交渉は、プチャーチンが通商と国境の二問題のうち、通商の先議を主張し、これに日本側が国境の先議を主張する形で始まった（外国八―六五号）。これはプチャーチンが日米条約が通商を規定したと誤認し、長崎での先約がある以上、アメリカに均霑《きんてん》するのが当然と考えたためである。彼はまだ日米条約の英語版もオランダ語版も入手していなかった。日本側は、これを確かめた上で、オランダ語版の交付を拒否し、日本語版の内容を口頭で説明して、これに基づいて交渉を続けようと図った。オランダ語版を見せれば、開港と寄港船への欠乏品の供給だけが決定し、通商に至らなかったことが判明したはずであるが、そうしなかったのは、先に見た領事駐箚《ちゅうさつ》の条件に関するオランダ語・英語版と漢文・日本語版の相違を隠すためだったのではないかと思われる。阿部正弘はじめ公儀首脳は、この食い違いを知りつつ、漢文・日本語版の規定する領事駐箚問題の未決という解釈を断固守り抜こうと決意していたのである（外国七―六四四、六五五頁）。プチャーチンは通商に関する日本側の漸進論を聞き流しつつ、領事の駐在や開港地の選定などの具体的な主張を一通り述べ、とくに下田の風波が荒く、開港地として不適切なことを指摘して、大坂が駄目なら兵庫、それが駄目なら浜松など別の港の開港を要求した。川路は、この日の日記に、「猾虜《かつりよ》、屢《しばしば》詞屈し候て、此体ならば十分に参り申すべき哉」と、楽観的な展望を記している。

ところがその翌四日、地震に続いて大津波が下田を襲い、交渉は中断を余儀なくさせられた。三度も大波が押し寄せ、一〇〇〇軒以上もあった下田の町並みは、日本側全権や下田奉行たちが宿泊していた数個の寺院を除き、潰れたり、引き流されて、影も形もなくなってしまった。ディヤーナも大きな損傷を被り、島にぶつかって沈没することはかろうじて免れたが、舵を失い、竜骨を痛めて、大洋の航行は不可能となった。大修理を施さない限り、帰国もおぼつかなくなったのである。プチャーチンらは、英仏との戦争に加え、さらに弱い立場に追い込まれたのである。しかし、日本側はこの弱みにつけ込もうとはしなかった。それは何よりも彼らが長期的観点に立って外交政策を考えていたからである。大国の使節を疎略に扱えば、当面は有利な条件を強制できても、後害は計り知れない。むしろ窮地にある彼らを厚遇して好意を示し、有利な条件を引き出した方が賢明である。しかし、それだけではない。この災厄に際してプチャーチンらが示した落着きと胆力には驚くべきものがあった。プチャーチンは、ディヤーナの状態を見極めると、添乗の医師を上陸させて下田住民の手当を申し出た。そして、ディヤーナの修理に関する交渉を始め、日本側が伊豆半島西岸の戸田で修理することを認めると回航を試み、その途中でディヤーナを失った後には、新船建造を申し出た。これに対し、川路らは、乗員五〇一人の上陸を認め、日本人との隔離に努力しつつ、帰国の道を開くために文字どおり奔走・協力した。その過程ではロシア人の勇気に心からの感銘を表している。

魯戎《ロシア》の布括廷《プチャーチン》は、国を去ること既に十一年（航海三十年に及ぶといいき）、家を隔つること一万里余、海濤《かいとう》の上を住家として、其国の地を広くし、其国を富まさんとしてこころをつくし、去年已来は英・仏二国より海軍を起こして魯国と戦い、かれも海上にて一たびは戦いけん、長崎にて見たりし船は失いて、今は只一艘の軍艦をたのみにて、三たび、四たび日本へ来たりて、国境のことを争い、この十一月四日をはじめにて、一たび津波に逢い、再び神のいぶきに挫《くじか》れて、艦は深く千尋の海底に沈みたり。されど、少しも気おくれせず、再びこの地にて小船を作り、漢土の定海県《ていかいけん》へやりて、大艦を求めんことをいいて、其日より其ことを落なく書記して出し、其いとまに両国の条約を定めんことを乞いぬ。常には布廷奴《ふていやつ》などいいて、罵りはすれど、よくおもへば、日本の幕府、万衆のうちより御騰用《とうよう》ありて、かく御用《おんもち》いある左衛門尉《さえもんのじょう》などの労苦に、十倍とやいわん、百倍とやいわん、実に左衛門尉などに引競《くら》ぶれば、真の豪傑なり（川路日記、一二月八日）。

川路の日記は、江戸の妻子への私信として書かれたものである。直接には我が子の奮励を促すのが目的であった。庶民に生まれ、御目見《おめみえ》以下の小普請《こぶしん》の家に養子となって、官界の頂点の勘定奉行まで上り詰めた我が身の苦心、そして、いま津波直後の下田で飯米の調達に苦しみ、湯浴《ゆあ》みすらままならぬ窮境を振り返り、それよりさらなる難局に動じないプチャーチンを手放しで賞賛したのである。そこには公信には記しえない率直な評価が籠められていたと言って良いだろう。敵ながら天晴《あっぱれ》。厳しい交渉の中で川路は心底、感嘆していたのである。

**下田と江戸**　津波の後、条約交渉は停滞したが、その間にも若干の動きはあった。日本側全権はロシア側にはあくまでも下田を開港地として主張しつつ、老中に対しては代港の選定を進言している。下田の港としての不適格さが明白になり、下田の再建にはかなりの時間がかかる上、緊急の課題となったディヤーナの修船場がそのまま開港地となる可能性が生じたためである。村垣が江戸に帰って、下田の現状とこの意見とを伝えたが、阿部正弘はあくまでも開港地は僻地《へきち》に限るべきであると答えた。斉昭に至っては、もし全権の意見のように浦賀を選ぶのならそこで焼き討ちにすべしとの極論を述べている。その結果、江戸の意見は、伊豆の中に適当な代港が見あたらないなら、あくまでも下田に固執すべしとの見解にまとまった（外国八―六八・七六〜八七・九七号、村垣日記）。

下田では、一一月一三日に交渉が再開され、ロシア側が条約案を提示した（外国八―八八〜九〇号）。森山栄之助はこれが日米条約を基礎としていることを見抜き、この書面を受け取らず、口頭で交渉するように川路に進言した。その結果、交渉はプチャーチンが箇条ごとに趣意を説明して、日本側と問答を交わす形で進行した（古賀西使続記・三三二頁）。実は、ロシア側はこの時点までに日米条約を入手していた。アメリカ担当の通詞であった堀達之助からオランダ語版を入手したらしい（和田春樹・一四九頁）。日本側は官吏駐箚《ちゅうさつ》の問題があったため、極力、英・蘭語版を隠そうとしていたのであるが、筒抜けになっていたわけである。文面の順序に従い、まず国境が話題となったが、ロシア側は、エトロフを日本領と認めつつも、樺太に関しては、南部クシュンコタン付近を除く全島をロシア領と主張した。日本側は後者に関しては根拠がないと述べ、現状を維持すべしと答えた。この問題は互いの主張を述べただけで終わり、交渉の大半は通商問題を中心に展開した。プチャーチンはこの時、開港地に関しては箱館・長崎と江戸近地の三港を希望するに止め、開港地で欠乏品供給だけでなく、「金銀並《ならびに》品物取替候儀勝手次第ニ取替」ことに主たる関心を注いだ。これは日米条約第七条を、日本からの輸出に限定されてはいるが、一般的に拡張し、書き改めたものである。プチャーチンはアメリカに許したことはロシアにも許す約束だと主張したが、日本側は無論、アメリカに通商は許していないと反論した。次は官吏駐箚の問題である。これは来航するロシア国民の取り締まり、とくにアヘン輸入の防止のためと説明され、日米条約には一八ヵ月後とあるから、駐箚ははや来年七、八月に迫っており、ロシアはその後でよいと述べた。日本側はこれに対し、蘭文版の漢文版との相違を意識しながら、既定方針通り、アメリカに官吏駐在を許したことはなく、一八ヵ月後に交渉を始める約をしただけであると主張している。プチャーチンはこれに強い不快の念を抱いたらしく、これを認めぬなら「最早条約ニ付一切申上間敷候」と切言した。通商に対するのとは異なる態度であった。

この日はこれで終わり、翌一四日、第七箇条以下の聴取が行われた。官吏駐箚の問題が争点であることが改めて確認されたが、さらに開港地の交渉も行われ、日本側はあくまでも下田にこだわった。その際、いずれの問題に関しても日本全権は、「二百年来鎖国の処を漸く此位迄《まで》ハ開き候儀」と述べて、ロシア側の諒解を求めている。日本の閉鎖性は、外交政策上は、近々の時代に選択されたことであったが、彼らはそれを近世初頭からのことと説明し、開放への急進の困難と将来の可能性を訴えたのである。ロシア側はしかし、これに納得せず、ついに次官ポシェットは書簡を送り、江戸に回航して談判する意向を表明した。ただし、ディヤーナは破損していたから、この脅しは当面は無効であった。

一方、江戸の老中は、この両日の交渉の報告を受けると、この二問題とも従来の政策を固守する方針を確認し、村垣を下田に帰してこれを伝えた（村垣日記・四六六〜四七〇頁）。彼は二三日に帰着したが、プチャーチンが自らディヤーナの戸田《へだ》回航に乗りだし、さらにディヤーナの沈没とロシア人の上陸、さらに新船建造などの事件が相次いだため、条約交渉はしばらく棚上げとなった。その間、勘定組頭の中村為弥と下田に残留した副将ポシェットとが下交渉を継続している。ところが、一二月九日に至り、江戸から樺太全島を領土として主張せよとの指令が届いた。下田の全権団は愕然《がくぜん》とし、検討の上、一二日に反論を江戸に書き送っている。他方、たまたまその当日、フランスの捕鯨船が下田に入ったが、プチャーチンはフランス船を恐れるどころか、これを奪取しようと図った。捕鯨船はアメリカ人からロシア人がいると聞いて直ちに逃走して難を逃れたが、川路は日記にこう書いている。「フランス船参り候わば、いか計《ばかり》か恐れ申すべし、且《かつ》は彼に打たれ候事と存じ候処、案外にて、いずれも驚き申し候。布括廷は、いかにも豪傑なり」（一四日）。徳川斉昭の想定と反対に、ロシア使節はどんな苦境に陥っても戦闘意欲を失わず、余裕綽々《よゆうしやくしやく》の態度を見せていた。「かかるものに、偽の大造なることなど、少しにても申し候ても、みな笑わるる也。御国体に拘らざる様、偽無き様にする外、少もいたし方これ無く候」（一三日）。ことの大小を弁別し、正々堂々と対処する他はないと覚悟したのである。

他方、プチャーチンはこの頃、条約の早期妥結の方針に転換した。帰国の見込みが遠のいたことに加え、折から九日にアメリカの批准使節船パウハタンが入港したことも影響したものと思われる。彼はアメリカによって条約英語版の内容を確認し、領事駐在に関する言い分はともかく、通商に関する日本側の主張には理があると知ったのではないだろうか。プチャーチンは条約を早期に締結し、パウハタンによって条約書を故国に送達しようと考えたようである（和田春樹・一五五頁）。無論、この背後には、日本側が乗艦を失った彼らを官民挙げて支援した事実に感銘を受けたこともあったであろう。

このため、一四日に再開された本交渉は比較的円滑に進み、初日には、国境に関しては日本側の主張どおりエトロフを日本領とし、樺太は分界せぬことが決まり、翌日には、日米条約の蘭語版に準拠して、開港地を下田に据え置く一方、領事を駐在させることがロシア側の望み通りに決まった（外国八―一五八号、古賀西使続記・三七六頁）。その夜には、ロシア側がオランダ語の条約案を交付し、その和解を経て、詰めの交渉が始まっている。ただし、その後、国境問題で一悶着があった。一四日には、一八五二年まで「日本人並蝦夷アイノ住居したる地は日本所領たるべし」との付属文書を付ける合意がなされたが、その後ロシアはこれを「蝦夷島アイノ」に変えようと言い出したのである。後者だと、日本領は本蝦夷地（現在の北海道）のアイヌが夏期に居住する地に限定される。日本側の思惑では、「蝦夷アイノ」とは「蝦夷種アイノ」であって、実地検分した村垣の説明では、最南端のシラヌシから西海岸一三〇里までがその範囲に含まれるのであった。この問題は村垣が江戸の指令を仰ぐため出発するまでに紛糾したが、その直後、附属文書をすべて削除するという妥協によって解決している。

**日露和親条約の調印**　こうして、安政元年一二月二一日（一八五五年二月七日）、下田長楽寺《ちょうらくじ》で日露両国の全権は会合し、条約の調印を行った。その際には、クシュンコタンの哨所を日本側に引き渡すというポシェットの覚書きも交付されている（外国八―一九四号）。条約文は本書・付録とも、日本側は和文・漢文・蘭文、ロシア側は蘭文と漢文を用意し、互いに交換した。日本側の和文は筒井と川路、漢文は儒者古賀謹一郎《こがきんいちろう》（侗庵《とうあん》の息）、蘭文は通訳に当たった森山栄之助（当時普請役）が署名し、ロシア側は蘭文にプチャーチン、漢文にゴシケーヴィッチが署名した。ロシア語版は日本側に渡さず、ポシェットが蘭文版にロシア語の正確な訳であると記してこれに代えた。トラブルの生じた場合は蘭文について商議するわけである。このたびは、三つのヴァージョンの間で事前に入念な摺り合わせが行われた。ゴシケーヴィッチは、日米条約の漢文版が起こした混乱に鑑みて、古賀との対校に際し、極めて慎重な態度で臨み、日本側も蘭文版に関し、森山と別に、蘭学者箕作阮甫《みつくりげんぽ》と宇田川興斎《こうさい》による和訳を用意したのである。その結果、このたびは各ヴァージョンの間に致命的な相違はなかった。しかし、交換の席上で漢文版に一字脱落があることを勘定方の役人が発見し、あとで大騒動となっている。翌日、日本側は修正版を改めてロシア側に交付したが、川路は激怒し、古賀は体面を傷つけられ、ゴシケーヴィッチも大弱りだったという（古賀西使日記・三八〇〜三八三頁、村垣日記・五三二頁）。筒井・川路が署名し、安政三年一一月一〇日（一八五六年一二月七日）に批准書が交換された日露和親条約の日本語版は次のような文面であった（外国八―一九三号。用字は日英協約に同じ。平出等は省略）。

条約

魯西亜《ロシア》国と日本国と、今より後、懇切にして無事ならんことを欲して、条約を定めんか為め、魯西亜ケイヅルは、アヂュダント、ゼネラール、フィース、アドミラール、エフィミユス、プーチャチンを差越し、日本大君ハ、重臣筒井肥前守、川路左衛門尉ニ任して、左の条々を定む。

第一条

今より後、両国末永ク真実懇《ねんごろ》にして、各其所領ニおゐて、互いに保護し、人命は勿論什物《じゅうぶつ》におゐても損害なかるへし

第二条

今より後、日本国と魯西亜国との境、エトロフ島とウルップ島との間ニあるへし。エトロフ全島ハ、日本に属し、ウルップ全島、夫より北の方クリル諸島ハ、魯西亜ニ属す、カラフト島ニ至りては、日本国と魯西亜国の間ニおゐて、界を分たす、是迄仕来之通たるへし。

第三条

日本政府、魯西亜船の為に、箱館下田長崎之三港を開く。今より後、魯西亜船難破の修理を加へ、薪水食料欠乏の品を給し、石炭ある地に於ては、又これを渡し、金銀銭を以て報ひ、若金銀乏《とぼしき》敷時ハ、品物にて償ふへし。魯西亜の船難破にあらされは、此港の外、決而《けっして》日本他港に至る事なし。尤難破船につき諸費あらハ、右三港の内にて是を償ふへし。

第四条

難破漂民ハ両国互ニ扶助を加へ、漂民はゆるしたる港に送るへし。尤滞在中是を待こと緩優なりといへとも、国の正法を守るへし。

第五条

魯西亜船下田箱館へ渡来の時、金銀品物を以て入用の品物を弁する事をゆるす。

第六条

若止《もし》むことを得さる事ある時は、魯西亜政府より、箱館下田の内一港に官吏を差置くへし。

第七条

若評定を待へき事あらは、日本政府これを熟考し取計ふへし。

第八条

魯西亜人の日本国にある、日本人の魯西亜国にある、是を待事緩優にして禁錮することなし。然れとも若法を犯すものあらは、是を取押へ処置するに、各其本国の法度を以てすへし。

第九条

両国近隣の故を以て、日本にて向後《きょうご》他国に免す処の諸件ハ、同時に魯西亜人にも差免《ゆる》すへし。

右条約、魯西亜帝ケイズルと、日本大君と、又は別紙ニ記すことく取極め、今より九個月の後に至りて、都合次第下田に於て取替すへし。是によりて両国の全権互ニ名判致し、条約中の事件是を守り、双方聊《いささかも》違変あることなし、

安政元年十二月二十一日　　筒井肥前守

### 川路左衛門尉

なお、同時に取り決められた条約付録は、下田箱館における遊歩区域と墓地、欠乏品供給の方法、官吏駐在の細目、および談判なしで最恵国待遇を与えることを規定していた。全体として、国境関係の規定を除くと、日米条約と同様の開港条約であることが分かる。後の条約であるだけに、より洗練されているが、それだけでなく、内容上でも注目すべき相違が一つある。それは、第八条の、犯罪者の処罰を互いの本国法に基づいて行うという規定である。日米条約のように、日本領でアメリカ人のみに適用されるのではなく、ロシア領上の日本人に対しても適用される、完全に対等な形式を持っているのである。日本側がロシア領に領事を置く規定はないが、確かに日本法を適用すると明記してある。以後の西洋諸国との条約にも、このように双務的な規定はない。通説では、領事裁判は不平等条項の最たるものと見なされてきたが、日露条約はそれに当てはまらないのである。なぜ、このような西洋の常識に反する日本への優遇が規定されたのであろうか。この問題は、官吏駐在に関する商議が行われた一二月一五日に議論されたに違いないが、その日の日本側公式記録はまだ発見されていない。ただ、古賀謹一郎の日記は、ロシアがアメリカと異なって、漂民救恤や薪水供給だけでなく、「東疆《とうきょう》」不毛の地に物資を供給する必要から通商を重視し、そのために官吏駐在を必須と見なして力争したと記している（古賀西使続記・三七六頁）。川路は、官吏駐在について、アメリカ船が批准書を持って現れ、ロシア側もその内容を知った以上、日米条約の蘭語版に準拠せざるを得なくなったと判断し、これを許す譲歩を決断したが、あるいはその見返りに日露紛争時の法的処置を対等に定めるよう要求したのかも知れない。しかし、日本全権の老中あて報告にはこれに関する言及がない（外国九―五号）。逆にプチャーチンが提案者だった可能性はどうだろうか。一一月一四日の交渉の際、彼は日本領へのロシア法の適用のみ論じていた（外国八―一九四頁）。しかし、その後、日本側の厚遇に酬いるため、考えを変えた可能性はある。しかし、その場合はロシアの国内法との整合性はどうなるのであろうか。プチャーチンは少なくともこのロシア領への日本法の適用に反対しなかったのであるが、本国政府で批准の際、どんな議論が交わされたのか、知りたいところである。ロシアは国際法において属人主義を取っていたのだろうか。あるいはプチャーチンは日本側に好意を示すためだけに、実現の見込みのない条項を認めたのだろうか。ともかく、この条約は、細かい点では諸ヴァージョンで解釈の分かれる余地があったものの、基本的な点ではよく練り上げられていたと言えるだろう。樺太に国境を設けなかったことは、将来に勢力争いの種を残したが（秋月俊幸）、双方が手を伸ばし始めて間もなくの頃であったから、当時の両国にとって他に適切な方法がなかったのは確かである。

**政府内の紛糾　官吏駐在と日米条約の批准方式**　ところが、この条約締結の報告を聞いた老中は、国境問題や開港地問題はともかく、官吏駐在問題に関しては断固たる拒否の姿勢を示した。江戸の首脳はあくまでも日米条約の漢文・日本語訳版を正文とし、下田へのアメリカ領事駐在は今後の交渉事項に属するという解釈を譲らなかったのである。翌安政二年正月一八日、老中は新たに下田取締掛に任じた川路に、再び伊豆に赴いて、取り消し交渉を始めるように達し、彼だけでは不十分と見て、新たに勘定奉行に抜擢した水野忠徳と目付の岩瀬忠震にも同じ任務を与えた（外国九―四二号）。川路らは、二月二四日、戸田で新船建造を監督していたプチャーチンに会い、修正を訴えたが、もとより彼は聞く耳を持たなかった。しかし、川路が幕閣の強硬姿勢と彼自身の窮境を訴え、最後には引責自殺の可能性も示唆すると、プチャーチンは何らかの方法を講ずると答え、翌日、次のような書面を与えた（外国九―一三七・一四一号）。すなわち、もしロシアより前に他の政府が領事を置かないようであるならば、ロシアは使節を日本に送って、日本政府と領事駐在の問題につき談判するであろうというものである。これは、形式上は官吏駐箚《ちゅうさつ》の再議という条約変更の約束に違いはなかったが、実際上は、この年七、八月にアメリカから領事が訪れることは火を見るより明らかであったから、ロシア側にとっては何の支障もない譲歩であった。川路が欲していたのは何よりも時間だったのであり、プチャーチンはこれを良く見抜いて、おそらくは日本側から提案したと思われるこの策略に荷担したのである。江戸の阿部正弘は、表面上はともかく、内々では状況を正確に把握していたから、これで一件落着とし、徳川斉昭もまた特に異論は唱えずに終わったのであった。

他方、日露条約交渉の最終段階で登場したアメリカとの批准書交換は、こじれにこじれた。パウハタンの艦長アダムズは、大統領署名の英語版と大君《たいくん》の署名した日本語版の交換は簡単に済むだろうと予期して下田に来たのであったが、何度も厄介な談判を繰り返した後、一ヵ月近くも経った安政二年正月五日、ようやく交換に漕ぎ着けたのである（外国八―一四二号以下）。これは一つには、またしても、日米条約の文面が、英語・蘭語版と漢文・日本語版で相違していたためであった。何よりも、批准書の交換期日について食違いがあった。前者では一八ヵ月以内とあったのに対し、後者では一八ヵ月後と記されていたのである（同上、一七三・一八一・一八二号）。日本側はこのため、まったく用意ができていなかった。下田でアメリカ応接も担当することになった下田奉行伊沢政義《まさよし》と都筑峯重《つづきみねしげ》は、手元に蘭語版とその和訳がなかったため、江戸から急遽《きゅうきょ》取り寄せることにした（同上、一七〇号）。この間、森山栄之助は、このたびはアメリカ担当ではなかったにもかかわらず、パウハタンに出かけて異同を確かめている。自らの失敗のせいだから、気になったのではなかろうか。江戸の老中は、これに対し、箕作阮甫と宇田川興斎にも諸ヴァージョンのチェックをさせるよう命じた（同上、一八六号）。彼らや堀達之助の校合《きょうごう》によると、批准交換の期日のほか、やはり官吏駐剳条件の相違などが確認されている（同上、五八号）。日本側は交換期日に関しては日本側の誤りと認めたが（同上、二一二号）、日本側の署名の問題については自説を譲らなかった。アダムズは西洋の慣行から大君の署名か花押《かおう》が当然と考えたが、日本側は自らの依拠する条約付録の末文がやはり誤訳であることに気づきながら、これを拒否し、全権あるいは一歩を譲って老中の署名で済ませることにこだわったのである（外国七―一五七・一七三・一八一・二〇八・二一二・二一三号）。アダムズは、憤りを露わにしながらも、江戸から老中連署の交換用条約が届くと、これを受け取ることを承認し、正月五日に交換を済ませると、翌日直ちに出帆した（外国九―六〜二〇号）。この間の江戸の粘りは驚異的であった。ロシア応接係の古賀謹一郎は、その日記に、烈祖《れっそ》徳川家康がシャム・チャンパ・カンボジアなどの小国との国書往復に親署している史実を指摘し、君主間の対等交際は国辱ではなく、相手を挑発し、軍事的威嚇を受けて初めて譲歩する方がよほど屈辱的であると批判している（一二月一四日）。確かに、近世初期以降でも朝鮮との往復では国王と大君が同格で署名していた。このたびの徳川公儀は、強いて西洋の国家を格下扱いにしようと図り、それがこの紛糾を生んだのである。交渉地から離れた江戸にあって、外部からの開国強制に不満を抱き、徳川斉昭の強硬論に耳を傾けていた人々は、西洋使節との交渉に直面したとき、現場で冷静な判断を下していた人々の意見を受け入れることが、難しかったのである。

さて、こうして、日露和親条約の締結と日米条約の批准書交換は済んだ。日英協約と併せ、ひとまずは、通信・通商を排除した開港条約が締結され、新たな外交体制が西洋諸国との間に設定されたことになる。プチャーチンらロシア人五〇〇人余は、日本の新年を戸田村で迎えたが、二月二五日に至って、一五九人がアメリカ船を雇って帰国の途に着いた（和田春樹）。次いで、三月一〇日には、戸田《へだ》で日本人を使い、技術伝習を行いながら建造していたスクーナー戸田号が進水し、同二二日、プチャーチンは部下四七人とともに出発した。まずカムチャツカのペトロパブロフスクに向かい、シベリヤを横断して一一月一〇日（グレゴリオ暦）にモスクワに着いている。戸田には約二八〇人が残されたが、六月一日に至り、ドイツ船の傭船に成功して、日本を離れることに成功した。ただし、彼らは不運にも、サハリン東北端でイギリス軍艦に拿捕《だほ》されている。オーストラリアに送るという話も出たが、幸いに免れ、香港経由でイギリスに渡り、クリミア戦争の終結後、無事故国の地を踏むことができた。プチャーチンの豪胆に賛辞を惜しまなかった川路でも、彼の世話したロシア人たちがまさかそのようなドラマティックな運命を経験しているとは、想像できなかったに違いない。

# 第一〇　袋小路からの脱出―積極的開国策への転換―

一八五四（安政《あんせい》元）年に結ばれた三つの開港条約は、アメリカ使節ペリーの圧力をきっかけとして、西洋強国との戦争を回避するため結ばれた条約であった。したがって、その内容は、従来、対外関係を表現するため用いられた「通信」や「通商」という概念からすると、いずれにも当てはまらないものと解釈された。西洋人のため二、三の港を開いたが、国交も貿易も始めたわけではない。この極めて限定された関係に、三国を閉じ籠め、これ以上の国内開放を回避すること、これが徳川公儀《こうぎ》の基本的な政策であった。日米条約の交渉に当たり、アメリカは日本側の貿易への疑念を解くため、条約に期限をつけようとしたが、日本側は「通商」類似の行為を最小限に留めた上で、期限を設けずに済ませた。日英協約の場合は、通商が主内容となるはずの日蘭条約への均霑《きんてん》を排除し、その上でこの協約は改変せぬとの条文まで盛り込んだ。領事の駐在に関しても、条約文に明記されていることを確認した後も、なお阻止の可能性を探っていた。鎖国《さこく》政策を基軸に置いたまま、限定的な開国の可及的維持を図る、これが日本政府の公式態度であった。

しかしながら、この緊急避難の措置の裏面では、交渉当事者とその周囲の間に、国内開放の不可避性を認識し、さらに基本政策も転換して、西洋との交際の中に日本の活路を見いだそうという考えが出現した。以下では、この発想の転換、それによる袋小路からの脱出、すなわち西洋との全面衝突の回避を可能とした軌道修正の過程を簡単に見てゆこう。

## 一　通商是認と開放漸進策への転換

**徳川公儀の態度転換**　先に見たように、ロシア応接係の筒井政憲《まさのり》と川路聖謨《かわじとしあきら》は、ロシアとの第一次交渉に入る前から漸進的な通商許容の必要を主張していた。そのため、ロシアへの老中返書にも通商が世界の趨勢《すうせい》であるとの文言が記されたのである。彼らはさらに、開港条約の交渉過程では、徳川公儀が取ってきた対外政策の揺れや内部対立を隠しながら、現在の状況を「鎖国」から「開国」に至る筋道の初期段階と説明して、ロシア側の漸進策の認容、すなわち現局面での通商断念を求めた。彼らとて、通商を好んだわけではない。川路は、下田《しもだ》で始まった欠乏品供給の実際を見て、深く嘆息している（川路日記・一九五頁）。しかし、彼らはこのような嫌悪を抱きながらも、通商も通信も不可避と判断していたのである。

一方、徳川の官吏の間には、以前から積極的開国論を採るものがあった。浦賀奉行浅野長祥《ながやす》が、ペリー来航の四年前に、ロシアとイギリスを対象とする通商開始を上書したのは先に見たとおりである。また、ペリー来航後の対外策諮問《しもん》の際には、他の徳川家臣からも積極的開国論が表明された。浦賀奉行戸田氏栄《うじひで》は世上の非難を覚悟で通信まで踏み込むよう主張し、新たに海防の責任者として勘定吟味《かんじょうぎんみ》役《やく》に抜擢された江川英龍《ひでたつ》も対露交易・海防強化論を提唱した。儒官の古賀謹一郎《こがきんいちろう》も侗庵《とうあん》の息子らしく、日本から遣使した上、出交易《でこうえき》をすべしとの上書を出している（外国三―六〇六頁）。無役の直参《じきさん》にも積極的開国論があった。直参中数少ない蘭学者の一人であった小普請《こぶしん》組勝海舟はやはり通商利益による海防強化を上書したが、とりわけ注目を浴びたのは小普請組向山《むこうやま》源太夫の上書であった（外国一―二二三・三三六・三三八号）。彼は天保改革の際に徳川財政の元締の勘定組頭として活躍した経験を生かし、長崎貿易の実状を基礎として、通商利益をあげる具体的な方法を詳述したのである。彼の上書は、攘夷論者である徳川斉昭《なりあき》も高い評価を与えている。向山はこのため、箱館奉行組頭として再起用され、その開港実務に取りかかったが、残念ながら、江川同様、その後まもなく死去している。

このような積極型の開国論は、無論、当初は少数意見に止まり、徳川公儀の政策は、海防参与《かいぼうさんよ》に登用された徳川斉昭の意向も手伝って、限定的開港の維持という妥協策の中で固定されていた。しかし、その裏では、状況が徐々にシフトしてゆく。それを促したのは、オランダが提唱し、実現した長崎での海軍伝習《でんしゅう》であり、それを後押ししたのは、対露戦争に勝利したイギリスが、開港条約に満足せず、通商使節を派遣するというニュースであった。

**オランダの助力　海軍伝習と最初の通商条約**　米・英・露との条約交渉が進む中、オランダは蚊帳《かや》の外《そと》にあった。ペリーの来航に先立って、通商条約の案文を提出していたが、日本側は通商の阻止に全力を挙げていたため省みることなく、かつオランダ側としても事態を静観する方針を取ったのである。長崎貿易の既得権は従来通り存在し、他国がそれ以上を獲得するとは限らなかった。オランダはむしろ、危機に直面した日本に対し、他国の嫉《しっ》視《し》を買わぬように注意しつつ、できるだけ好意ある態度をとり、それによって地歩を確保しようとした。商館長ドンケル・クルティウスは、一八五三（嘉永《かえい》六）年に日本側から西洋式海軍の建設につき打診されると、早速、これを本国に取り次ぎ、翌年七月、オランダ国王は小型蒸気艦スムビングを長崎に派遣し、短期間ながら海軍技術の伝習を行わせることとした（フォス『幕末出島未公開文書』五六・六六・八八頁。参照、藤井哲博）。次いで、日露・日英の交渉を慎重に仲介した後、安政二（一八五五）年六月、再渡したスムビングをオランダ国王の進物として献上し、同乗してきた教官団によって本格的な海軍伝習を開始する意向を表明する一方、七月二六日に至って通商条約の締結を提議したのである（同上、一五四～一六四頁）。日本側は、条約成立が海軍伝習開始の条件であったため、交渉を受け入れた。折から日英協約の批准書《ひじゅんしょ》交換のためスターリングが到来し、協約の拡大を図ったが、これに頑強に抵抗して日蘭条約の通商規定への均霑《きんてん》を封じた上でのことである。九月三〇日に暫定的な協定を結んだ後、一二月二三日にはわずかな修正を施した上で、これを正式調印している（外国一三―二七・一一五号、フォス・一八四、一九一頁）。最初の通商条約であるが、貿易に関しては従来の本方《ほんかた》と脇荷《わきに》からなる会所《かいしょ》貿易を踏襲《とうしゅう》するだけ

図18　ドンケル・クルティウス肖像

で、主眼は長崎でのオランダ人の待遇改善に当てられた。オランダ商館員たちは従来、出島という極めて狭い空間に縛り付けられ、町への上陸も湾内の航行も厳しく制限されていた。キリスト教の信仰も公式には認められなかった。この「虜《とりこ》同様之扱」(外国一三—一九号)を廃止し、商館員だけでなく、一般のオランダ国民の長崎来航を認めた上で、日米条約がアメリカ人に下田・箱館で認めた程度の遊歩の自由を長崎で与えてほしいと求めたのである。クルティウスは交渉の中でオランダ人の信教の自由と出島における土地建物の購入権も主張したが、日本側は強く抵抗し、いずれも条約には盛り込まれなかった。その反面、従来の商館長を領事に昇格させて駐在させること、および日露条約と異なる片務的な領事裁判権、および開港地の増加に限定した最恵国《さいけいこく》待遇が規定されている。条文の大半は従来の会所貿易を文章化したものであるが、それに長崎への来航自由化と行動制限の緩和、および日米・日露条約への均霑事項などが付加されたものと言えよう。

海軍伝習と通商条約の締結に際しては、長崎の日本側代表の中に、注目すべき対外態度の変化が現れている。すなわち、暫定協定の結ばれた九月三〇日、在勤目付で海軍伝習の監督を命じられていた永井尚志《なおむね》は、クルティウスを訪れ、将来における条約の拡大を示唆《しさ》しつつ、海軍建設のみならず、通商と経済開発のために助言を求めた(フォス・一八五頁)。その質問項目は、

一、日本海軍の創設に緊急に必要な造船資材と船具。

二、脇荷商売の分野で両国の営利を計るために望ましいと思われる改革。

三、オランダが国庫収益の増強を目指して、国家貿易と民間商業活動を促進させるために採用し

ている経済政策の基本方針。

四、オランダにおける外国貿易の進出と外国人商人のオランダ定住に対するオランダ政府の基本方針。

五、通商に関するオランダ民法の中の日本にとっても重要と考えられる法規についての情報。

六、オランダ税制の概要。さらにそれに関連して、ヨーロッパ諸国がいかに高価な軍隊や艦隊を常備しているかについての情報。

七、日本の鉱業を改善するための対策への助言。

八、日本のどのような工業分野にどのような機械を調達することが無謀かについての助言。

永井は個人的な発案と断ったが、幕閣を説得するために回答を書面で提出するように求めたのを見ると、これは長崎在勤者の意向を代表した行動だったのではなかろうか。徳川公儀の中枢にいた人物たちが、鎖国政策を完全に脱却し、西洋との交際の中に日本の進路を設定して、そのための具体的方策を、真剣かつ早急に検討し始めた瞬間であった。

**通商是認への転換とハリスの着任**　一八五六（安政三）年八月、公儀首脳は鎖国政策の大転換を考え始めた。これは、オランダ政府が本格的な通商条約の締結を決意し、軍艦メデューサを長崎に送ったのがきっかけであった。メデューサはクルティウスに外交全権の任を与えるという命令を招来し、さらにイギリスが近々通商使節を派遣すると通告した。日本は日英協約によって一旦イギリスを通商抜きの関係に閉じ籠めたのであったが、これに英本国政府が不満を抱き、わざわざスターリングを更《こう》迭《てっ》して香港総督バウリングを二ヵ月後に長崎に送ることに決めたと知らされたのである。長崎奉行川村修就《ながたか》は在勤目付永井尚志・岡部長常《ながつね》と協議の上、この情報を江戸に伝達し、オランダの勧告も参考にして、通商に積極的な意味を認め、これを始めてはと上申した。その結果、阿部正弘は八月四日、「交易互市《ごし》之利益を以、富国強兵之基本と被成《なされ》候方、方今《ほうこん》之時勢ニ協《かない》、可然《しかるべき》哉」との見通しを示し、諸有司に対し、具体的な交易方法の検討と意見具申を指示したのである（以下、三谷博3）。この諮問に対し、永井と岡部はさらに上書し、通商の是認のみならず、外交に関わる思考法の転換まで主張した。貿易仕法の調査はまず幕閣が貿易開始の意向を公然と宣言した後に始めるのが筋だとし、対外関係の変革は従来のように危機の切迫を待ってなすべきでなく、十分に準備した上、日本側から提議すべきだと主張したのである。幕閣はこの提案を再び評議に付し、その結果、老中経験者の堀田正睦《まさよし》を再任して首座とし、勝手掛《かってがかり》にも任じた後、一〇月中旬に至って、彼に対外事務の全権を与え、さらに貿易取調掛を置いて有司中の有力者を任命した。阿部は政権について一〇年余、ひたすら鎖国の維持を基本政策とし、ペリー来航後は攘夷論者の徳川斉昭と公然たる同盟関係を結んだ責任者であったから、この政策転換は深い挫折感を与えたに違いない。辛うじてこれを受け入れさせたのは、彼のもう一面であったリアリズムであったのではなかろうか。基本政策の大転換は斉昭と盟友関係を結んだ自分ではなしえず、蘭癖《らんぺき》と呼ばれるほどの積極的開国論者であった堀田に任せる方が円滑に行えると判断したものと思われる。

他方、この年七月二一日、アメリカの総領事タウンゼント・ハリスが下田に到来した。以後、長崎

図19　ハリス肖像

での通商条約交渉とハリスの江戸出府問題とが、相互に影響を与えつつ展開してゆくこととなる。通説では、石井孝のように、幕府の通商是認や世界参入の決断をハリスとの関係で説明することが多いが、それは適切ではない。来日当初のハリスは、領事としての下田駐在を認めるか否かという問題で躓《つまず》いた。公儀は、日米条約の漢文版の問題性を知りながら、なお領事駐在を拒もうとしたのである（ハリス日記・中―二六〜五四頁）。結局は着任を認めるよう譲歩したが、日本側にとって、当時の彼は、やや遅れて長崎に到来したイギリス提督シーモアと同じく、与える権利を現行条約の範囲内で最少限に留めるよう努力すべき相手の一人に過ぎなかった。また、ハリスの側も、領事の任務以外に条約の締結権を与えられ、通商条約の締結を畢生《ひっせい》の大事業とするために来日したにもかかわらず、着任当初はその要求を明らかにせず、老中に「重大事件」を告げるため出府したいと述べるに留まっていた。下田に赴いて彼と対談した目付岩瀬忠震《ただなり》と下田奉行は、これを聴いて、彼は英国の動向に従って行動するつもりだろうと推測している。彼の関心は当面は江戸に出て将軍に謁見し、大統領の国書を捧呈《ほうてい》することに集中されており、下田奉行との交渉が行き詰ると、九月末に老中にあてて、江戸出府と「重大事件」申し立てを求める書翰を送った。これに対し、岩瀬を含む海防掛の大小目付は直ちに賛成し、アメリカを手始めに条約締結国の駐在官吏はすべて出府を許可せよと主張したが、老中はこれを拒み、申し立ては下田奉行に対して行うよう指示して、その後もこの方針を維持した。ハリスは出府を粘り強く申し立て、その結果、堀田は大小目付や在府の長崎・箱館奉行の支持の下、翌安政四年正月に出府手続きの内調を有司に命じたが、海防掛勘定奉行・吟味役と評定所《ひようじようしよ》一座の強い反対を受けて、その実行は見送った。通商問題は、ハリスでなく、専ら長崎の日本側有司からの問題提起と伝習中の調査、および英使バウリング到来の情報に促されて、展開したのである。

ところで、貿易取り調べを始めた江戸有司の間では、この頃、積極論と消極論の間で、かなりの意見対立が発生していた。この場合も、対立は主に海防掛大小目付と同勘定奉行・吟味役の間にあった。岩瀬忠震や大久保忠寛《ただひろ》に代表される前者は、長崎在勤者と同様に積極的な観点から通商による富国を主張するだけでなく、長崎在勤者の考えていた脇荷貿易の拡大を越え、自由貿易や出交易の方法まで考案する者もあった（石井孝・一七八～一八二頁）。逆に、松平近直《ちかなお》・川路聖謨・水野忠徳《ただのり》に代表される勘定方《かんじようかた》は、通商の利害自体でなく、政治体制にもたらす副作用に着眼して、通商の回避を主張した。徳川初期のようなカリスマ的指導者のいない現在、建物の棟木を取り替えるような大改革は体制の自壊を早めるだけであり、臣子の立場としては、崩壊を少しでも遅らせるような政策をとる他はないというのである（佐藤誠三郎・第四章）。また、老中から重視されていたわけではないが、評定所一座のように、西洋の対等処遇と通商容認のいずれにも反対するグループも存在した。堀田は、大小目付らと意見を同じくしたが、評議が分裂したため、決定を躊躇《ちゆうちよ》せざるを得なかった。

**通商決断とハリス出府の併行**　しかし、この点は外的環境の変化が解決した。一八五七（安政四）年二月、第二次アヘン戦争勃発の情報を得て、交易公認に反対していた海防掛勘定奉行・吟味役が消極的態度を持しながらも許容論に転じたのである。広東《カントン》での英清衝突のニュースは、来日を予告していたバウリングと昨夏訪れたばかりのシーモアが関与していると伝えられただけに、迫真性があった。勝手方は、二月二四日に堀田が外国人取扱法の変革を諮問したのに対し、従来の外圧切迫の際と同じく譲歩に傾き、通商反対派と袂《たもと》を分かったのである。このような状況において、堀田は政府を開国通商に導くため積極的に行動する決意を固めた。彼は三月末に関係有司に対して、次のような諮問を行ったのである（外国一五―二五六号）。

一、外国御処置之大本旨趣、隣国ニ交る道を以可致《いたすべき》哉、夷狄《いてき》を処する道を以可致哉。此大本、掛りの人々見込一様ならずしてハ、取調向、諸事行違可申間《もうすべくあいだ》、得と討論決定いたし置度《おきたく》候事。

一、互市御開キ之儀、英夷之動静ニ不拘《かかわらず》御発、御国内えも表立被仰出《おおせいだされ》候方可然哉否《しかるべきやいなや》之事。

一、右御発相成候ハヽ、諸国より必定可願出間《ねがいいずべきあいだ》、願に応じ、夫々被仰付《それぞれおおせつけられ》候方ニ可有之《これあるべき》哉。又ハ此方より前以触示可申哉之事。

一、互市御開ケ候上ハ、御国益は勿論、諸侯も同じく益を得、積年之疲弊を補ひ候様いたし度、且《かつ》互之利権、商賈《しょうこ》之手ニ落ざる様いたし度仕法《しほう》之事。

一、貿易之物品、天造人造ニ随而、定額之多寡、并《ならびに》製造取集方等之事。

一、三港え外国商館取立、可否之事。

一、船鈔・貨税等之事。
一、和蘭国、通信取結之事。
一、和蘭甲比丹、亜国官吏、出府可否之事。
一、亜国官吏より差出候三月三日附書翰中、件々并《ならびに》返翰之事。
一、下田港、替之可否之事。
一、魯・英・米・蘭、四ヶ国御取扱振、軽重之事。

イギリスの動静にかかわらず自主的に通商を決定し、その方針をあらかじめ国内に布告してはいかがと問い、オランダとの通信取り結びや露英米蘭の取り扱いの軽重等も諮問したのである。これに対し、海防掛大小目付は即座に賛成したが、同勘定奉行・吟味役は慎重論を唱え、制限的な貿易を長崎一港で開くに留めるよう主張した。堀田は結局、妥協策をとり、四月一五日、勘定奉行から水野忠徳、目付から岩瀬忠震を選んで長崎に派遣し、貿易仕法を調査させることにした。実際に貿易の経験を持ち、友好的態度を示し続けてきたオランダと協議して実行可能な通商制度を立案し、それを雛型としてすべての通商要求国と条約を結ぶというシナリオを設定したのである。緊急事態への備えも怠りなく、水野と岩瀬には、イギリス使節が渡来し、万やむをえぬ時は条約を締結してよいとの権限まで与えている。

他方、ハリスの出府に関しては、堀田は消極的な態度を取り続けた。彼はオランダとアメリカの領事の出府を考慮に入れてはいたが、ハリスの下田奉行に対する態度が暴慢《ぼうまん》であったため、その再三に

図20　堀田正睦肖像
（財団法人日産厚生会　佐倉厚生園蔵）

わたる要求と大小目付の許可論にかかわらず、出府を回避し、国書の交付と「重大事件」の陳述は、あくまでも下田奉行に行うように求めたのである。その代わり、彼はハリスが来日以来要求してきた他の諸件を追加条約として受け容れた。五月二六日議定《ぎてい》の日米協約がこれである。その中には、通貨の同種同量交換のように、当時から問題を指摘されながら、ハリスの要求を和らげるためあえて許容した条項もあった。内外の貨幣を、金貨は金貨と、銀貨は銀貨と、同じ重量同士で交換するというこの制度は、貨幣の品位だけでなく、国内における金銀比価の世界市場におけるそれとの相違を無視したものであって、実行されると金の大量流失を招く恐れがあった。財政当局者はこの問題を熟知しており、対策を用意していたが、実行に失敗した（三上隆三、山本有造）。しかし、ハリスは日本側の譲歩にもかかわらず、下田奉行への国書交付を拒否し、新たに将軍への直接捧呈を大統領の命令と称して要求し始めた。これに対し、幕府はハリスの出府をできるだけ引き延ばし、長崎での調査完了を待つ方針を取ったが、七月初旬に至って態度を和らげ、ハリスが前もって「重大事件」の内容を明かすなら出府を認め、それが通商要求であるならば一八ヵ月以上を期限として条約に応じようと回答した。しかし、ハリスは重大事件の陳述はあくまでも将軍への国書親呈が認可された後であらねばならないとし、一歩譲って老中への捧呈で済ませる場合には、陳述は下田帰着後に回すと脅した。しかし、日本側は譲歩を避け、そのために彼は談判決裂の意向まで示すことになった。ところが、ちょうどその時、アメリカ軍艦が一年ぶりに下田に入ったのである。ハリスが直接江戸に赴く手段を入手したのを知った公儀は、遂に七月二三日、ハリスの条件を全面的に呑むこととし、出府日時も確定した。このハリス出府の決定過程は、堀田があくまでも自らの計画に沿って通商を始めようと意図していたこと、にもかかわらずハリスの頑強な要求とタイミングよい軍艦の到来の前にその断念を余儀なくされたことを示している。ただし、開国急進論の大小目付にとってはこの決定は持論の勝利以外の何物でもなかった。六月九日に阿部正弘《まさひろ》が病死したが、それ以後、松平近直に代表される勘定方は勢力を失い、徳川公儀は急進派の大小目付によって開国通商の断行に突進してゆくことになる。

このような情勢の急展開は、長崎の貿易調査にも影響を及ぼした。水野と岩瀬は、オランダ商館長に打診した結果、有司の一部で提案されていた自由貿易制度でなく、脇荷商法を拡張する漸進策によって、長崎と箱館で通商を開くのが良いという見通しを得ていたが、下田奉行井上清直《きよなお》が、彼らの調査完了を待って米国との条約交渉に入りたいと上申したことを知ると、急遽、商館長と条約案の作製に取り掛かった。そして、七月一〇日、和親条約の追加の形を取った成案を江戸に送って老中の承認を請い、万一その裁可以前にイギリス使節が渡来し、江戸に回航して直裁を乞う構えをみせたならば、直ちにオランダと調印した上で、イギリスとも同様の条約を結びたいとの希望を述べたのである。ところがこの時、たまたまロシアのプチャーチンが現われた。中国との交渉のため極東に派遣されていたのであるが、交渉が不調のため、長崎を訪ねてみたのである。ロシアとは、通商開始の際には最初に権利を与えるという約束があったから、水野らは先のプログラムの適用を決意し、八月二九日にオランダ、九月七日にロシアと、通商を規定する追加条約を調印した。先の提案に対する老中の指令が届いたのは事後となってしまったが、江戸の有司は、評定所一座を除き、水野と岩瀬の提案に同意し、ハリスとの条約もこれに準拠しようと考えたのであった。

## 二　通信・通商条約への飛躍

**ハリスとの条約交渉**　さて、ハリスの出府は、幕府の当初の意図では、西洋諸国との「通信」関係の成立を公示するための儀式であった。「通商」に関しては、ハリスの出府とは別に、日蘭・日露追加条約の締結を公表し、交易の開始を布告する方針であった。ハリスとの条約交渉は彼が下田に帰ってから開始する予定だったのである。しかし一〇月中旬にハリスが出府して将軍謁見と国書捧呈を無事に済ませると、方針が変った。「重大事件」の陳述を江戸で堀田に対して行うことを認め、さらに滞府させた上、一二月初旬、直ちに条約の締結交渉に入ったのである。その際、幕府が予定していたのは、日蘭・日露条約と同様の通商規定を定め、下田の代わりに横浜を開港した上、ハリスの希望を容れて新たに公使の駐箚《ちゅうさつ》を認めることであった。通商だけでなく、通信の開始にまで拡大したのである。これに対しハリスは、外交官の相互交換と首都駐在、大坂・京都・江戸を含む六港市の開放、国内旅行権、および自由貿易等を盛り込んだ条約と貿易章程の草案を提出した。方向は同じであるが、国内開放の範囲はずっと広い。商議の冒頭、井上・岩瀬の日本両全権は国内の人心不折合を強調し、漸進主義の必要を訴えたが、ハリスは彼の草案の受容のみが西洋諸国との戦争の回避と日本の富強を約束するとして、取り合わなかった。ハリスがこうして日蘭・日露条約を拒否した結果、談判は彼の要求と日本側の抵抗という形で進行した。まず公使の江戸駐在が決まり、次いで江戸の開市と自由貿易が承認され、さらに大坂と兵庫が他の四ヵ所とともに開かれることになった。その間、ハリスが譲歩したのは京都の開市、および公使・総領事を除くアメリカ人の国内旅行権だけであり、日本側提案が生きたのは批准書のワシントンでの交換のみであった。交渉の開始時点では日本側が想定していなかった展開である。この意外な結果は、一つには、岩瀬ら開国急進論者の抱負が多くの点でハリスの主張と合致していたため生じたのではないかと思われる。しかし、疑問はなお残る。日本側全権は京都とその近国の開放が公儀内外の禁忌《きんき》となっていることを知っていた。岩瀬自身、一一月に書いた意見書で、京都は勿論、その外港に当たる大坂の開市も不可としている。古来、京都は外からの侵攻に弱く、朝廷を万一の際、矢面《やおもて》に立たせるような措置は、大義からみて適当でないというのである。その彼らが抵抗の末とはいえ大坂と兵庫の開市開港を許したのは、直ちには解しがたいものがある。

江戸でハリスとの交渉に入る前後、公儀は大名に対外制度の大変革の方針を公表し、その意見を諮《し》詢《じゅん》していたが、大名の中には京都近国の開放を不可とする者が少なくなかった。そして、周知のように、朝廷はこの「仮条約」への勅許を請われたとき、三家以下諸大名の意見を汲むようにとの表現で拒絶の意向を示した。婉曲《えんきょく》な拒否は後にあからさまな拒絶と抗議に変わったが、それでも妥協の余地は残っていた。その際、障害となったのが、この京都近傍の開港開市だったのである。堀田たちは、ハリスに対してこのような譲歩をしながら、なぜ史上前例のない勅許の奏請に踏み切ったのであろうか。たとえ畿内・近国を開放しようと、もし天皇の意向を問いさえしなければ、朝廷は不承不承受け入れたはずである。断固たる拒否の意思を持っていた孝明《こうめい》天皇といえど、従来の枠内では有効な抵抗手段は持っていなかった。後知恵ではあるが、幕府がどうしてこのような矛盾する決定を行ったのか、訝《いぶか》しく思わざるを得ない。今となっては、岩瀬と井上、そして背後にあった堀田の考えは知る由もない。ただ、彼らの残した史料からは、自らが歴史の画期に際会し、決定的転換を担っているという意気込みと抱負と興奮だけは、確かに伝わってくるように思われる。

**日米修好通商条約**　安政四年末に妥結したこの日米「仮条約」は、天皇の反対を押して、一八五八年七月二九日（安政五年六月一九日）、調印された。本文と貿易章程からなるが、その主な内容は以下の通りであった（外国二〇―一九四号）。

第一条
向後《きょうご》、日本大君《たいくん》と亜墨利加《アメリカ》合衆国と、世々親睦なるべし。
日本政府は、華盛頓《ワシントン》に居留する政治に預る役人を任じ、又合衆国の各港の内に居留する諸取締の役人、及び貿易を処置する役人を任ずべし。其政治に預る役人及び頭立たる取締之役人は、合衆国に到着の日より、其国の部内を旅行すべし。

合衆国の大統領は、江戸に居留するチフロマチーキ・アケントを任じ、又此約書に載る、亜墨利加人民のために開きたる、日本の各港の内に居留するコンシュル又はコンシュライル・アケント等を任ずべし。其日本に居留するチフロマチーキ、アケント并《ならびに》コンシュル・ゼネラールは、職務を行ふ時より、日本国の部内を旅行する免許あるべし。

第二条

日本政府と歐羅巴《ヨーロッパ》中の或る国との間に、もし障《さわ》り起る時は、日本政府の嘱に応じ、合衆国の大統領、和親の媒《なかだち》となりて扱ふべし。

合衆国之軍艦、大洋にて行遇《ゆきあい》たる日本船へ公平なる友睦の取計らひあるべし。且《かつ》亜墨利加コンシュルの居留する港に日本船の入る事あらば、其各国の規定によりて友睦の計らひあるべし。

第三条

下田・箱館の外、次にいふ所の場所を、左《さ》之期限より開くべし。

神奈川　午三月より凡十五箇月の後より　西洋紀元千八百五十九年七月四日

長崎　同断　同断

新潟　同断、凡二十箇月の後より　千八百六十年一月一日

兵庫　同断、凡五十六箇月の後より　千八百六十三年一月一日

若し新潟港を開き難き事あらば、其代りとして、同所前後に於て一港を別に選ぶべし。

神奈川港を開く後六箇月にして下田港を鎖《とざ》すべし。此箇条の内に載せたる各地は亜墨利加人に居留を許すべし。居留の者は一箇の地を価《あたい》を出して借り、又其所に建物あれば是を買ふ事妨なく、且住宅倉庫を建る事をも許すべしといへども、是を建るに託して要害の場所を取建る事は決して成さざるべし。（後略）

亜墨利加人、建物のため借り得る一箇の場所并に港々の定則は、各港の役人と亜墨利加コンシュルと議定すべし。（中略）其居留場の周囲に門墻《もんしょう》を設けず、出入自在たるべし。

江戸　午三月より凡四十四箇月の後より　千八百六十二年一月一日

大坂　同断、凡五十六箇月の後より　千八百六十三年一月一日

右二箇所は亜墨利加人唯商買を為す間にのみ逗留する事を得べし。此両所の町に於て、亜墨利加人建家を価を以て借るべき相当なる一区の場所并に散歩すべき規定は、追て日本役人と亜墨利加のチフロマチーキ・アケントと談判すべし。

双方の国人、品物を買売する事、総て障りなく、其払方《はらいかた》等に付ては、日本役人、これに立合はず、諸日本人、亜墨利加人より得たる品を買売し、或は所持する、倶《とも》に妨なし。

軍用の諸物は、日本役所の外へ売べからず。尤《もっとも》外国人相互の取引は差構《さしかまい》ある事なし。此箇条は条約本書取替せ済の上は日本国内へ触渡すべし。

米并に麦は、日本逗留の亜墨利加人并に船々乗組たる者、及び船中旅客食料の為の用意を与ふとも、積荷として輸出する事を許さず。

日本産する所の銅、余分あれば日本役所にて其時々公の入札を以て払ひ渡すべし。在留の亜墨利加人、日本の賤民を雇ひ、且諸用事に充る事を許すべし。

第四条

総て国地に輸入輸出の品々、別冊の通、日本役所へ運上《うんじょう》を納むべし。

（中略）

阿片《アヘン》の輸入厳禁たり。もし亜墨利加商船三斤以上を持渡らば、其過量の品々は日本役人是を取上べし。

第五条

外国の諸貨幣は日本貨幣同種類の同量を以て通用すべし。双方の国人、互に物価を償ふに、日本と外国との貨幣を用ゐる、妨なし。日本人、外国の貨幣に慣はざれば、開港の後、凡一箇年の間、各港の役所より日本の貨幣を以て、亜墨利加人、願次第、引替渡すべし。向後《きょうご》、鋳替《いかえ》のため、分割《ぶわり》を出すに及ばず、日本諸貨幣は（銅銭を除く）輸出する事を得。并に外国の金銀は貨幣に鋳るも鋳ざるも輸出すべし。

第六条

日本人に対し法を犯せる亜墨利加人は、亜墨利加コンシュル裁断所にて吟味の上、亜墨利加の法度を以て罰すべし。亜墨利加人へ対し法を犯したる日本人は、日本役人糺の上、日本の法度を以て罰すべし。日本奉行所・亜墨利加コンシュル裁断所は、双方商人、逋債《ほさい》の事をも公に取

扱ふべし。（中略）

第七条

両国の役人は、双方商民取引の事に付て差構ふ事なし。

（開港場での遊歩範囲、居留権喪失に関する規定）

第八条

日本にある亜墨利加人、自ら其国の宗法を念じ、礼拝堂を居留場の内に置も障りなく、并に其建物を破壊し、亜墨利加人宗法を自ら念ずるを妨る事なし。亜墨利加人、日本人の堂宮を毀傷する事なく、又決して日本神仏の礼拝を妨げ、神体仏像を毀《やぶ》る事あるべからず。双方の人民、互に宗旨に付ての争論あるべからず。日本長崎役所に於て、踏絵の仕来りを既に廃せり。

第九条

（アメリカの逃亡者・犯罪者の逮捕・留置に関する日本側の協力の規定）

第十条

日本政府、合衆国より軍艦・蒸気船・商船・鯨漁船・大炮・軍用器并兵器の類、其他要需の諸物を買入れ、又は製作を誂《あつら》へ、或は其国の学者、海陸軍法の士、諸科の職人、并に船夫を雇ふ事、意のまゝたるべし。

都《すべ》て日本政府注文の諸物品は合衆国より輸送し、雇入る亜墨利加人は差支なく本国より差送るべし。合衆国親友の国と日本国、万一戦争ある間ハ、軍中制禁の品々、合衆国より輸出せず。且《かつ》武事を扱ふ人々は差送らざるべし。

第十一条
　此条約に添たる商法の別冊は本書同様、双方の臣民、互に遵守すべし。

第十二条
（和親条約中の矛盾条項の停止、前年の追加条約の廃止）

第十三条
（百七十一箇月、すなわち一八七二年七月四日以後の改訂可能）

第十四条
（未年六月五日、すなわち一八五九年七月四日からの効力発生。ワシントンでの批准書交換）
（批准書交換、使用言語―日本語・英語・蘭語―の規定）

井上信濃《しなの》守
岩瀬肥後《ひご》守

この条約は末尾で、日本側は「大君」と「高官」の署名と押印、アメリカ側は大統領と国務長官の書名と押印によって批准し、交換するよう規定した上、さらに三ヵ国語で作製し、オランダ語版を証拠とすると規定した。和親条約の際の不均衡と曖昧さが是正され、形式が整えられている。特に大君の署名は西洋国家との間では新儀に属していて、完全な対等形式を採用したことが分かる。それは西洋に対して朝鮮と同じ処遇を始めたと解しうるが、それと同時に日本が西洋国際法の世界に本格的に参入を決意したと解することも可能であろう。

内容面ではまず、この条約が、通商だけでなく、通信すなわち国交も定めたものだったことが重要である。世には、国交なしに、通商関係のみを持つ場合が少なくなく、近世日本の大清との関係はその好例であった。一八五八年の日本政府は、明確にこれを否定し、西洋諸国を相手に恒常的な外交と通商の関係に入ることを決意したのである。外交代表を相互の首都に駐在させることを定め、それに先立つ批准書の交換を日本側がアメリカに赴いて行うと決めた点はよくこれを示している。海外情勢を直接視察するのが当面の目的であったが、政府の役人に限定したとはいえ、日本人の海外渡航が初めて公認されたのは注目に値する。通商に関しては、日蘭・日露追加条約が長崎の会所貿易のうち脇荷貿易を拡大したものだったのに対し、このたびは自由貿易を定めている。ただし、実際の貿易は、商人と商人との相対貿易が基本とはいえ、通貨交換や課税の必要上、間に政府が介在し、当初はかなりの規制を課すことになった。通商面でもう一つ重要なのは、日本人の出交易に十分な配慮を与えなかった点である。海防掛大小目付は、通商是認への政策転換に当たって、日本人が海外に赴いて通商することを考慮していたが、条約文は不十分なものに留まった。第二条では、海外渡航中の日本船に対するアメリカの援助を規定しているが、アメリカ人と日本人の紛争については、日本領における領事裁判を定めるだけで、日露和親条約にあったようなアメリカ領での日本の領事裁判権は規定されていない。この点から推すと、当時の日本側全権は、官船の海外渡航は考えていても、庶民の海外渡航はほとんど想定していなかったのではないかと思われる。

**五ヵ国条約**　日米条約は、他の西洋諸国との条約の雛形として使われた（以下、石井孝による）。ハリスの条約交渉が妥結した後に江戸に入ったオランダのクルティウスは、別の条約案を用意して交渉に入ったが、結局はより開放的な日米条約を基礎とする道を選んだ。彼の退府後、七月一〇日に調印されている。これに伴い、前年の追加条約は廃棄された。他方、日本が通商許容の方針に転換したとの情報は、西洋主要国を江戸に引き寄せることになった。その第一号はまたしてもロシアのプチャーチンである。彼は江戸に入って老中と対面した後、七月一一日に新条約を結んだ。和親条約のうち新条約と矛盾しないものは維持されたが、追加条約は廃止された。次いで、イギリス使節のエルギンである。彼はプチャーチンより先に江戸に到着したものの、老中との会見や交渉は後回しにされ、七月一八日に条約を結んだ。イギリス国王からの贈り物として、蒸気観光船エンペラー（のち蟠竜《ばんりゅう》と改名）を贈ったが、日本側の対応は必ずしも好意に溢れたものではなかったようである。彼は元来、前月末に結んだ大清との天津《テンシン》条約に準拠したいとの意向を持っていた。しかし、前もってハリスと相談した結果、日米条約とほぼ同じ内容で済ませている。この年、最後に訪れたのは、クリミア戦争におけるイギリスの同盟国フランスの全権グロであった。日英条約とほぼ同じ条約を九月三日に調印した。

これらいわゆる安政の五ヵ国条約には細かな点で異同がある。そのうち、注目すべき点を二つ指摘しておこう。第一は関税率である。日米条約は、特定品目を除き、日本への輸入について二〇％、日本からの輸出について五％と定めた。これは、ハリスが専ら日本市場からの商品購入を重視し、日本への米国産品の売り込みを軽視していたことを示している。これに対し、日英条約は、日本への綿製品と羊毛製品の輸入税率を二〇％から五％に引き下げた。これは、イギリスが日本に対する繊維製品の売り込みを重視していたのに対し、アメリカは日本を工業製品の輸出市場と見ていなかったことを示している。日本への「開国」要求は、しばしば、産業革命後の輸出市場を求めてなされたと解されてきたが、イギリス以外には妥当しない。産業革命との関係を考えるなら、蒸気船や鉄道の発達、それを媒介とした世界的な通商網の発展、そして軍隊の遠距離投入力の上昇に注目すべきであろう。

第二点は、日米条約だけに、日本とヨーロッパとの紛争の際、アメリカが居中調停する（第二条）とか、軍艦・武器・船舶の購入や人材の雇用を認める（第一〇条）という規定があることである。後者は、元来は条約で決めることでなく、自由貿易体制の下では、相手国が敵にならない限り当然に可能なことである。また、居中調停に関しても、軍事同盟とは慎重に区別されたもので、ハリス自身が述べるように、日本側の国際慣行への無知につけ込んだ、無意味な規定と言えるかも知れない（石井孝・三五二頁）。しかし、ここには、文面上の権利・義務を超えた意味がある。当時の日本は、ただ一国で、西洋諸国の圧力に対処しようとしていた。近隣諸国とは極めて疎遠であり、朝鮮通信使は一八一一（文化八）年以来中断していて、大清とは国交すらなかった。近隣に提携や同盟の国がない以上、西洋諸国に対抗するには「夷を以て夷を制する」ほかなかったのである。事実、その後の外交を見ると、英・仏を仮想敵とし、米・蘭・露を味方にしようとした形跡が見いだせる。英・仏はクリミア戦争で同盟してロシアと戦い、折から進行中の第二次アヘン戦争においても同盟して大清に侵攻していた。日本に到来した使節の振舞も、ロシアと異なって、高圧的であった。このため、日本政府は、新たに公使に昇格して駐在を続けたハリスを厚遇して英国公使と差別待遇する一方、近世を通ずる友好国であったオランダとの関係もさらに深めようと図ったのである。フランツ・フォン・シーボルトの追放処分を解き、息子とともに外交顧問として招聘《しようへい》したのもその一策であった（フォス・一七二頁、A・シーボルト）。強国の分断・制御政策は弱小国の習いであるが、「開国」に踏み切った当時の日本も例外ではなかったのである。ただし、イギリス敵視政策が永続したわけではない。ロシア艦による対馬の占領事件によってロシアへの信頼は一挙に消滅し、ハリスの引退とアメリカの南北戦争はアメリカ依存を不可能にした。そして、桜田門外《さくらだもんがい》の変《へん》後、国内の条約反対論をかわすために、両港・両都の開港・開市の延期が喫緊の課題となると、イギリスとの折衝が不可避となった。そして、中国その他、世界の多くの場と異なって、外交団のリーダーシップが取れないことに苦しんでいたイギリス公使オールコックは、それによって、この条約縮減の申し込みを受け入れ、日本における外交上の優位を獲得しようとしたのであった。

# むすび

一八五八(安政《あんせい》五)年の修好通商条約により、徳川公儀《こうぎ》は、その基本政策を、一八世紀末に松平定《さだ》信《のぶ》が設定した意味での「鎖国」から、その離脱を意味する「開国」へ転換した。日本人の海外渡航はいまだに視野の外にあったが、来航する西洋船と「通商」関係を開き、「通信」については恒常的関係を結んで、後戻りしないことを決意したのである。

しかしながら、周知のように、この決定は、国内から強い批判を被った。折から問題化した将軍継嗣問題と複合して、近世日本で最大の政治対立を呼び起こし、徳川公儀が崩壊するきっかけを作ったのである。開港条約の際に批判が表面化しなかったのに、なぜ修好通商条約の際に激しい批判と政争が生じたのだろうか。最初の条約の時、徳川にはまだあからさまな批判を許さぬ権威があった。この時にそれがなくなっていた理由は、次のように考えることが可能かも知れない。開港条約は多くの人には緊急事態に対する止むをえぬ避難の所置として受け止められた。望ましくはないが、それ以外に選択肢がなく、将来はまた「鎖国」に戻す余地もあると考えられたのである。これに対し、修好通商条約までには数年が経過した。その期間には、一方では、徳川公儀と知識人の間に積極型の開国論が台頭し、勢力をえたが、他方では、政権から遠くに位置する人々が、緊急避難の後、徳川が攘夷《じょうい》の準備を怠ったとの不満を蓄積し、いざとなれば抗議行動に出る準備をする時間も与えた。国内の対外意見は以前より分極化し、かつ公論化する一歩手前にあったのである。一八五七（安政四）年、水戸の尊攘《そんじょう》派が京都朝廷に対し、「鎖国」体制の最終放棄を阻止するように訴え、それが天皇が積極的な意思表明をする背景となったのは良く知られるとおりである（いわゆる水戸内奏書）。しかし、このような発火性のガスに火がつくには、他の問題における厳しい政治対立との複合を待たねばならなかった。それを良く示すのは、攘夷論から積極型の開国論に転じかけていた吉田松陰《しょういん》が、天皇の条約拒否の意向を知ると、論の重点を攘夷に戻した事実である。修好通商条約への批判は、将軍継嗣や朝廷の権威の問題と複合することによって、初めて世論の多数を制したのである。

この事実は、修好通商条約への批判の仕方が、明治とは異なっていたことを示唆《しさ》する。明治に入るや否や、徳川幕府が西洋諸国と結んだ条約群は、日本を西洋に対して劣位に置いた「不平等」条約であるとして、厳しい批判にさらされた。しかし、幕末においては、「不平等」を問題視する批判を見いだすことはできない。批判はすべて、外国に対して卑屈かつ従属的な態度をとったというイメージ、そして天皇の意思を踏みにじったことに向けられた（山口宗之、藤田雄二）。実際、攘夷運動家たちの何人が修好通商条約の文面を手に入れ、その内容を子細《しさい》に検討したであろうか。彼らの中には、「鎖国」への引き戻しを正論と信ずる者もいたが、松陰門下の年長者たちのように、長期戦略としては海外進出を含む開国の不可避を認識しつつ、幕府の怯懦《きょうだ》や弾圧政治が日本の根本的改革を妨げていると見て、それへの抗議に主眼を置く者も少なくなかった。しかし、いずれの場合も、幕府の決定が自主的で合理的な判断であった可能性を頭から無視する点では同一であった。外国の威圧に屈し、外国の利益を優先した売国外交と決めつけていたのである。彼らの観点に立つと、修好通商条約は、天皇の権威を傷つけ、日本の誇りと運命を危険にさらす、「不正」の条約であった。このような批判が、「不平等」を名とするものに変わったのは、条約が勅許され、かつては攘夷を主張した人々が開国論に変わった後であった。例えば、岩倉具視《ともみ》は、一八六六（慶応二）年、『航海策』を著して開国論に転じた後、明治二（一八六八）年二月の意見書で初めて修好通商条約の不平等性を批判している（『岩倉具視関係文書』一）。政治家たちが、明治新政府の課題のもっとも重要な柱として、「条約改正」を掲げることとなったのは、このころからである。修好通商条約は、徳川幕府の正統性を否定し、王政復古政府の正統性を証明する、もっとも有効なシンボルに変わったのであった。

しかし、一八五八年に結ばれた修好通商条約は本当に不平等だったのであろうか。中等教育で使われる歴史教科書には、しばしば、その不平等性の中身として、（1）領事裁判権、（2）関税自主権の欠如、（3）一方的な最恵国待遇《さいけいこく》の付与が挙げられる。このうち、（3）は、日本だけが義務を負うと規定されたから、確かに不平等である。現在のWTO体制は、最恵国待遇を互いに付与することを骨格としており、それが世界貿易を支えている。このできるだけ自由貿易を推進しようとする体制は、制度上は平等であり、その上で各国経済が競争する仕組みになっている。自由競争は発展途上国にとって一見不利に見えるが、明治日本やＮＩＥＳの経験で分かるように、むしろ有利に働く場合も少なくない。ただし、幕末の日本は、相手に最恵国待遇を義務づけていなかったから、制度面では確かに不平等な立場におかれていた。次に（2）であるが、相手国側は日本との輸出入に関する関税率を自由に定めえたから、これも制度上は不平等である。しかし、実質的な利害関係をみると、必ずしもそうは言えない。この条約は、特殊な商品を除き、一般的な輸入税率を二〇％と定めた。協定関税の制度は、国内産業を世界市場から保護しようとする場合、障害となりかねないが、税率自体は高かったのである。しかも、明治日本の経験では、生糸《きいと》や綿糸の例に明らかなように、低関税のもと、保護なしに育った産業が、外貨の稼ぎ手になり、日本の工業化を支えることになった。保護政策が必ずしも有効でないことは、第二次大戦後の社会主義圏や開発途上国に流行した保護関税下の重化学工業化が失敗したことでも明らかであろう。明治日本で苦しんだのは国民経済でなく、十分な関税収入が得られなかった政府であった。そして、その収入の低さは幕末の攘夷戦争のために改税約書で税率が五％に引き下げられたことに由来するのであって、修好通商条約の締結当初からではなかったのである。

（1）の領事裁判権は、極めて興味深い問題である。領事裁判の規定は、直接には、外国人が日本人と紛争を起こし、加害者となって起訴された場合、母国の領事が母国の法律に基づいて裁き、それが上訴された場合は、日本の外、最終的には本国まで裁判所が移されるという制度である。しかし、これは必ず、対《つい》になる規定を伴っている。すなわち、日本人が加害者となって、裁判に付される場合は、日本の裁判所が管轄し、日本の法律に基づいて裁くのである。要するに、相手側が信用できないため、自国民を自国の法制度によって保護しようという制度であり、制度上は対等なのである。西洋側は、例えば、ハリスが日記に記しているように、これをもって極めて重要な権利獲得と見なした

（『日本滞在記』中、一七八頁）。しかし、それを額面通りに受け取ってはならない。幕末に起きた攘夷テロを考えよう。攘夷運動家が何度も来日した外国人を殺傷した。逆の場合はあまりない。とすると、この制度によって不利を被ったのは西洋側ということになる。事実、西洋側はテロが相次ぎながら、裁判どころか、犯人が逮捕されないことに業《ごう》を煮《に》やすことになった。生麦《なまむぎ》事件に際しては、埒《らち》があかぬと見て、鹿児島に押し掛けて戦争したが、ユーリアラスの艦長らが戦死するまでに至っている。日本側の行政・司法制度がしっかりしていれば、このような手間と犠牲を払わなくて済んだはずである。少なくとも幕末の刑事事件で不利な立場に陥ったのは、外国側であって、日本側ではない。また、明治の領事裁判では、しばしば日本側が不利だったと語り伝えられるが、それも記録を網羅的に検討せねば、証明はできないだろう。日本側が有利なはずの、日本の裁判所による内外紛争の判決まで考慮すべきことは無論である。領事裁判制度については、それが実際にどう機能したかという研究が不可欠である。

ただし、制度上、修好通商条約の規定には、欠陥があった。それは、この規定が日本の領土上にだけ適用され、外国領には適用されなかったことである。修好通商条約の締結の際、日本側は官吏以外の日本人の海外渡航を想定していなかったため、これは表面化しなかったが、条約勅許後の一八六七年、日本人がパスポートを手にして海外渡航を始めたとき、その不平等性が顕在化した。西洋諸国では、自国領上で起きた事件はすべて国内の裁判所が管轄し、外国人にも国内法を適用する、いわゆる属地主義を取っていたからである。唯一、ロシアは、和親条約の締結に際し、日露双方に属人主義によって法を適用する条項を盛り込んだが、これは修好通商条約にも継承された（石井孝・三七〇頁）。生田美智子によると、ロシアは対中関係の経験から刑法に属人主義の規定を設けていたからだという（生田・一五九頁）。

以上、一八世紀末から修好通商条約までの外交を通観した。繰り返し述べたとおり、一九世紀前半の日本は、外国人の渡来禁止という意味での「鎖国」政策を強めていったが、ペリー来航をきっかけに、その逆転をはじめ、まず西洋諸国に港を開き、次いで国交と貿易を始めることに踏み切った。これが本書の扱った範囲である。しかし、広い意味での開国の過程はそれに尽きるものではない。近世初頭以来の日本人の出入国禁令は、一八六六年になってようやく解除された。このとき初めて、近世の外交体制の基幹部分が解体されたわけである。しかし、なお閉鎖性は維持された。それは、外国人の来住を開港開市地の居留地に留め、旅行も商売も制限し続けたことである。これは実際上はなし崩しに解かれていったが、正式には、領事裁判権の撤廃と引き替えに、初めて撤廃された。条約改正による段階的な内地雑居の許容、外国人の居住と営業の自由化がそれである。この措置によって、日本の「開国」は初めて完成したのである。無論、その後も日本社会が完全に開かれたわけではない。土地所有の拒否や国際結婚の制度に明らかなように、その閉鎖性はかなり頑強に維持された（嘉本伊都子）。しかし、それはもはや外交史の枠を越える問題である。日本人の海外への移住や属領支配とともに、まったく別の角度から論じねばならないであろう。

最後に、同時代の隣国にも言及しておきたい。日本で修好通商条約をめぐる政争の火が燃えさかっていた頃、朝鮮では国王高宗《こうそう》《コジョン》の実父大院君《だいいんくん》《テウォングン》が国政の実権を握り、野心的な改革に取りかかっていた。彼は、二百数十年間使われてきた王宮と別に、朝鮮時代初期に使われた壮麗な景福宮《けいふくきゅう》《キョンボックン》を再建する一方、対外政策でも極めて意欲的な政策を実行した。それは徹底的な攘夷政策である（金栄作）。折から、西洋諸国は大清《だいしん》と日本に加え、朝鮮にも興味を持ち始め、なかでもフランスは一八六六年、潜入していたキリスト教宣教師九人が逮捕され、殺害されると、三隻の艦隊を派遣して、報復を試みた。フランス軍は江華島に上陸し、ソウル付近でも戦闘したが、二ヵ月近くのち、撃退された。次いで、一八七一年、アメリカは、一八六六年の自国略奪船に対する焼き討ちへの報復と通商要求のために、五隻の艦隊をもって江華島《こうかとう》を攻撃したが、やはり最終的には撃退された。大院君は二度の攘夷戦争に成功したのである。彼はその後、全国の要地に「斥和碑《せきわひ》」を建てさせた。「洋夷の侵犯、戦ふに非《あらざ》れば則《すなわ》ち和、和を主とするは則ち売国」という趣旨である。これを機に、朝鮮国内では、朱子学のもっとも狭い解釈に基づいて、「正を衛《まも》り、邪を斥《しりぞ》ける」という排外主義の思想が風靡《ふうび》することになった。幕末日本の場合、攘夷思想の一部は、松陰門下の年長者に見られるように、攘夷戦争によって国内の一致団結が達成された後は、開国政策に転ずる展望が初めからあったのであるが、衛正斥邪《えいせいせきじゃ》思想は閉鎖自体の倫理的正しさを信ずる思想であったため、変更の余地がなかった（藤田雄二）。そして、日本では、長州や薩摩が局地的戦争を闘い、敗北したものの、中央政府は対外戦争を回避し続けたが、朝鮮は政府自らが戦争に勝利し、攘夷思想に自信を深めたのである。

短期的には朝鮮政府は成功し、徳川政府は失敗した。しかし、長期的には、日本は、徳川の覇権を犠牲にしつつ、徹底的な改革による生き残りに成功し、朝鮮は結局、その一見臆病に見えた日本によって征服されることとなったのである。この歴史的経験には、深く考えるべき多くの逆説が内包されている。松平定信も阿部正弘《まさひろ》も大院君も、歴史上、稀にみる英明な指導者であった。しかし、彼らは、それぞれが生きたコンテクストと思想は異なるとは言え、やはり人の子であって、将来の予測には限界があった。直近の状況からすれば妥当に見えた政策も、後から長期的な評価を下すと、後世代を不必要な困難に陥らせたという判断も可能なのである。一九世紀の日本と朝鮮の歴史は、その後の運命も含め、我々後世代に、歴史に対する深い省察を促し続けていると言って良い。

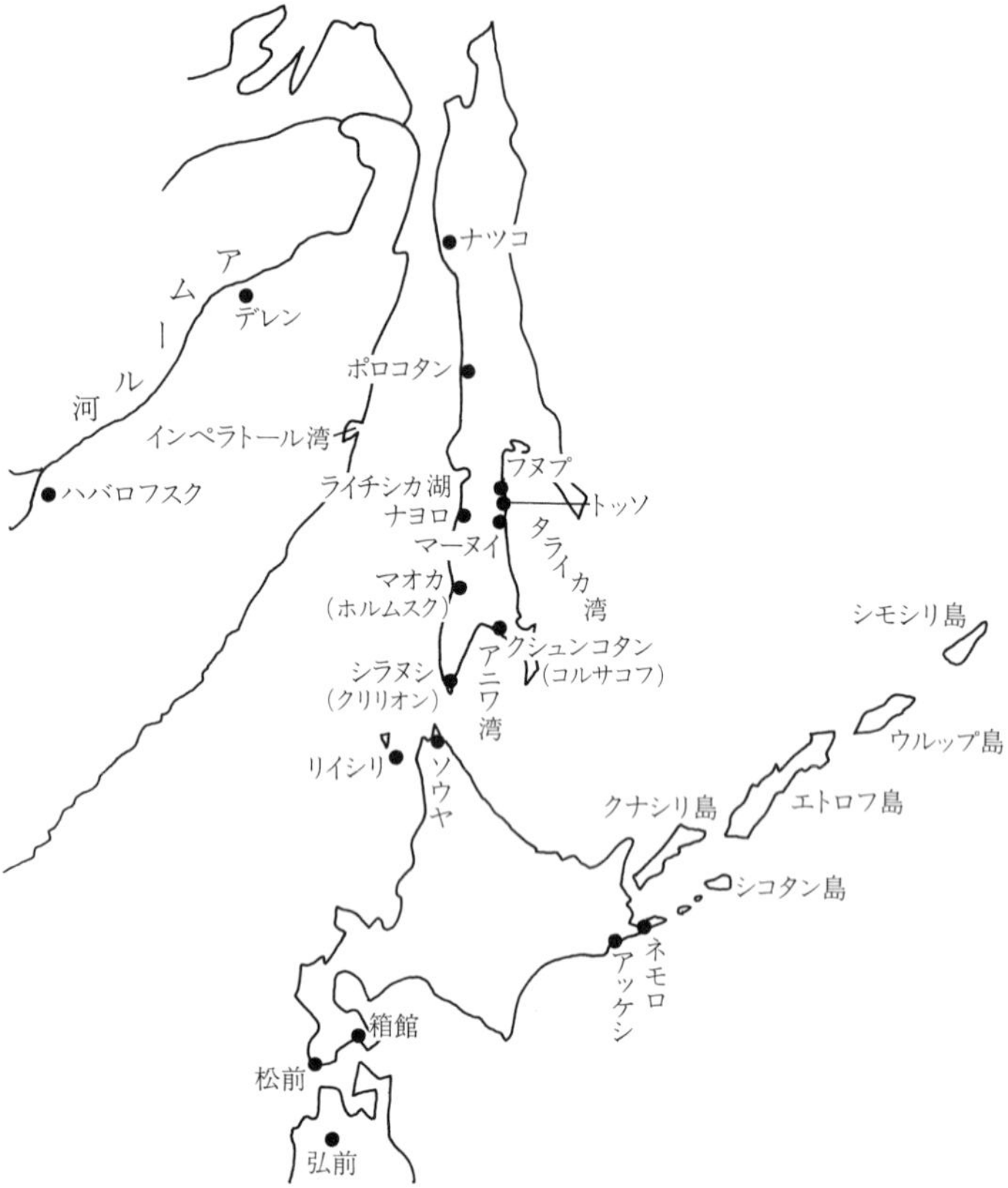


近世の北方略図

( ) 内は現在のロシア名

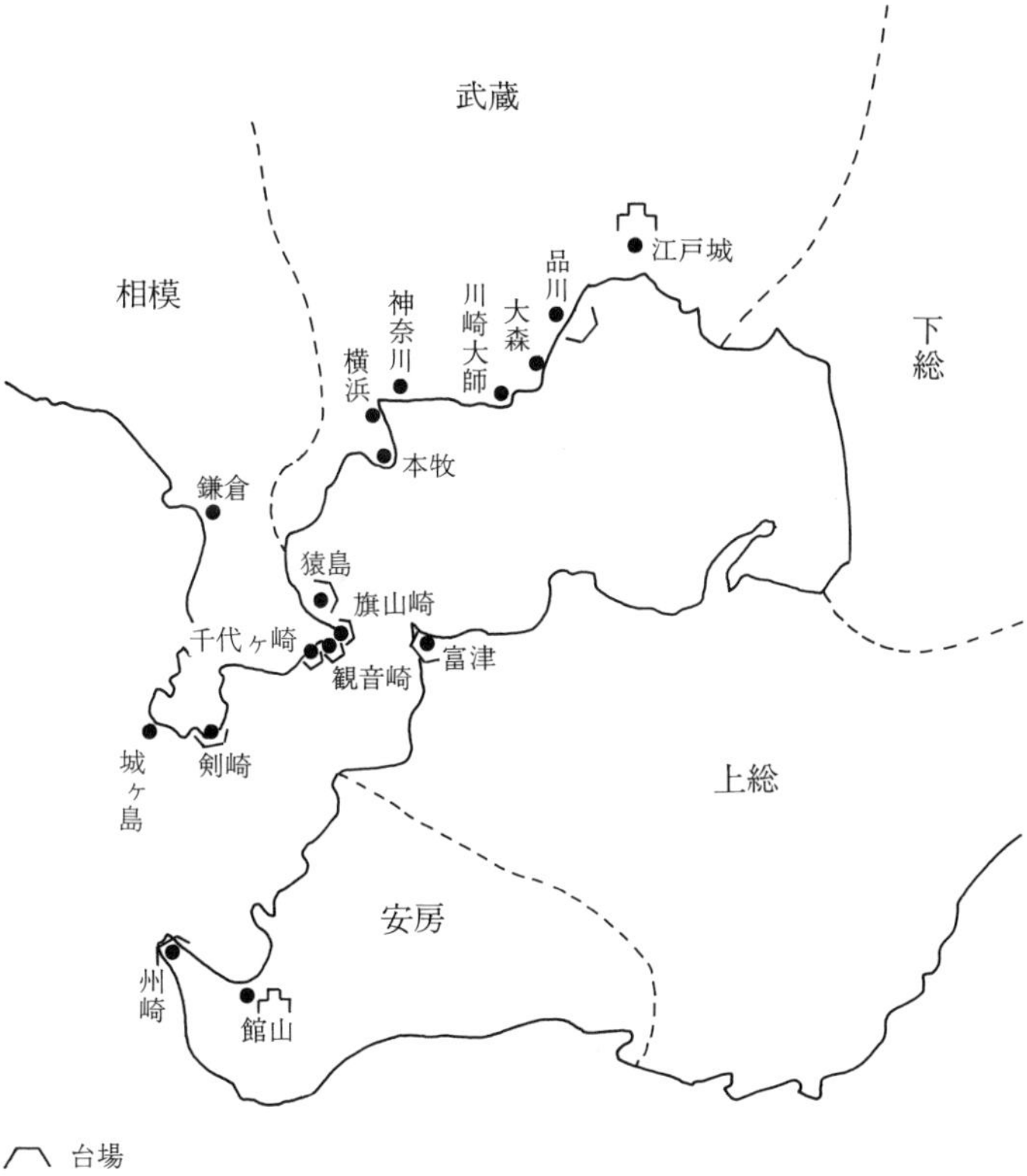


江戸近海図

伊能忠敬『大日本沿海輿地全図』を基礎とした

# 参考文献

## 一 著作・論文

秋月俊幸「江戸時代における日本人のロシア観」(『共同研究 日本とロシア』) ナウカ 一九九〇年
秋月俊幸「翻刻・解説」(秋葉実編『北方史史料集成』所収) 北海道出版企画センター 一九九一年
秋月俊幸『日露関係とサハリン島―幕末明治初年の領土問題―』 筑摩書房 一九九四年
秋月俊幸『日本北辺の探検と地図の歴史』 北海道大学図書刊行会 一九九九年
浅倉有子『北方史と近世社会』 清文堂 一九九九年
安達裕之『異様の船』 平凡社 一九九五年
鮎沢信太郎・大久保利謙『鎖国時代日本人の海外知識』 乾元社 一九五三年
鮎沢信太郎『山村才助』〈人物叢書〉(日本歴史学会編) 吉川弘文館 一九五九年
荒野泰典『近世日本と東アジア』 東京大学出版会 一九八八年
荒野泰典・石井正敏・村井章介編『近世的世界の成熟』(日本の対外関係6) 吉川弘文館 二〇一〇年
有馬成甫『高島秋帆』〈人物叢書〉(日本歴史学会編) 吉川弘文館 一九五八年
生田美智子『外交儀礼から見た幕末日露文化交流史』 ミネルヴァ書房 二〇〇八年
石井孝『日本開国史』 吉川弘文館 一九七二年
石附実『近代日本の海外留学史』〈中公文庫〉 中央公論社 一九九二年(原著一九七二年)

石山洋「『厚生新編』解題」（ショメール著・馬場貞由ほか訳『厚生新編：静岡県立図書館所蔵』全六冊所収）恒和出版　一九七八〜一九七九年
板沢武雄『日蘭文化交渉史の研究』　吉川弘文館　一九五九年
伊能忠敬研究会『忠敬と伊能図』　アワ・プランニング　一九九八年
井上勲『王政復古』〈中公新書〉　中央公論社　一九九一年
井野邊茂雄『幕末史の研究』　雄山閣　一九二七年
井野邊茂雄『新訂　維新前史の研究』　中文館書店　一九四二年
岩下哲典『幕末日本の情報活動―「開国」の情報史―』　雄山閣出版　二〇〇〇年
上原久『高橋景保の研究』　講談社　一九七七年
大石慎三郎『田沼意次の時代』　岩波書店　一九九一年
大口勇次郎「文久期の幕府財政」（近代日本研究会『幕末・維新の日本』所収）　山川出版社　一九八一年
大口勇次郎「文化期の幕政」（『幕藩体制の展開と動揺（下）』〈日本歴史大系一一〉所収）　山川出版社　一九八八年
大口勇次郎「文政期の幕政」　同右
大谷亮吉編著『伊能忠敬』　岩波書店　一九一七年
大友喜作「解説」（『北門叢書』一所収）　北光書房　一九四三年
片桐一男「和蘭風説書集成解題」（日蘭学会・法政蘭学研究会編『和蘭風説書集成　上巻』所収）　吉川弘文館　一九七七年
片桐一男「幕末の海外情報」（近代日本研究会『近代日本と情報』所収）　山川出版社　一九九〇年
加藤祐三『黒船前後の世界』　岩波書店　一九八五年
金井圓『日蘭交渉史の研究』　思文閣出版　一九八六年

金井圓『対外交渉史の研究』　有隣堂　一九八八年
金井圓『近世日本とオランダ』　放送大学教育振興会　一九九三年
亀井高孝『大黒屋光太夫』〈人物叢書〉（日本歴史学会編）　吉川弘文館　一九六四年
嘉本伊都子『国際結婚の誕生』　新曜社　二〇〇一年
川路寛堂『川路聖謨之生涯』　世界文庫　一九〇三年
姜在彦『朝鮮の攘夷と開化』　平凡社　一九七七年
金栄作『韓末ナショナリズムの研究』　東京大学出版会　一九七五年
菊池勇夫『幕藩体制と蝦夷地』　雄山閣出版　一九八四年
菊池勇夫『北方史の中の近世日本』　校倉書房　一九九一年
熊沢徹「アロー号戦争と日本」（横浜対外関係史研究会・横浜開港資料館編『横浜英仏駐屯軍と外国人居留地』所収）　東京堂出版　一九九九年
久米邦武執筆、中野礼四郎編『鍋島直正公伝』三編（全七冊）　一九二〇年
呉　秀三『シーボルト先生　其生涯及功業』　吐鳳堂書店　一九二六年
小西四郎『開国と攘夷』〈日本の歴史一九〉　中央公論社　一九六六年
小堀桂一郎『鎖国の思想』〈中公新書〉　中央公論社　一九七四年
小松重男『幕末遠国奉行の日記　御庭番川村修就の生涯』〈中公新書〉　中央公論社　一九八九年
今田洋三『江戸の本屋さん―近世文化史の側面―』　日本放送出版協会　一九七七年
斎藤阿具『ヅーフと日本』　廣文館　一九二二年
佐藤昌介『洋学史研究序説』　岩波書店　一九六四年
佐藤昌介『洋学史の研究』　中央公論社　一九八〇年

佐藤誠三郎『「死の跳躍」を越えて』　千倉書房　二〇〇九年
渋沢栄一『楽翁公伝』　岩波書店　一九三七年
島谷良吉『最上徳内』〈人物叢書〉（日本歴史学会編）　吉川弘文館　一九七七年
鈴木暎一『藤田東湖』〈人物叢書〉（日本歴史学会編）　吉川弘文館　一九九八年
オリヴァー・スタットラー著、金井圓ほか訳『下田物語』全三冊〈現代教養文庫〉　社会思想社　一九八三年
（原著、Statler, Oliver, Shimoda Story, Random House, 1969）
S・ズナメンスキー著、秋月俊幸訳『ロシア人の日本発見　北太平洋における航海と地図の歴史』
北海道大学図書刊行会　一九七九年（原著一九二九年）
周布公平監修『周布政之助伝』上・下　東京大学出版会　一九七七年
曽村保信『ペリーはなぜ日本に来たか』　新潮社　一九八七年
曽根勇二・木村直也編『新しい近世史2　国家と対外関係』　新人物往来社　一九九六年
田代和生『近世日朝通交貿易史の研究』　創文社　一九八一年
田代和生『書き替えられた国書』〈中公新書〉　中央公論社　一九八三年
田代和生『倭館』〈文春新書〉　文藝春秋　二〇〇二年
田保橋　潔『近代日鮮関係の研究』上・下　朝鮮総督府中枢院　一九四〇年（覆刻　宗高書房　一九七二年）
田保橋　潔『増訂　近代日本外国関係史』　刀江書院　一九四三年（覆刻　原書房　一九七六年）
玖村敏雄『吉田松陰』　岩波書店　一九三六年
辻善之助『日本文化史』（全十一冊）　春秋社　一九四八～一九五三年
鶴田啓「近藤重蔵における『異国』と『異国境取締』」（『東京大学史料編纂所報』二四）　一九八九年
土居良三『咸臨丸　海を渡る』　未来社　一九九二年

土居良三『軍艦奉行　木村摂津守』〈中公新書〉　中央公論社　一九九四年
土居良三『幕末　五人の外国奉行』　中央公論社　一九九七年
土居良三『開国への布石―評伝・老中首座阿部正弘―』　未来社　二〇〇〇年
徳富蘇峰『吉田松陰』（初版）　民友社　一八九三年（覆刻　岩波文庫　一九八一年）
徳富蘇峰『近世日本国民史』全一〇一冊　時事通信社　一九六〇〜一九六六年
R・トビ著、速水融・永積洋子・川勝平太訳『近世日本の国家形成と外交』　創文社　一九九〇年
（原著、Toby, Ronald P., State and Diplomacy in Early Modern Japan, Princeton University Press, 1984）
永積昭『オランダ東インド会社』　講談社　二〇〇〇年（原著一九七一年）
永積洋子『近世初期の外交』　創文社　一九九〇年
河宇鳳著、井上厚史訳『朝鮮実学者の見た近世日本』　ぺりかん社　二〇〇一年
芳賀徹『平賀源内』　朝日新聞社　一九八一年
函館市史編さん室『函館市史』通説編第一巻第二巻　函館市　一九八〇・一九九〇年
羽田正編・小島毅監修『海から見た歴史』（東アジア海域に漕ぎだす1）　東京大学出版会　二〇一三年
原　剛『幕末海防史の研究』　名著出版　一九八八年
原平三『幕末洋学史の研究』　新人物往来社　一九九二年
坂野正高『近代中国政治外交史』　東京大学出版会　一九七三年
Beasley, W.G., Great Britain and the Opening of Japan, 1834-1858, London : Lusac & Company, Ltd, 1951.
尾藤正英「尊王攘夷思想」（『岩波講座　日本歴史』一三　近世五所収）　岩波書店　一九七七年
藤井貞文「日英約定の研究」（『国学院大学紀要』一六）　一九七八年
藤井哲博『長崎海軍伝習所』〈中公新書〉　中央公論社　一九九一年

藤田覚『幕藩制国家の政治史的研究』　校倉書房　一九八七年
藤田覚『天保の改革』　吉川弘文館　一九八九年
藤田覚『松平定信』〈中公新書〉　中央公論社　一九九三年
藤田覚『幕末の天皇』〈講談社選書メチエ二六〉　講談社　一九九四年
藤田覚編『十七世紀の日本と東アジア』　山川出版社　二〇〇〇年
藤田雄二『アジアにおける文明の対抗―攘夷論と守旧論に関する日本・朝鮮・中国の比較研究―』　御茶の水書房　二〇〇一年
B・M・ボダルト＝ベイリー著、中直一訳『ケンペルと徳川綱吉』〈中公新書〉　中央公論社　一九九四年
洞富雄『間宮林蔵』〈人物叢書〉（日本歴史学会編）　吉川弘文館　一九八六年
洞富雄「解説」（間宮林蔵著、村上貞助編、洞富雄・谷沢尚一編注『東韃地方紀行』〈東洋文庫〉所収）　平凡社　一九八八年
真鍋重忠『日露関係史』　吉川弘文館　一九七八年
三上隆三『円の誕生』　東洋経済新報社　一九七五年
三谷博「対露緊張の高潮と弛緩」（『幕藩体制の展開と動揺（下）』〈日本歴史大系一一〉所収）　山川出版社　一九八八年
三谷博「天保～嘉永期の対外問題」　同右
三谷博『明治維新とナショナリズム―幕末の外交と政治変動―』　山川出版社　一九九七年
三谷博・山口輝臣『一九世紀日本の歴史』　放送大学教育振興会　二〇〇〇年
源了圓「横井小楠における『開国』と『公共』思想の形成」（『日本学士院紀要』五七―三）　二〇〇三年
三宅英利『近世日朝関係史の研究』　文献出版　一九八六年
宮地正人『幕末維新期の社会的政治史研究』　岩波書店　一九九九年

森潤三郎『紅葉山文庫と書物奉行』　昭和書房　一九三三年
森岡美子『世界史の中の出島　日欧通交史上長崎の果たした役割』　長崎文献社　二〇〇一年
S・E・モリソン著、座本勝之抄訳『伝記　ペリー提督の日本開国』　双葉社　二〇〇〇年
（原著　Morison, Samuel Elliot, "Old Bruin" Commodore Matthew Calbraith Perry, 1794-1858, Little & Brown, 1967）
安岡昭男「オランダ風説書写本・刊本一覧（和蘭風説書とその内容）」（『法政大学文学部紀要』一六）　一九七一年
山口宗之『ペリー来航前後』　ぺりかん社　一九八八年
山崎正董『横井小楠』伝記編　明治書院　一九三八年
山本有造『両から円へ　幕末・明治前期貨幣問題研究』　ミネルヴァ書房　一九九四年
横山伊徳「日本の開国と琉球」（『新しい近世史2』所収）　新人物往来社　一九九六年
横山伊徳『開国前後の世界』（日本近世の歴史5）　吉川弘文館　二〇一三年
吉田常吉『井伊直弼』〈人物叢書〉（日本歴史学会編）　吉川弘文館　一九八五年
吉田昌彦『幕末における「王」と「覇者」』　ぺりかん社　一九九七年
李進熙『江戸時代の朝鮮通信使』　講談社　一九八七年
ピーター・B・ワイリイ著、興梠一郎訳・執筆協力『黒船が見た幕末日本　徳川慶喜とペリーの時代』　TBSブリタニカ　一九九八年
（原著　Wiley, Peter Booth, Yankees in the Lands of Gods, Viking, 1990）
和田春樹『開国—日露国境交渉』（NHKブックス六二〇）　日本放送出版協会　一九九一年
渡辺修二郎『阿部正弘事蹟』一・二　一九一〇年（覆刻　続日本史籍協会叢書　一九七八年）

## 二　史料

『茨城県史料　幕末編Ⅰ』　茨城県　一九七一年
『岩倉具視関係文書』全八冊〈日本史籍協会叢書〉　一九二七〜一九三五年
『宇下人言』松平定信〈岩波文庫〉　岩波書店　一九六九年
『江川坦庵全集』全三冊　戸羽山瀚編　江川坦庵全集刊行会　一九五四年
「小笠原貢蔵の手控」高橋磌一（『洋学思想史論』所収）　新日本出版社　一九七二年
『御備場集議』全六冊（国立公文書館内閣文庫所蔵）
『御触書天保集成』（上・下）高柳真三・石井良助編　岩波書店　一九五八年
『和蘭風説書集成』上・下（日蘭学会学術叢書）　日蘭学会・法政蘭学研究会編　吉川弘文館　一九七七〜一九七九年
『開国起源』上・下　勝海舟（宮内省蔵版）〈勁草書房版全集一〜五〉　勁草書房　一八九三年
『海国兵談』林子平（『新編林子平全集』1）　第一書房　一九七八年
『海防彙議』塩田順庵（内閣文庫　写本一〇四冊）　一八四九年
『海防臆測』古賀侗庵著、日高誠實校　一八八〇年
『環海異聞』大槻玄沢・志村弘共編、杉本つとむ他解説　八坂書房　一九八六年
『休明光記』羽太正養（『新撰北海道史』五所収）
『クルウゼンシュテルン日本紀行』羽仁五郎訳註（異国叢書）　駿南社　一九三一年
（復刻改訂版　雄松堂書店　一九六六年）
『経済放言』本多利明（滝本誠一編『日本経済叢書』第二六所収）　日本経済叢書刊行会　一九一六年
『公徳弁』塩谷宕陰（北島正元校訂『丕揚録・公徳弁・藩秘録』〈日本史料選書七〉所収）　近藤出版社　一九七一年

『ゴンチャローフ日本渡航記』ゴンチャローフ著、高野明・島田陽共訳〈新異国叢書第Ⅰ輯一一〉 雄松堂書店 一九六九年
『近藤正斎全集』全三冊、近藤正斎、国書刊行会編 第一書房 一九七六年
『混同秘策』佐藤信淵（『安藤昌益・佐藤信淵』〈日本思想大系45〉所収） 岩波書店 一九七七年
『坤輿図識』、『坤輿図識補』箕作省吾 一八四五・一八四六年
『昨夢紀事』全四巻 中根雪江〈日本史籍協会叢書〉 一九二〇〜一九二一年（復刻 東京大学出版会 一九八九年）
『鎖国論』E・ケンペル著（志筑忠雄訳、早川純三郎『文明源流叢書』第三所収） 一九一四年
『島津斉彬文書』中巻・下巻 島津斉彬文書刊行会編 吉川弘文館 一九五九〜一九六九年
『新伊勢物語』徳川斉昭（『茨城県史料 幕末編Ⅰ』所収）
『新撰北海道史』全七冊 北海道庁編 一九三六〜一九三七年（復刻 清文堂出版 一九九〇〜一九九一年）
『西域物語』本多利明（『本多利明・海保青陵』〈日本思想大系44〉） 岩波書店 一九七〇年
『ジーボルト最後の日本旅行』 A・ジーボルト著、斎藤信訳〈東洋文庫〉 平凡社 一九八一年
『新論』会沢正志斎（今井宇三郎・瀬谷義彦・尾藤正英校注『水戸学』〈日本思想大系53〉所収） 岩波書店 一九七三年
『草茅危言』中井竹山（鷲尾順敬編『日本思想闘諍史料』第六巻所収） 名著刊行会 一九六九〜一九七〇年
『大君の都』全三冊 オールコック著、山口光朔訳〈岩波文庫〉 岩波書店 一九六二年
(原著、Alcock, Rutherford, The Capital of Tycoon: The Narrative of Three Years' Residence in Japan, 2 Vols, 1863)
『大日本維新史料稿本』（東京大学史料編纂所所蔵）
『大日本維新史料』第一編一〜七、第二編一〜五、第三編一〜七 維新史料編纂会 一九三八年

（覆刻　東京大学出版会　一九八四〜一九八五年）

『大日本維新史料　類纂之部　井伊家史料』一〜　東京大学史料編纂所編　東京大学出版会　一九六三年〜

『伊達宗城・徳川斉昭往復書翰集』河内八郎編　校倉書房　一九九三年

『千島誌』A・S・ポロンスキー著、榎本武揚ほか訳（寺沢一・和田敏明・黒田秀俊責任編集『北方未公開古文書集成』第七巻所収）　叢文社　一九七九年

『籌海因循録』遠山景晋（『日本海防史料叢書』四所収）

『ヅーフ日本回想録　フィッセル参府紀行』斎藤阿具訳註（改訂復刻版）〈異国叢書〉　雄松堂書店　一九六六年

『通航一覧』全八巻　林復斎編　国書刊行会　一九一二〜一九一三年（覆刻　清文堂出版　一九六七〜一九七三年）

『通航一覧続輯』第二、第五（全五巻）　林復斎編、箭内健次校訂　清文堂出版　一九六七〜一九七三年

『通信全覧』全六巻　外国方編　覆刻　雄松堂出版　一九八三年

『続通信全覧』全五四巻　外務省・坂田諸遠編　覆刻　雄松堂出版　一九八三〜一九八八年

『遏蛮彙議』（東京大学史料編纂所所蔵）

『天文方代々記』高橋景保（大崎正次編『天文方関係史料』所収）　一九七一年

『徳川禁令考』前集全六巻、後集全四巻、別巻一（司法省蔵版）　法政史学会編　一八九四〜一八九五年（覆刻　石井良助校訂　創文社　一九五九〜一九六一年）

『長崎オランダ商館日記』一〜　日蘭交渉史研究会訳註　雄松堂　一九八九年〜

『長崎海軍伝習所の日々』カッテンディーケ著、水田信利訳〈東洋文庫〉　平凡社　一九六四年

『長崎日記・下田日記』川路聖謨著、藤井貞文・川田貞夫校注〈東洋文庫〉　平凡社　一九六八年

『中浜万次郎集成』川澄哲夫編著　小学館　一九九〇年

『南浦書信』井戸鉄太郎宛戸田氏栄書翰（嘉永六年）　浦賀近世史研究会編　未来社　二〇〇二年

『日本回想記　インディアンの見た幕末日本』マクドナルド著　ウィリアム＝ルイス・村上直次郎編、富田虎男訳訂　刀水書房　一九八一年
『日本海防史料叢書』全五巻　住田正一編　海防史料刊行会　一九三二年
『日本史籍協会叢書』全一八七冊　日本史籍協会編　一九一五～一九三五年
（復刻　東京大学出版会　全一九二冊　一九六六年～）
『日本滞在日記 1804-1805』レザーノフ著、大島幹雄訳〈岩波文庫〉　岩波書店　二〇〇〇年
『日本幽囚記』全三巻　ゴロヴニン著、井上満訳〈岩波文庫〉　岩波書店　一九四三～一九四六年
『幕末維新外交史料集成』全六冊　維新史学会編　第一書房　一九七八年
『幕末外国関係文書』（覆刻版）〈大日本古文書〉東京大学史料編纂所編　東京大学出版会　一九七二年～
『幕末出島未公開文書』ドンケル・クルティウス著、フォス美弥子編訳　新人物往来社　一九九二年
『ハリス　日本滞在記』全三冊　坂田精一訳〈岩波文庫〉　岩波書店　一九五三～一九五四年
(原著、Harris, Townsend, The Complete Journal of Townsend Harris, edited by Mario E. Cosenza, Japan Society, 1930)
『蕃社遭厄小記』高野長英（高野長英全集刊行会編『高野長英全集』第四巻所収）　第一書房　一九七八年
『常陸帯』藤田東湖（菊池謙二郎編『新定東湖全集』所収）　博文館　一九四〇年（覆刻　国書刊行会　一九九八年）
『ヒュースケン　日本日記』青木枝朗訳〈岩波文庫〉　岩波書店　一九八九年
『丙戌異聞』高橋景保（『日本海防史料叢書』三所収）
『ベニョフスキー航海記』水口志計夫・沼田次郎編訳〈東洋文庫〉　平凡社　一九七〇年
『ペリー艦隊日本遠征記』全三巻　ホークス編・オフィス宮崎翻訳・構成　栄光教育文化研究所　一九九七年
(原著、Hawks, Francis Lister, Narrative of the expedition of an American squadron to the China Seas and Japan,

3 Vols., 1856)
『ペリー日本遠征随行記』S・ウェルズ・ウィリアムズ著、洞富雄訳（新異国叢書第II輯八） 雄松堂 一九七〇年
（原著、Williams, S. Wells, A Journal of the Perry Expedition to Japan 〈1853-1854〉, Transactions of the Asiatic Society of Japan 37-2, 1910）
『ペリー日本遠征日記』ペリー著、金井圓訳（新異国叢書第II輯一） 雄松堂 一九八五年
（原著、Pineau, Roger (ed.), The Japan Expedition, 1852-1854 : the personal journal of Commodore Matthew C. Perry, Smithonian Institute Press, 1968）
『北槎聞略』桂川甫周〈岩波文庫〉 岩波書店 一九九〇年
『北門叢書』全六冊 北光書房 一九四三〜一九四四年
『水戸藩史料』全五巻 吉川弘文館 一九一五年（覆刻 同 一九六〇〜一九七〇年）
『村垣淡路守公務日記』（『幕末外国関係文書』附録二―七所収）
『横井小楠関係史料』山崎正董編 （復刻版 東京大学出版会 一九七七年）
『吉田松陰全集』全一〇巻 防長教育会編 岩波書店 一九三六年
『墨夷応接録』林煒（『幕末外国関係文書』付録一所収）
『有所不為斎雑録』全三冊 添川栗編 中野同子刊 一九四二年
『陸軍歴史』全二冊 勝海舟 陸軍省 一八八九〜一八九〇年（改造社版の覆刻、原書房 一九六七〜一九六八年）

# 略年表

| 西暦 | 和暦 | 将軍 | 事項（○は書籍、◎は世界情勢） |
|---|---|---|---|
| 一七七四 | 安永三 | 家治 | ○杉田玄白ら訳『解体新書』 |
| 一七七五 | 四 | | 朝鮮と対馬宗家との私貿易停止 |
| 一七八三 | 天明三 | | ○工藤平助『赤蝦夷風説考』 |
| 一七八五 | 五 | | 幕府の蝦夷地調査（〜一七八六） |
| 一七八六 | 六 | | 田沼意次、老中を罷免○桂川甫周『新製地球万国全図』 |
| 一七八七 | 七 | 家斉 | 徳川家斉、将軍職就任。松平定信、老中就任、寛政の改革始まる |
| 一七八九 | 寛政元 | | 東蝦夷地でクナシリ・メナシ騒動発生 |
| 一七九〇 | 二 | | 長崎貿易について唐船は一〇隻、オランダ船は二隻に縮小。オランダ商館長の江戸参府を五年に一度に改める |
| 一七九一 | 三 | | 九月全国に異国船取扱い規定を布告（異国船漂着の際は長崎へ送ること、その他の異国船は柔らかに召し取り、抵抗した場合打ち砕くよう）○林子平『海国兵談』 |
| 一七九二 | 四 | | ロシア使節ラクスマン、大黒屋幸太夫を伴い根室に来航○林子平の『海国兵談』『三国通覧図説』絶版 |
| 一七九三 | 五 | | 三月定信、相模伊豆を巡見。六月ラクスマンに長崎入港の信牌を交付。七月定信、老中解任 |
| 一七九四 | 六 | | ○桂川甫周『北槎聞略』 |

| | | | | |
|---|---|---|---|---|
| 一七九八 | | 一〇 | | 七月近藤重蔵らによる蝦夷地調査（〜一七九九）○本多利明『西域物語』 |
| 一七九九 | | 一一 | | 東蝦夷地を仮上知 |
| 一八〇一 | 享和 | 元 | | ○志筑忠雄『鎖国論』 |
| 一八〇二 | | 二 | | 東蝦夷地、永上知○山村才助『訂正増訳　采覧異言』 |
| 一八〇四 | 文化 | 元 | | ロシア使節レザーノフ、漂流民を伴い長崎へ来航、通商を要求（翌年、通商を拒絶され退去） |
| 一八〇六 | | 三 | | フヴォストフ、ダヴィドフ、樺太クシュンコタン襲撃 |
| 一八〇七 | | 四 | | 三月西蝦夷地、上知。松前藩主陸奥国伊達郡梁川に移封。四〜五月フヴォストフら、エトロフ島、リシリ島襲撃。一二月ロシア船に対する打払令公布○大槻玄沢・志村弘強『環海異聞』 |
| 一八〇八 | | 六 | | 四月間宮林蔵による樺太調査。八月フェイトン号事件 |
| 一八〇九 | | 七 | | ○高橋景保『新鐫総界全図』『日本辺海略図』 |
| 一八一〇 | | 七 | | 江戸湾の防備を会津藩、白河藩に命ず○高橋景保『新訂万国全図』 |
| 一八一一 | | 八 | | 五月朝鮮通信使来日、対馬で応接。蛮書和解御用掛を設置。六月ゴロヴニーン事件、発生（一八一三年、解決）○間宮林蔵『北夷分界余話』『東韃靼地方紀行』 |
| 一八二〇 | 文政 | 三 | | 会津藩の江戸湾警備を免除 |
| 一八二一 | | 四 | | 蝦夷地、松前藩に復領○伊能忠敬『大日本沿海輿地全図』 |
| 一八二三 | | 六 | | 白河藩の江戸湾警備を免除○佐藤信淵『混同秘策』 |
| 一八二五 | | 八 | | 全国に異国船打払令を公布○会沢正志斎『新論』、高橋景保『遭厄日本紀事』 |
| 一八二八 | | 一一 | | 高橋景保・シーボルト事件 |
| 一八三七 | | 八 | 家慶 | 四月徳川家慶、将軍職就任。老中水野忠邦、勝手掛就任。六月モリソン号事件。一二月鳥居 |

| | | | |
|---|---|---|---|
| | | | 忠耀、江川英龍、相模・安房・上総・下総の巡見を命じられる |
| 一八三八 | | 九 | ○古賀侗庵『海防臆測』 |
| 一八三九 | | 一〇 | 五月蛮社の獄◎アヘン戦争勃発（〜一八四二） |
| 一八四一 | | 一二 | 五月高島秋帆によるオランダ式砲術演習。天保の改革始まる |
| 一八四二 | | 一三 | 四月川越藩に相模、忍藩に房総の警備を指令。六月打払令を撤廃、薪水給与令に戻す。一〇月高島秋帆、長崎で逮捕される○中国の魏源『海国図志』初版を刊行（五〇巻）◎イギリスと清、南京条約を締結 |
| 一八四三 | | 一四 | 閏九月水野忠邦、老中罷免。阿部正弘、老中就任 |
| 一八四四 | | 一五 | 三月フランス船、琉球へ来航、通信・通商・布教を求める。七月オランダ国王ウィルレム二世から開国を勧告する国書到来○藤田東湖『常陸帯』 |
| 一八四五 | 弘化 | 二 | 三月アメリカ船、漂流民を護送し浦賀へ来航。五月イギリス船、琉球へ来航、通商を求める。六月オランダへ、開国拒否を通告○箕作省吾『坤輿図識』 |
| 一八四六 | | 三 | 四月フランスのセシル、琉球へ来航、通商を要求。閏五月アメリカのビドゥル、浦賀へ来航、通商を要求。阿部正弘、打払令復活と海防強化を諮問◎イギリス、対日遣使を中止 |
| 一八四七 | | 四 | 江戸湾警備に、彦根藩、会津藩も動員 |
| 一八四八 | 嘉永 | 元 | 第二回目の打払諮問○『海国図志』六〇巻本刊行 |
| 一八四九 | | 二 | 四月、米艦プレブル、長崎でラゴダ号船員らを引取。第三回目の打払諮問。一二月御国恩海防令（大名・旗本に海防強化を布達。百姓・町人にも相応の協力を要請） |
| 一八五〇 | | 三 | 江戸近海を海防調査 |
| 一八五一 | | 四 | 中浜万次郎、アメリカから帰国◎アメリカ、使節遣日を決定。太平天国の乱、発生 |

| | | | |
|---|---|---|---|
| 一八五二 | 五 | | 八月オランダ商館長クルティウス、長崎奉行にジャカルタ都督の書簡を渡す（アメリカの使節派遣計画を知らせ、開国を勧告）。一二月黒田斉溥、上書して公儀の外交政策を批判。〇『海国図志』一〇〇巻本刊行。アメリカ使節ペリー、日本へ出発 |
| 一八五三 | 六 | 家定 | 二月島津斉彬に琉球大砲船の建造を許可<br>四月二〇日、ペリー、琉球へ来航<br>六月三日、ペリー、浦賀へ到着。五日、公儀、国書受理の可否につき評議。六日、浦賀奉行に浦賀での受理を訓令。七～八日、七大名に人数出動を命令。相模、房総に海岸領を持つ大名に海岸防備を命じ、固め場を持つ代官に担当部署出張を命令。九日、浦賀で米大統領フィルモアの国書授受。一三日、ペリー艦隊出帆。二〇日、ペリー、琉球へ再来。二二日、徳川家慶、病死。二六・二七日・七月一日、布衣以上有司と大名にアメリカ国書を示し意見を諮問<br>七月三日、徳川家斉、海防参与となる。一〇日、徳川斉昭、『海防愚存』を提出。一七日、プチャーチン、長崎に来航<br>八月三日、徳川斉昭、一三箇条の建白を行い、攘夷の大号令布告を主張。三〇日、ロシア船、樺太のクシュンコタンに上陸、砦を建設<br>九月一五日、ロシアの国書、江戸に到着。二二日、公儀、ロシア対応策について評議開始<br>一〇月八日、ロシア応接掛に筒井政憲、川路聖謨、荒尾成允、古賀謹一郎を任命。一九日、徳川斉昭、参与辞退の内意を表明。二三日、プチャーチン、長崎を一旦退去◎この月クリミア戦争勃発（～一八五六）<br>一一月一日、徳川家定、回答延期策を宣言。二三日、将軍就職。江戸湾岸の警備体制改正 |

| | |
|---|---|
| 一八五四 | 安政　元 |

一二月五日、プチャーチン、長崎へ再来。一〇日、ロシア応接掛、長崎に到着。一四日、プチャーチンと最初の会見。二〇日、ロシアとの交渉開始。二三日、在府大大名に対し、ペリー再来時の応援の備えを命令。二五日、ペリー、那覇へ来航

正月八日、プチャーチン、出帆。中旬、ペリー艦隊、江戸湾に再来。一五日、アメリカ応接掛に浦賀派遣を命令

二月一日、交渉地を横浜と決定。四日、公儀、ペリーとの交渉方針について最終評議（漂流民保護、石炭供給は認めるが、通信・通商については回答延引）。一〇日、交渉開始。一五日、アメリカからの献上品を授受、展示。一九日、第二回交渉。二六日、第三回交渉。三〇日、第四回交渉（アメリカ側、下田即時開港、領事の下田駐在、米人上陸許可、遊歩地域設定、欠乏品購入の自由など要求）

三月二日、漢文版の日米条約案を作製。三日、日米和親条約調印。二五日、下田への米人上陸を許可。二八日、吉田松陰、アメリカ船による密航を試みて失敗

四月一七日、ペリー、箱館へ出航。二一日、ペリー、箱館着（開港時の上陸地選定）

五月一二日、ペリー、下田着。二二日、条約附録、調印（遊歩範囲や為替レートを協定）

六月二日、ペリー艦隊、出帆。一七日、琉米条約調印。ペリー、那覇を出航

閏七月一五日、イギリスのスターリング艦隊、長崎へ来航（クリミア戦争への態度を質す）

八月二三日、水野忠徳とスターリング、日英協約に調印（長崎・箱館を開港）

九月二日、オランダに下田・箱館を開港。一八日、プチャーチン、大坂に来航

一〇月一四日、プチャーチン、下田へ到来

一一月三日、川路聖謨ら、下田でプチャーチンと交渉開始。四日、下田が津波で全壊

| | | | |
|---|---|---|---|
| | | | 一二月九日、アメリカの批准使節、下田に入港。二一日、日露和親条約締結（下田・長崎・箱館を開港、エトロフ・ウルップ間を国境とし、樺太を両国雑居とする） |
| 一八五五 | 二 | | 正月五日、日米和親条約、批准。八月二九日、日英協約、批准。九月三〇日、日蘭暫定協定。一〇月九日、堀田正睦、老中首座となる。一二月二三日、日蘭条約調印 |
| 一八五六 | 三 | | 七月二一日、アメリカ総領事ハリス、下田に到来。八月イギリスのシーモア、長崎へ来航。日英協約の細則を交渉。一一月一〇日、日露和親条約、批准◎中国でアロー号事件発生 |
| 一八五七 | 四 | | 五月二六日、日米協約締結。七月二三日、徳川斉昭、海防参与を辞任。八月二九日、日蘭追加条約締結（通商規程を整備）。九月七日、日露追加条約調印（オランダ以外との初の通商条約）。一〇月二一日、ハリス、将軍に謁見。一二月二日、ハリスと条約交渉開始 |
| 一八五八 | 五 | 家茂 | 四月二三日、井伊直弼、大老就任◎この月、清とロシア、愛琿条約調印。六月一九日、日米修好通商条約調印◎この月清、英・仏・米・露と天津条約締結。七月一橋派大名を処罰、蘭・露・英と修好通商条約を締結（一〇～一八日）。九月三日、フランスと修好通商条約を締結。一〇月徳川家茂、将軍職就任 |
| 一八五九 | 六 | | 五月英駐日総領事オールコック、着任。六月二日、神奈川・長崎・箱館を開港、通商開始 |
| 一八六〇 | 万延元 | | 正月外国奉行新見正興、村垣範正ら渡米。咸臨丸、アメリカへ向け出航。三月桜田門外の変。四月ワシントンで日米修好通商条約の批准書交換。六月ポルトガルと修好通商条約を調印◎一〇月清英・清仏北京条約締結。一二月プロシアと修好通商条約を調印 |
| 一八六一 | 文久元 | | 三月米・英・蘭・露・仏に対し、開市開港の延期を要請◎アメリカ合衆国で南北戦争勃発（～一八六五） |
| 一八六二 | 二 | | 五月ロンドン覚書に調印。八月生麦事件 |

| | | | |
|---|---|---|---|
| 一八六三 | 三 | | 五月長州藩、下関で米船・仏艦・蘭艦を砲撃。七月薩英戦争 |
| 一八六四 | 元治 元 | | 八月米・英・蘭・仏の四国連合艦隊、下関を砲撃 |
| 一八六五 | 慶応 元 | | 一〇月修好通商条約を勅許（兵庫開港は留保） |
| 一八六六 | 二 | 慶喜 | 四月海外渡航を解禁。五月幕府、英・米・仏・蘭と改税約書に調印。ベルギー（六月）、イタリア（七月）、デンマーク（一二月）と修好通商条約に調印◎仏艦隊、朝鮮の江華島等に上陸、撃退される |
| 一八六七 | 三 | | 二月樺太仮規約（雑居条約）に調印。五月兵庫開港勅許。一〇月大政奉還。一二月兵庫開港、大坂開市。王政復古の大号令 |
| 一八六八 | 明治 元 | | 正月戊辰戦争始まる。明治政府、国内に開国和親を布告 |
| 一八六九 | 二 | | 正月北ドイツ連邦と修好通商条約を調印。六月版籍奉還。九月オーストリア＝ハンガリーと修好通商条約を調印 |
| 一八七一 | 四 | | 七月ハワイと修好通商条約を調印。廃藩置県。日清修好条規を調印。一〇月岩倉遣外使節、出発◎米艦隊、江華島に上陸、撃退される |
| 一八七三 | 六 | | 八月ペルーと通商仮条約を調印。一〇月征韓論政変 |
| 一八七三 | 七 | | 五月台湾出兵 |
| 一八七五 | 八 | | 五月ロシアと樺太千島交換条約を調印。九月雲揚号、江華島砲台を攻撃 |
| 一八七六 | 九 | | 二月日朝修好条規に調印 |
| 一八九四 | 二七 | | 七月日英通商航海条約に調印（治外法権撤廃、税率一部引き上げ） |
| 一九一一 | 四四 | | 二月日米通商航海条約を改正（関税自主権を獲得） |

# 索　　引

## あ　行

## か　行

## さ　行

## た　行

## な　行



## は　行

## ま　行

## や　行



## ら　行



## わ　行

著者略歴
一九五〇年生まれ
一九七五年東京大学大学院人文科学研究科国史学専門課程修了、文学博士、東京大学大学院総合文化研究科教授をへて
現在　跡見学園女子大学教授

主要著書
『明治維新とナショナリズム—幕末の外交と政治変動—』(山川出版社、一九九七年)
『一九世紀日本の歴史』(共著、放送大学教育振興会、二〇〇〇年)
『愛国・革命・民主—日本史から世界を考える—』(筑摩書房、二〇一四年)

日本歴史叢書　新装版

ペリー来航

二〇〇三年(平成十五)十月十日　第一版第一刷発行
二〇一五年(平成二十七)六月十日　第一版第二刷発行

著者　三谷《みたに》博《ひろし》
編集者　日本歴史学会
代表者　笹山晴生
発行者　吉川道郎
発行所　株式会社吉川弘文館
東京都文京区本郷七丁目二番八号
郵便番号一一三—〇〇三三
電話〇三—三八一三—九一五一〈代表〉
振替口座〇〇一〇〇—五—二四四
http://www.yoshikawa-k.co.jp/
印刷＝株式会社 精興社
製本＝誠製本株式会社
装幀＝清水良洋


ISBN978-4-642-06661-7

# 『日本歴史叢書』(新装版)刊行の辞

歴史学の研究は日に日に進み、新しい見解の提出や新史料の発見も稀ではない。そうした日本歴史研究の発展の中で、ある事件、ある問題、ある人物などについて、まとまった知識を得ようとすることは、歴史研究者と自認する人でも容易ではない。まして多くの方がたにとって、現在の日本歴史研究の成果を身近のものとすることは困難なことである。

日本歴史学会では、それぞれの研究に基づく正確な歴史知識の普及発達を計るために、『人物叢書』と『日本歴史叢書』の刊行を進めてきた。その目的達成のためには、それぞれの題目について最も権威ある執筆者を得ることが第一の要件であったが、幸いにすぐれた執筆者を得ることができて、学界に於ても高く評価され、多くの方に読者になって頂いた。

『日本歴史叢書』は四九冊に達したが、既に品切れになったものも多く、求められる方の希望に添えないことも稀ではなくなった。そこで、今回既刊本の体裁を一新し、定期的に配本できるようにして、読書界の要望に応えるようにした。なお、未刊の書目についても、鋭意刊行を進める方針であり、その体裁も新形式をとることとした。これによって正確な歴史知識の普及という当初の目的に添うことができれば幸いである。

平成六年八月

日本歴史学会

代表者 児玉幸多

日本歴史叢書〈新装版〉 日本歴史学会編集

①②③＝通巻番号